UNIVERSIDAD DE JAÉN

FACULTAD DE CIENCIAS SOCIALES Y JURÍDICAS
DEPARTAMENTO DE ORGANIZACIÓN DE EMPRESAS, MARKETING Y SOCIOLOGÍA

TESIS DOCTORAL

PROPUESTA DE UN MODELO DE COMPORTAMIENTO DEL CONSUMIDOR DE EVENTOS DEPORTIVOS: EL EFECTO DE LA TRANSMISIÓN DE IMAGEN EN EL PATROCINIO

PRESENTADA POR:
MANUEL ALONSO DOS SANTOS

DIRIGIDA POR:
DR. D. FRANCISCO JAVIER MONTORO RÍOS

JAÉN, FEBRERO DE 2013

A mi mujer Eva,

y a mi futura hija Carla .

Agradecimientos

Agradecimientos

Me gustaría agradecer la dedicación, tiempo y esfuerzo a todas las personas que han hecho posible la realización de esta tesis doctoral.

A mi familia por su comprensión, especialmente a mi hermana Olga por su implicación.

A mi director de tesis, el profesor Dr. D. Fracisco Montoro por su paciencia, entrega, confianza y dedicación.

Asimismo, a los miembros del Departamento de Comercialización e Investigación de Mercados de la Universidad de Granada. Siempre han estado disponibles cuando los he necesitado.

También me gustaría mostrar mi agradecimiento a los compañeros del área de Comercialización e Investigación de Mercados de la Universidad de Jaén por su gran acogida.

Por su confianza en mi proyecto al Dr. D. Ferrán Calabuig del Departamento de Educación Física y Deporte de la Universidad de Valencia y a la organización del Valencia Open 500.

Finalmente, y en especial, a mi mujer Eva, por su cariño, ánimo y comprensión.

Índice general

Índice general

Índice de tablas

Capítulo 5. Resultados

Índice de figuras

Índice de fórmulas

Página

Capítulo 1. La investigación de marketing en el mundo del deporte

1.1. Introducción

La industria del deporte presenta un valor estimado de 141 billones de dólares para el año 2012 (Klayman, 2012), lo cual explica el gran atractivo económico de este sector a nivel mundial.

Como parte del estudio de la industria del deporte, se ha revisado la evolución del gasto de las empresas en patrocinio deportivo en los últimos años. En el año 2008 las empresas a nivel mundial invirtieron 43,1 mil millones de dólares (IEG, 2009). De hecho, en este tiempo de grave recesión económica, con reducciones en los presupuestos de marketing, los gastos de patrocinio aumentaron a nivel global un 3,9 por ciento en 2009 (IEG, 2009), absorbiendo las actividades deportivas aproximadamente el 70% de dicho esfuerzo (IEG, 2009). Como se puede observar en la figura 1.1, en 2011 el gasto en patrocinio deportivo ascendió a 2,46 billones de dólares a nivel mundial, creciendo un 7,3 por ciento más que el año 2010, cuya cifra se estimó en 2,28 billones de dólares (IEG, 2011).

Figura 1.1. Gasto en patrocinio deportivo en el periodo 2009-2011.

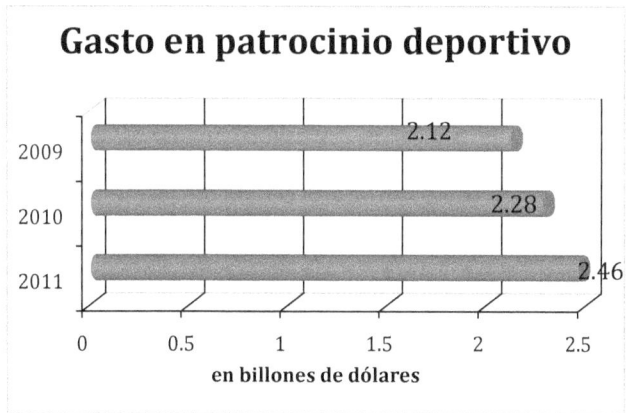

Fuente: IEG (2011).

La continua inversión en patrocinio es un indicador de la confianza que las organizaciones tienen en esta herramienta para alcanzar los objetivos de marketing. Sin embargo, los patrocinadores están actualmente examinando con más cuidado sus gastos y midiendo sus decisiones acerca de la inversión en patrocinio. En consecuencia, se hace necesario proporcionar conocimientos y metodologías para evaluar la eficacia de la actividad de patrocinio (Kim, Ko, y James, 2011).

El concepto de "marketing deportivo", o en su denominación en inglés "sport marketing" es hoy en día un ambiguo para académicos y profesionales del sector (Fullerton y Merz, 2008). Para algunos autores el marketing deportivo consiste en aplicar los conceptos del marketing a la comercialización de productos y servicios deportivos (Smith, 2012). Otros autores incluyen diferentes categorías dentro de la definición de marketing deportivo, como la venta de entradas para espectáculos deportivos, o incluso las apuestas relacionadas con el mundo del deporte (Shannon, 1999), equiparando la venta de entradas para los espectáculos deportivos, y la comodidad en las instalaciones donde se presta el servicio, con la venta de productos relacionados con el deporte (Fullerton y Merz, 2008).

¿Es posible equiparar entonces la venta de productos deportivos, la venta de servicios deportivos y la venta de productos no deportivos a través de herramientas de marketing como por ejemplo el patrocinio?. Estas cuestiones pretenden ser resueltas a lo largo de este epígrafe. Para ello se va a proceder a realizar una revisión exhaustiva de los manuales de marketing deportivo con el objetivo de esclarecer y definir el concepto de marketing deportivo y sus diferentes acepciones. Se realizará también un examen exploratorio de las principales líneas de investigación en esta área y se estudiarán los medios de publicación científica referentes al área de marketing deportivo, para a continuación profundizar en una de las principales temáticas de estudio del campo del marketing deportivo: el patrocinio deportivo.

1.2. Fundamentos y definición del marketing deportivo

Hasta finales del siglo XX existía una discusión abierta en referencia al concepto de marketing deportivo. Una revisión histórica de las publicación de textos y manuales sobre marketing deportivo revela que el término "marketing deportivo" muestra inconsistencias en su definición (Van Heerden, 2001). Recientemente se ha empezado a diferenciar entre "marketing del deporte" y "marketing a través del deporte" para referirse a la actividad de comercialización de eventos, productos y servicios deportivos en el caso de la primera, y a la venta de productos no deportivos pero con la actividad deportiva o atletas deportivos de fondo en el caso de la segunda. Hoy en día es comúnmente aceptado que el objetivo del marketing deportivo es satisfacer las necesidades del consumidor a través de las técnicas de marketing tradicional, con la característica atribuida de que se trata a la vez de un producto industrial y de un producto de consumo.

El término "marketing deportivo" fue acuñado por primera vez en 1978 en la publicación Advertising Age (Fullerton y Merz, 2008). Según Gray y McEvoy (2004), se define como "las actividades de marketing de consumo y productos industriales y de servicios que utilizan cada vez más el deporte como vehículo de promoción". Esta definición está claramente contextualizada al "marketing a través del deporte", al considerar la utilización del deporte como vehículo promocional para empresas de productos no deportivos a través del patrocinio. Gray y McEvoy (2004) perciben que en la definición anteriormente citada no se contempla la comercialización de servicios y productos deportivos para participantes y practicantes de juegos y actividades deportivas (Parkhouse, 2004, p. 209), limitando así el término a los productos no deportivos comercializados por medio del deporte como reclamo.

Mullin et al. (1993) reflejan en su obra una nueva aproximación al concepto de marketing deportivo desde el punto de vista del intercambio: "El marketing deportivo se compone de todas las actividades destinadas a satisfacer las necesidades y deseos de los consumidores de deportes a través de procesos de intercambio de marketing deportivo que se han desarrollado en dos ejes principales: La comercialización de productos deportivos y servicios directamente a los consumidores de deporte, y la comercialización de otros productos para el consumidor final, industriales o de servicios a través del uso de las promociones deportivas" (Mullin, Hardy, y Sutton, 2007, p. 9).

De la anterior definición presentada por Mullin caben destacar los siguientes aspectos.

Primero, existen dos tipos de clientes, los espectadores deportivos y los participantes deportivos (Milne y McDonald, 1999). El primer tipo de consumidor son los que ven un evento deportivo en la televisión, lo escuchan en la radio, asisten a verlo en directo al estadio, o posteriormente lo leen en la prensa (Brooks, 1994). El segundo tipo de consumidor son los practicantes de juegos o deportes. Cada tipo de consumidor tiene necesidades y características muy diferentes. Así por ejemplo, el consumidor de espectáculos deportivos, acudirá a un espectáculo o encuentro deportivo para entretenerse o satisfacer necesidades (Melnick, 2010). El practicante de deporte buscará servicios deportivos para mantenerse en forma, cuidar su salud, desarrollar habilidades motoras o mejorar su autoestima (Milne y McDonald, 1999).

Pero cabe preguntarse, ¿la definición presentada limita al patrocinio las herramientas de marketing utilizadas? y, ¿pueden herramientas distintas a la promoción formar parte de la comercialización de los productos no deportivos a través del deporte? (Fullerton y Merz, 2008). Para Blann y Armstrong (2003) el término marketing a través del deporte abarca mucho más que sólo publicidad y relaciones públicas.

En sentido opuesto, Pitts y Stotlar (1996) definieron el marketing deportivo como "el proceso de diseño y ejecución de actividades para la producción, precios, promoción y distribución de productos deportivos para satisfacer las necesidades o deseos de los consumidores y para alcanzar los objetivos de la empresa" (Pitts y Stotlar, 1996, p. 80). Definición que fue retirada más tarde (Pitts, 2007), pero que sienta la base para una posterior definición, incluyendo las variables del marketing mix precio, distribución y promoción, y contradiciendo así la creencia de que la comercialización en el ámbito deportivo se limita únicamente a los esfuerzos en promoción (Gladden y Sutton, 2005).

En 1994 Moore y Teel llegaron a afirmar que el marketing deportivo no tiene una definición única y coherente (Moore y Teel, 1994), ofreciendo una definición centrada en la comercialización de productos deportivos, como base para la generación de ingresos para las entidades deportivas, y refiriéndose al marketing a través del deporte como la utilización de atletas y equipos deportivos en el programa del plan de marketing de la empresa.

Sin embargo, autores posteriores no mencionan la característica dual del marketing deportivo y utilizan un enfoque que refleja la definición tradicional del proceso de marketing: "*...la identificación de las características de la organización de productos relacionados y la incorporación de estas características en la elaboración, presentación, colocación y entrega del producto a través de estrategias de promoción de deportes y medios de comunicación para el mercado de consumo seleccionado*" (Parkhouse, 1996).

Shank (2004) y posteriormente Fullerton (2006) consideran en su definición la dualidad conceptual del término: "*la aplicación de los principios del marketing y sus procesos a los productos deportivos y no deportivos para la comercialización través de la asociación con los deportes*" (p. 3).

Finalmente, Smith et al. (2012) ofrecen una descripción centrada en la satisfacción de necesidades del consumidor: "*el marketing deportivo es la aplicación de conceptos de marketing para productos y servicios deportivos, así como la comercialización de productos no deportivos a través de una asociación con el deporte. El marketing deportivo por lo tanto tiene dos características principales. En primer lugar, es la aplicación de prácticas de marketing generales relacionadas con los productos y servicios deportivos. En segundo lugar, es la comercialización de otros productos o servicios industriales y finales a través del deporte. El marketing deportivo tiene por objeto satisfacer las necesidades y deseos de los consumidores*" (Smith, 2012, p. 3).

En la Tabla 1.1 se ofrece un resumen del contenido de los principales manuales sobre marketing deportivo publicados hasta la fecha, a partir de los cuales se ha tratado de alcanzar una conceptualización de marketing deportivo. Se propone la siguiente definición de marketing deportivo, basada en Mullin (1993) y Smith (2012): el marketing deportivo consiste en la aplicación de las técnicas, procesos, principios y conceptos del marketing a los productos y servicios deportivos así como a los productos y servicios no deportivos asociados al mundo del deporte, incluyendo eventos, ideas, personalidades y marcas.

Tabla 1.1. Revisión bibliográfica sobre el concepto de marketing deportivo.

Autor	Título	Enfoque
Mullin et al. (1993)	Sport Marketing	Aplicación del marketing mix tradicional de las 4 P añadiendo una quinta: relaciones públicas.
Stotlar (1993)	Succesuful Sport Marketing	Definición de marketing basado en las tradicionales 4 P. Especial hincapié en patrocinio.
Graham (1994)	Sport Business: Operational and theoretical aspects	Se centra en la comercialización de productos deportivos, como base para la generación de ingresos para las entidades deportivas.
Schaaf (1995)	Sports Marketing: It's Not Just a Game Anymore	El marketing deportivo es definido como las ventas y la publicidad asociada a los eventos deportivos, su gestión y patrocinio.
Graham, Goldblatt, Neirotti, y Delpy (1995)	The Ultimate Guide to Sport Event Management and Marketing	Está enfocado en la gestión de eventos deportivos. No está realmente orientado al marketing deportivo pero realiza alguna aproximación a las relaciones públicas y el patrocinio.
Schlossberg (1996)	Sports Marketing	Conceptualiza el marketing deportivo como un elemento clave de un plan de marketing integrado.
Pitts y Stotlar (1996)	Fundamentals of Sport Marketing	Presenta una definición basada en las 4 P a través de las relaciones públicas y el patrocinio.
Shilbury (1998)	Strategic Sport Marketing	Amplía el concepto de marketing deportivo incorporando herramientas como la publicidad, marketing directo, venta personal y licencias promocionales.
Shank (1998)	Sports Marketing: A Strategic Perspective	Ofrece una visión más estratégica que los anteriores manuales pero con un punto de vista aún limitado a las 4 P.
Milne y McDonald (1999)	Sport Marketing: Managing the Exchange Process	Se trata de una obra que profundiza en la motivación, la identificación del consumidor con la marca, la segmentación, la medición de la calidad, el patrocinio e Internet. Mantiene el enfoque sugerido por Mullin (1993).
Pope y Turco (2001)	Sport and Event Marketing	Se trata de un texto centrado en la gestión de eventos deportivos ampliando su puesta en práctica a los teatros, museos y otros espectáculos de entretenimiento.
Kaser y Oelkers (2007)	Sports and Entertainment Marketing	El enfoque de marketing deportivo está basado en la satisfacción de las necesidades del consumidor. Proyecta el concepto sin distinguir entre marketing a través del deporte o productos deportivos.
Kahle y Close (2010)	Consumer Behavior Knowledge for Effective Sports and Event Marketing	Este texto recurre a las teorías sobre comportamiento del consumidor, la identificación y el concepto más psicológico del deporte para abordar la temática del patrocinio y la publicidad del consumo deportivo.

Tabla 1.1. (Continuación)

Autor	Título	Enfoque
Schwarz y Hunter (2012)	Advanced Theory and Practice in Sport Marketing	Se trata de un texto que enfoca el marketing deportivo desde las 4 P sumando otra "p": la publicidad de los productos deportivos. Define las necesidades del consumidor para satisfacerlas mediante el estudio del comportamiento del consumidor, el patrocinio, la comunicación y las nuevas tecnologías
Smith (2012)	Introduction to Sport Marketing	Enfoque centrado en el consumidor y en la satisfacción de necesidades mediante la aplicación de las 4 P desde ambos puntos de vista: marketing del deporte y marketing a través del deporte.

Fuente: Heerden (2001) y elaboración propia.

1.3. El marketing de los eventos deportivos como marketing de servicios

El marketing deportivo, al realizarse sobre un tipo específico de servicios, tiene algunas características únicas que lo diferencian de otras áreas de marketing tradicional. En la tabla 1.2, Shilbury (1998) proporciona una visión sintetizada de las características únicas del marketing deportivo agrupadas en cuatro áreas: mercado, producto, precio y promoción. A continuación se procede a profundizar en las más importantes y significativas.

Tabla 1.2. Características únicas del marketing deportivo.

Características únicas del marketing deportivo
Mercado de productos y servicios deportivos • Las organizaciones deportivas simultáneamente compiten y cooperan • Imprevisibilidad del deporte • Fuerte identificación personal • Los consumidores a menudo se consideran "expertos"
Producto deportivo • El producto es invariablemente intangible y subjetivo • El deporte es inconsistente e impredecible • El énfasis de marketing debe dirigirse a las extensiones del producto en lugar del producto principal • El deporte es generalmente consumido públicamente, y la satisfacción del consumidor está influida por factores sociales • El deporte es a la vez un producto de consumo final y un producto industrial • El deporte causa identificación personal y apego emocional • El deporte tiene un atractivo casi universal
Precio del deporte • El precio que paga el consumidor es siempre pequeño en comparación con el coste total • Los ingresos indirectos (por ejemplo, de la televisión) son a menudo mayores que los ingresos directos de explotación (por ejemplo, venta de entradas) • El precio se decide por lo que el consumidor está dispuesto a pagar y no en base al coste

Tabla 1.2. (Continuación)

Características únicas del marketing deportivo
Promoción del deporte
• Debido al gran impacto del deporte, muchas empresas desean asociar su imagen a él

Fuente: Adaptado de Shilbury (1998).

1.3.1. Cooperación y competencia.

En la mayoría de los sectores de mercado está prohibida la cooperación entre los competidores, esto es llamado situación anticompetitiva y en algunos casos es ilegal. Sin embargo, las organizaciones deportivas necesitan la existencia de otras para existir, y su cooperación para mantener la atracción del consumidor en el mercado. Es el caso de los clubes y equipos que comparten beneficios televisivos, ligas donde se intenta mantener un nivel de competencia deportiva o limitar el salario de sus jugadores con el fin de mantener un sistema de competición equilibrado y con ello el atractivo y la pasión para el espectador (Mason, 1999).

1.3.2. Vinculación

El deporte es capaz de estimular una respuesta emocional en el consumidor que rara vez puede lograr un producto de consumo. Los seguidores de equipos deportivos se sienten vinculados con el club hasta el punto de sentirse a sí mismos como parte integrante del equipo (Mahony et al., 2002). Los resultados deportivos afectan a esta relación y pueden tener un efecto negativo en la identificación con la entidad por parte del consumidor. Esta consecuencia negativa afecta directamente a la gestión de la estrategia de marketing del club. En este sentido, el departamento de marketing tiene limitaciones a la hora de establecer cambios que puedan afectar a la imagen del club como puede ser el cambio de patrocinador, los colores o logotipos que llevan impresas las camisetas.

1.3.3. Limitación de la producción

Las entidades deportivas tienen una producción condicionada puesto que cuentan con un número limitado de encuentros o partidos oficiales durante el año. En el caso de las ligas nacionales, los equipos de fútbol sólo pueden optar a disputar un número de partidos que será fijado por el número de clubes participantes multiplicado por dos al ser un sistema de ida y vuelta. Los encuentros a los que el socio no haya asistido como espectador o los asientos vacíos en el estadio se perderán, y esa oportunidad de ingreso no volverá a ocurrir. La producción no es posible inventariarla. No obstante, las entidades pueden aumentar el número de asientos o retransmitir por más medios los eventos de tal forma que no pueden ampliar la producción pero pueden expandir el mercado.

1.3.4. Intangibilidad

Los servicios no se pueden tocar o saborear. El espectáculo deportivo como servicio no es posible embotellarlo o envasarlo. No es algo material. Debido a esta intangibilidad aparecen problemas inherentes a los servicios que nunca o muy pocas veces lo están en las ofertas de bienes. Son los siguientes:

• Antes de la compra del servicio el individuo no tiene una referencia física para evaluar, por lo tanto, el riesgo percibido innato a la compra es mayor. Su decisión de compra se basa en expectativas del rendimiento de su equipo y en el cumplimiento de promesas de actuación por parte de la entidad prestadora del servicio.

• Las entidades deportivas tienen dificultades para desarrollar la promoción del servicio debido a que no pueden aludir a características objetivas (forma, tamaño, peso). Las entidades deben desarrollar estudios de mercado para conocer las motivaciones de los espectadores para poder referenciar estos aspectos intangibles en su comunicación (emoción, satisfacción, lealtad).

• El precio del servicio es más difícil de justificar puesto que no se basa en características objetivas. Las entidades con precios más altos justifican los precios aludiendo al mayor rendimiento deportivo y a su historia.

• Los servicios deportivos generan gran expectación previa, pero una vez desarrollado el servicio, éste no se puede almacenar.

Debido a su intangibilidad los clubes deportivos recurren fundamentalmente a dos vías para superar el problema del proceso de decisión de compra en el individuo:

• Asociar elementos tangibles a la oferta (estadio, símbolo o escudo de club).

• Evocar sentimientos y valores que faciliten el proceso de decisión de compra (emoción, lealtad, pasado glorioso, valores).

1.3.5. Heterogeneidad

El servicio del espectáculo deportivo es heterogéneo. Cada persona tiene una percepción diferente de la calidad de la prestación del servicio que también variará dependiendo de quién preste tal servicio. Esta inconsistencia conlleva que sea difícil para los consumidores valorar y comparar el valor monetario y la calidad del servicio antes de adquirirlo. El factor juego incide directamente en la calidad de esta prestación. apreciará mayor calidad y menos riesgo a la hora de la compra del servicio un espectador deportivo de un club o equipo que desarrolle un juego atractivo.

Según los autores Mullin et al. (2007), los eventos deportivos constituyen los dos elementos singulares que lo distinguen de otros sectores empresariales: un evento deportivo es un producto perecedero, y los gerentes tienen poco control sobre el producto. El resultado es una vida útil limitada para las entradas. Por otra parte, no hay una experiencia deportiva idéntica. Dos espectadores independientes pueden consumir el mismo juego en el mismo estadio al mismo tiempo y tener dos opiniones y actitudes completamente diferentes con respecto a los resultados.

Para paliar el riesgo que causa en el consumidor esta inconsistencia la entidad deberá cuidar otros aspectos que inciden directamente en la percepción de la calidad del evento como son las instalaciones donde se desarrolla el espectáculo, la formación del personal y los servicios de transporte y acceso al estadio (Calabuig y Josep, 2009).

1.3.6. Los ingresos indirectos superan a los directos

Es frecuente en los mercados deportivos que los ingresos indirectos superen a los directos (Kahle y Close, 2010). Por ejemplo, véase la tabla 1.3 donde relacionan a los equipos de fútbol europeos por nivel de ingresos en la temporada 2010/2011. La venta de entradas y carnets de afiliación de socios suponen un montante entre el 13% y el 42% en clubes de fútbol como el AC Milan y el Arsenal respectivamente.

Otros ingresos, son radiodifusión, merchandising y patrocinio (comercial), suponen el 36 y 34 % respectivamente en el caso del Real Madrid, el 44 y 31% en el caso del FC Barcelona o el 37 y 28% en el caso del Manchester United.

Tabla 1.3. Detalle de ingresos de los clubes de fútbol más importantes de Europa.

Posición	Equipo	Entradas %	Radiodifusión %	Comercial %
1	Real Madrid	30	36	34
2	FC Barcelona	25	44	31
3	Manchester United	35	37	28
4	Bayern Munich	21	26	53
5	Arsenal	42	38	20
6	Chelsea	32	41	27
7	AC Milan	13	60	27
8	Liverpool	23	43	34
9	Internazionale	17	62	21
10	Juventus	8	65	27
11	Manchester City	20	43	37
12	Tottenham Hotspur	31	43	26
13	Hamburger SV	34	23	43
14	Olympique Lyonnais	17	54	29
15	Olympique de Marseille	18	50	32
16	Schalke 04	18	25	57
17	Atlético de Madrid	29	50	21
18	AS Roma	16	53	31
19	VfB Stuttgart	26	42	32
20	Aston Villa	27	58	15

Fuente: Deloitte Football Money League (2011).

1.3.7. Control del producto

A diferencia de los gerentes de otras áreas de dirección, los de las entidades de servicios deportivos no tienen el control directo y absoluto sobre el producto final. Esto se debe a las características intrínsecas de un producto relacionado con el deporte.

1.4. Productos deportivos

Un producto deportivo ha sido definido como un "bien o servicio, o cualquier combinación de ambos, diseñado para proporcionar beneficios a un participante, un espectador o un patrocinador" (Shank, 2004, p. 196). Es importante definir adecuadamente qué es un producto deportivo debido a las implicaciones prácticas en la gestión deportiva y en la aplicación de los conceptos de marketing (Ratten y Ratten, 2011).

A la hora de diferenciar entre producto deportivo y producto no deportivo, diversos autores han recurrido a diferentes clasificaciones.

Por ejemplo, Meek (1997), para realizar un estudio con el objetivo de estimar el producto interior bruto del sector deportivo, equiparó diversos servicios legales vinculados al deporte, construcciones de campos de golf y apuestas deportivas como productos deportivos (Meek, 1997). Pitts et al. (1994) ofrecen otra clasificación de producto deportivo en tres categorías en las que entremezcla servicios médicos con equipamiento deportivo por una lado y la promoción de eventos con merchandising por el otro. Heinenmann (1998) realiza otra clasificación en cuatro grupos: (véase tabla 1.4) Oportunidades deportivas, equipamiento deportivo, prestación de servicios y productos complementarios. En esta clasificación están descritas las apuestas deportivas y los servicios médicos, así como los aparcamientos y diversas infraestructuras.

Tabla 1.4. Clasificación de productos deportivos según Heinenmann (1998).

Oportunidades deportivas	Equipamiento deportivo	Prestación de servicios	Productos complementarios
• Instalaciones deportivas	• Aparatos	• Aprendizaje de la disciplina deportiva	• Espectáculos deportivos
• Infraestructura:	• Ropa	• Entrenamiento / ejercicio	• Información sobre deporte
- Medios de transporte y carreteras	• Accesorios	• Promoción de talentos	• Publicidad y patrocinio
- Aparcamientos	• Alimentación	• Asesoramiento sobre programas, iniciación en los aparatos...	• Seguros
- Instalaciones para suministro y evacuación	• Material informático y otros medios auxiliares	• Asistencia: medicina deportiva...	• Loterías y apuestas

Tabla 1.4. (Continuación)

Oportunidades deportivas	Equipamiento deportivo	Prestación de servicios	Productos complementarios
• Entornos deportivos:		• Manifestaciones deportivas: competiciones, regatas, fiestas...	• Asistencia médica por práctica deportiva
- Casa-club			• Productos no comerciales
- Local social			
- Puntos de venta de ropa y aparatos deportivos			
• Organización:			
- Servicios administrativos			
- Contactos exteriores			
- Recursos			

Fuente: Heinemann (1998).

La clasificación más acertada en nuestra opinión es la presentada por Fullerton et al. (2008) en tres categorías: espectadores deportivos, participantes y bienes deportivos, y aparejos y otros (Fullerton y Merz, 2008). Dicha clasificación es a continuación detallada.

1.4.1. Espectadores deportivos

En esta categoría se incluyen desde deportes universitarios y ligas menores locales hasta eventos deportivos de mayor orden como los Juegos Olímpicos. Sin embargo, no sólo se incluyen dentro de esta categoría los espectadores activos que acuden físicamente a las instalaciones deportivas, sino también todos los oyentes y telespectadores que consumen el producto a través de los medios de comunicación, por lo que también deben incluirse medios de información en papel y en línea a través de Internet o dispositivos móviles. Por lo tanto, esta categoría tiene dos puntos de vista, en primer lugar los asistentes físicamente al terreno de juego y, en segundo lugar, los espectadores que no están físicamente en el terreno de juego y que no dan valor al acceso al terreno de juego sino al sistema competitivo que se está o se ha desarrollado (Fullerton y Merz, 2008).

1.4.2. Participación deportiva

Esta segunda categoría estaría integrada por aquellos servicios, clubes e instalaciones deportivas, tanto profesionales como amateur, que permiten la práctica deportiva individual o colectiva. Se incluyen en este segmento actividades que normalmente no son percibidas como deporte de espectáculo, tal como el running o el levantamiento de pesos cuando se desarrolla en privado, en el hogar por ejemplo. Incluso, aludiendo a Fullerton et al. (2008), hay categorías que no identifican un ganador o sistema de competición y que pueden resultar de una mayor complejidad a la hora de clasificar. Además existen actividades o juegos que recientemente han emergido con fuerza como el póquer, el snooker o la pesca y que son consideradas por los autores como deportes (Aggleton y Wood, 1990; Hatzigeorgiadis y Biddle, 1999; Wann, 1995).

1.4.3. Bienes deportivos, aparejos y otros

En esta última categoría el autor ha querido incluir todos aquellos productos que directamente son necesarios para la práctica deportiva, como la ropa, las zapatillas o las tablas de snowboard. También están incluidos los artículos de recuerdo, revistas deportivas, lecciones o manuales deportivos.

1.5. Productos no deportivos

En esta categoría estarían todos los productos que no están relacionado con el deporte pero que se venden a través del deporte (Pyun y James, 2011), y por lo tanto, susceptibles de ser objeto del ejercicio del patrocinio deportivo.

Algunas empresas pagan decenas de millones de euros por patrocinar eventos deportivos (Smolianov y Shilbury, 2012). Y son muchos los productos susceptibles de ser patrocinados a través de eventos deportivos como automóviles (Hickman, Lawrence, y Ward, 2005) o comida rápida (Green, 2004), incluso determinados productos posicionados como perjudiciales para la salud, es decir, antítesis del objetivo del deporte, como el tabaco o la misma comida rápida (Lamont, Hing, y Gainsbury, 2011).

Tabla 1.5. Clasificación de productos deportivos.

Tipo de producto	Definición y clasificación

Productos deportivos	**Espectadores deportivos**
	• **Juegos o eventos**
	  Entradas
	  Consumo online
	
	Participantes
	• Participación federada u organizada
	• Participación casual
	• Entrenamiento en instalaciones públicas o privadas
	
	Bienes deportivos, aparejos y otros
	• Equipamiento deportivo (atuendo, calzado)
	• Otros productos relacionados con el deporte: refrescos, souvenirs, etc.

Productos no deportivos	**Bienes y servicios no relacionados con el deporte**

Fuente: Fullerton y Merz (2008).

1.6. Eventos deportivos, impacto económico y relevancia

Un evento deportivo como pueden ser los Juegos Olímpicos, el mundial de fútbol, la final de un grand slam de tenis o la final de campeonato de fútbol es un gran acontecimiento deportivo de significativa importancia económica. Puede verse en todo el mundo a través de diferentes medios como la televisión, el móvil o Internet (en Estados Unidos y España la ceremonia inaugural de los Juegos Olímpicos de Londres batió records de audiencia con 21,5 millones y 5,6 millones de televidentes respectivamente Forbes (2012)). Por ello, los patrocinadores realizan una gran inversión. En el caso de los Juegos Olímpicos de Londres 2012 los patrocinadores hicieron una inversión significativa de 100 millones de dólares por cada "socio mundial" y 63 millones por cada "socio oficial" para incluir sus marcas dentro de las transmisiones, según un informe publicado por Research Now (Forbes, 2012). Además, los populares eventos deportivos recurrentes generan importantes recursos económicos (6 millones de dólares en el caso de la Maratón de New York, en términos de beneficios netos en 2007, según (Kaplan y Lefton, 2008)). Estos datos económicos de ejemplo solo pretenden arrojar una idea sobre la magnitud económica que los eventos deportivos pueden suponer.

1.6.1. Evento deportivo

Un evento deportivo es: *"aquella actividad deportiva que cuenta con un alto nivel de repercusión social traducido en una fuerte presencia de los medios de comunicación y que genera por sí misma ingresos económicos"*. (Añó Sanz, 2003, p. 81).

Los eventos deportivos son diferentes unos de otros en función del tipo de cliente, asistentes o cobertura del mismo. Además, para algunos espectadores puede tener el evento un significado diferente que para otros. Por ejemplo, el partido de la Super Bowl se ha descrito como un ritual de peregrinación que se debe realizar una vez en la vida (Chon y Hudson, 2002a).

Para considerarse como tal, todo evento deportivo debe cumplir ocho características como señala Añó Sanz (2003):

1. Repercusión social.

2. Nivel amplio de asistencia de público.

3. Presencia de los medios de comunicación.

4. Audiencia televisiva.

5. Tipo de deporte.

6. Dificultad de la práctica.

7. Patrocinadores.

8. Ingresos propios.

En cuanto a su clasificación, existen diferentes criterios en torno a los cuales se han ordenado los eventos deportivos (Pérez Campos, 2010). Se va a realizar una revisión en un intento de sintetizar las diferentes clasificaciones y sus criterios.

Para una primera clasificación, Gresser y Bessy (1999), escogen como criterios de clasificación la fecha de creación, su origen y temporalidad, los participantes, el medio, su modo de funcionamiento, la motricidad, la innovación, el público, los colaboradores y la mediatización resultando cinco tipos de eventos deportivos:

1. Grandes eventos deportivos internacionales.

2. Eventos deportivos nacionales.

3. Eventos de tipo espectáculo y show.

4. Nuevas manifestaciones deportivas de masas.

5. Y raids o retos de aventura.

Los eventos deportivos también han sido clasificados en cuanto al segmento al que se dirigen y el grado de internacionalización, resultando en eventos dirigidos a una comunidad local, eventos a nivel regional, a nivel nacional, internacionales y mega eventos (Roche, 2000).

Graham (2001), clasifica los eventos deportivos según un criterio organizativo. Sintetiza tal variedad en cuatro tipos (Graham, 2001, citado por Pérez Campos, 2010):

1. Eventos organizados por proveedores de servicios públicos. Por ejemplo, el open de tenis de Roland-Garros.

2. Eventos organizados por proveedores privados. Por ejemplo, Tour de Francia o el París-Dakar.

3. Eventos de alcance extraordinario que depende de una entidad pública pero tienen el respaldo de entidades privadas, como los Juegos Olímpicos o la Copa del Mundo de Fútbol.

4. Y por último, eventos organizados por una asociación.

Pérez Campos (2010) cita una última clasificación utilizando el modelo empleado por Añó Sanz (2003). Para ello, en primer lugar, se distinguen en función de su organización resultando en eventos de carácter puntual, que aunque estén organizados esporádicamente se repitan todos los años y por las mismas fechas, como grandes premios de motociclismo, tenis o fórmula 1.

En segundo lugar, podemos encontrar actividades permanentes y habituales a lo largo de la temporada como las ligas europeas de fútbol, o incluso los servicios privados deportivos como los gimnasios.

En función de la complejidad organizativa Añó Sanz (2003) recoge catorce tipos de eventos deportivos sintetizados en la tabla 1.6. Posteriormente, se puede agrupar cada categoría en eventos puntuales, extraordinarios puntuales, puntuales de gran impacto y habituales.

Tabla 1.6. Tipología de los eventos deportivos.

Tipos de eventos deportivos
1. Carrera Populares.
2. Maratones.
3. Exhibiciones / competiciones amistosas.
4. Partidos de Liga.
5. Partidos de Copa.
6. Campeonatos de España.
7. Finales de copa / play off.
8. Finales y salidas de etapa ciclistas.
9. Fase clasificación campeonatos Mundo / Europa.
10. Torneos o grandes premios.
11. Torneos preolímpicos.
12. Juegos Regionales (Mediterráneos, Asiáticos...).
13. Campeonatos de Europa/Mundo.
14. Juegos Olímpicos.

Fuente: Añó Sanz (2003).

1.6.2. Impacto económico de un evento deportivo

La importancia de un evento deportivo trasciende y supera el ámbito social y deportivo. Hoy en día, albergar un evento deportivo supone un ingreso directo e indirecto para la sede organizadora. Por esta razón, incluso los poderes políticos se involucran en la disputa para obtener la oportunidad de organizar este tipo de eventos, traduciéndose en una competición entre ciudades y países a nivel mundial, incluso retransmitido en directo por diversos medios.

Tómese como ejemplo del impacto económico la celebración de la Maratón Divina Pastora celebrado en Valencia en el año 2011. Se trata de un evento deportivo de tamaño significativamente pequeño (9000 corredores y una inversión total de 1.007.593 euros (Maudos, 2011)) en comparación con los mega eventos (Roche, 2000) como los Juegos Olímpicos (inversión inicial 11.000 millones (Expansión, 2012)). Pues bien, por cada euro gastado se generaron 1,7 euros para la economía local, con un total de 2.375.456 euros.

En España, la organización de este tipo de eventos ha registrado un crecimiento significativos en los últimos veinte años (Añó Sanz, Calabuig, y Parra, 2012). Concretamente, la ciudad de Valencia ha sido sede, y en muchos casos sigue siéndolo, de diversos eventos deportivos internacionales como la America's Cup, el Campeonato del Mundo de Fórmula 1 (F1), el Gran Premio de motociclismo, el Campeonato del Mundo IAAF de atletismo en pista cubierta, el Open 500 de tenis o el "Global Champions Tour" de hípica (Añó Sanz et al., 2012). Sin embargo, y a pesar de haberse realizado numerosos estudios sobre el impacto en la percepción de los espectadores (Calabuig, Burillo, Crespo, Mundina, y Gallardo, 2010), muy pocos estudios han evaluado el impacto social o ambiental (Dwyer, y Fredline, 2008).

Aunque evaluar el impacto económico del deporte en la sociedad es una tarea complicada por la falta de rigor científico y precisión conceptual (Rosario y Antonio, 2003) existen algunos intentos por analizar los flujos generados por las actividades deportivas, como el presentado en la figura 1.2. Se puede observar que la clasificación de los flujos generados parte de una clasificación de los productos deportivos presentada previamente. Se puede observar que los agentes involucrados en el flujo para y por los eventos deportivos son las familias, los comercios, el sector exterior, el sector público y la industria. Todos ellos, por lo tanto, reconocidos como grupos de interés de un evento deportivo. Entre los flujos monetarios producidos cabe destacar el patrocinio, los derechos de transmisión, las apuestas deportivas, productos conexos como el transporte, compras y ventas de material deportivo, los impuestos y la financiación pública.

Las relaciones con los grupos de interés determinan en gran parte la calidad que logrará el evento (Parent y Séguin, 2008). Los grupos de interés son los individuos o grupos afectados por las acciones de la organización (Jones, 1995). En un evento deportivo las partes interesadas pueden ser los medios de comunicación, los ciudadanos residentes, los patrocinadores, las entidades gubernamentales, el personal empleado y voluntario o las organizaciones deportivas (Parent, Eskerud, y Hanstad, 2012). La creación de marca del evento repercutirá en los grupos de interés y así mismo en los patrocinadores, asistentes y competidores (Parent y Séguin, 2008).

Figura 1.2. Flujo económico de un evento deportivo.

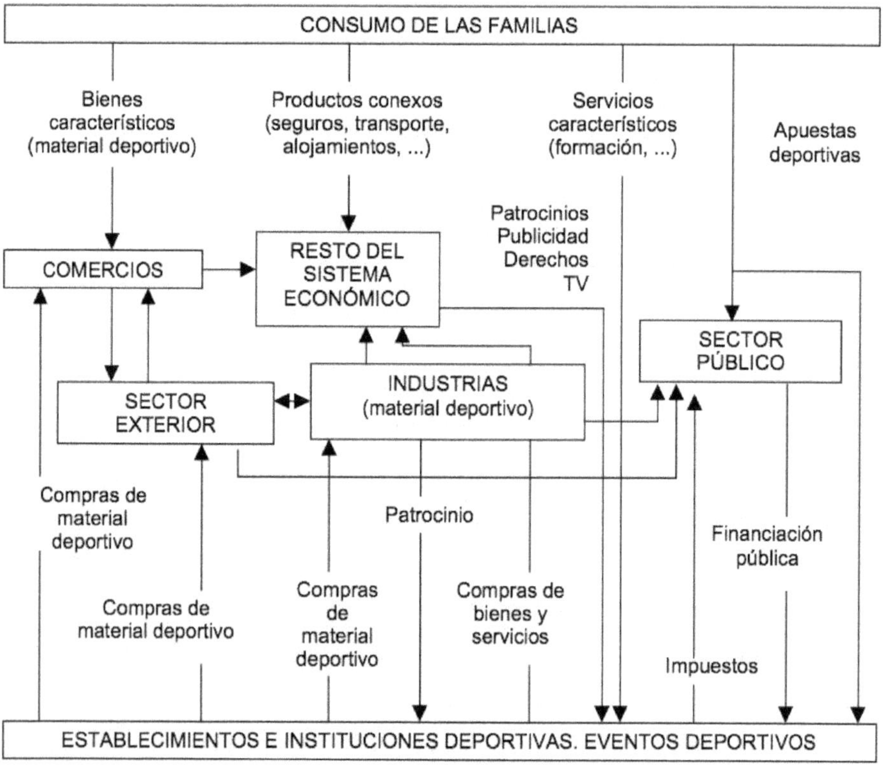

Fuente: Rosario y Antonio (2003).

Sí podemos, en términos generales, arrojar luz sobre algunos datos macroeconómicos que nos pueden orientar sobre su importancia y relevancia. El impacto económico de la organización en el caso de los Juegos Olímpicos de Londres (último evento deportivo de gran magnitud hasta la fecha de realización de esta tesis) es muy significativa. En cuanto a organización e infraestructura, tal y como señala Hugh Roberston, subsecretario de Deporte del Reino Unido, se ha gastado 11.000 millones de euros aunque 900 millones provinieron de fuentes privadas, esencialmente de patrocinadores. No obstante, su impacto sobre la economía británica generará un beneficio a cuatro años vista de 16.500 millones de euros y se traducirá además en un aumento del gasto en consumo. Se debe tener en cuenta que los visitantes internacionales que asistieron como espectadores a los juegos gastaron más de 800 millones de euros, un 18% de esta cifra si no hubieran tenido lugar los juegos olímpicos.

Beech y Chadwick (2007) realizan una clasificación de los consumidores deportivos con el siguiente resultado: patrocinadores deportivos, participantes y espectadores, pudiendo estos dos últimos ser clasificados a su vez como turistas deportivos. Los participantes en los eventos deportivos pueden ser profesionales, amateur o aficionados. Los espectadores a su vez pueden seguir el evento a través de diferentes medios como la televisión, radio, streaming, páginas web, etc. (Beech y Chadwick, 2007).

Los acontecimientos deportivos son fuente de atracción de un gran número de espectadores que en gran medida pueden aumentar la economía local. Especialmente valiosos son los eventos con un menor número de participantes para las ciudades más pequeñas, eventos como maratones, torneos, etc. relativamente pequeños debido al ahorro en costes en su organización (Beech y Chadwick, 2007). En muchos casos el objetivo de este tipo de acontecimientos deportivos y turísticos es obtener beneficios económicos, no solo para la entidad organizadora, sino también para la economía local. Son múltiples los agentes económicos interesados en este tipo de eventos, que en España son financiados en parte por las autoridades gubernamentales locales o nacionales.

Parent y Séguin (Parent y Séguin, 2008) han llegado a la conclusión de que los eventos deportivos internacionales recurrentes de menor tamaño no han sido examinados detenidamente, a pesar del impacto que pueden suscitar en una ciudad de tamaño pequeño-mediano. De hecho, las ciudades están aumentando su interés por acoger este tipo de eventos (Chalip y Costa, 2005).

Los eventos deportivos pueden generar ingresos sustanciales para la ciudad de acogida, el país o la región. El turismo puede ser una pieza clave para beneficiarse de la celebración de los eventos deportivos (Getz, 1998). Debido a ello, los eventos deportivos son definidos como productos turísticos (Chon y Hudson, 2002b). Los visitantes y espectadores emplean recursos monetarios para alojamiento, comida, recuerdos e incluso en visitas guiadas y entradas para diversos espectáculos, deportivos o no (Xing y Chalip, 2006). Además, la cobertura mediática mejora el posicionamiento de la marca organizadora del evento y del evento en sí, pero también la imagen de la ciudad de acogida del evento turístico (Jago, Chalip, Brown, Mules, y Ali, 2003; Ritchie y Smith, 1991). Si bien es cierto que los beneficios económicos y sociales son de corta duración si el impacto generado no se alarga más allá de período de tiempo que tiene lugar el evento (Jago et al., 2003), por ejemplo con la construcción de estadios u otras instalaciones deportivas o sociales. También puede beneficiarse la ciudad de destino de la acogida del evento deportivo asociando su imagen a la imagen y valores que transmite el evento, antes, durante y después de la celebración del mismo, transfiriendo los elementos de la imagen del evento a la imagen del destino hasta el punto de vincular ambas marcas (Chalip, Green, y Hill, 2003).

Los eventos deportivos como productos turísticos pueden generar asociaciones con el destino a través de los medios de comunicación (Chalip et al., 2003) o por medio de las experiencias directas (Kaplanidou y Vogt, 2007) y por medio de las experiencias vividas por los participantes en el evento deportivo (Kaplanidou y Vogt, 2010). Por lo tanto, el evento deportivo puede influir en la probabilidad de que el espectador o visitante pueda reelegir el destino en una ocasión posterior (Bigné, Sánchez, y Sánchez, 2001) y estimular el impacto económico de la comunidad o ciudad de acogida (Gratton, Shilbi, y Coleman, 2005).

Los grandes eventos deportivos como la Copa del Mundo de fútbol, la SuperBowl o los Juegos Olímpicos tienen significados diferentes según el tipo de consumidor (Kaplanidou y Vogt, 2010). Y aunque este tipo de eventos impacten en gran medida en las economías de las ciudades de acogida y generen un gran atractivo de marketing, los eventos deportivos más pequeños, como el Valencia Open 500 de tenis, pueden generar un impacto económico más sostenible (Ritchie, 2004). Este tipo de eventos requieren por norma general una inversión inferior a la organización de grandes eventos deportivos, pero atraen un considerable número de participantes y espectadores (Oldenboom, 2008). El impacto económico y social de este tipo de eventos de menor escala no ha sido ampliamente examinado en la literatura científica y en consecuencia existe escasez de información sobre aspectos tales como la experiencia de los espectadores y turistas (Kaplanidou y Vogt, 2010).

1.7. Internet y deporte en la literatura de marketing

1.7.1. La importancia de Internet

Internet se ha convertido en uno de los principales medios de comunicación y distribución de la información a nivel mundial. Este medio de información está disponible en cualquier idioma y al alcance de más del 50% de la población española. La evolución del número de usuarios que adoptan Internet es innegablemente, ascendente hasta llegar en mayo del 2012 a más de 23 millones de usuarios en España (CNT, 2012).

Por lo tanto, el acceso a la información está generalizado, no solo porque 2.399 millones de usuarios tengan acceso a internet, sino porque 5.788 millones de usuarios acceden a la red a través de dispositivos móviles como teléfonos inteligentes y tabletas (CNT, 2012). Además, la inversión en publicidad está cada vez más focalizada en los medios no convencionales. Tal y como puede verse en la tabla 1.10, la inversión en medios digitales en detrimentos de medios convencionales no ha hecho más que incrementar hasta un total en 2011 del 16% del total de la inversión.

Tabla 1.7. Distribución de ingresos en medios convencionales.

Distribución de ingresos en medios convencionales 2005-2011 (%)							
	2005	2006	2007	2008	2009	2010	2011
Televisión	43,9	43,6	43,4	43,4	42,1	42,2	40,6
Diarios	24,8	24,5	23,7	21,2	20,9	19,2	17,6
Digitales	2,4	4,3	6	8,6	11,6	13,6	16,3
Radio	9,1	8,7	8,5	9	9,6	9,4	9,5
Exterior	7,4	7,2	7,1	7,3	7,1	7,2	7,3
Revistas	10	9,4	9	8,7	7,2	6,8	6,9
Dominicales	1,8	1,7	1,7	1,5	1,2	1,2	1,2
Cine	0,6	0,6	0,5	0,3	0,3	0,4	0,5

Fuente: Estudio sobre inversión publicitaria en medios digitales (IAB, 2011).

En términos de crecimiento, los soportes digitales al igual que el cine han sido los
únicos en aumentar. En concreto, el medio digital ha aumentado entre el año 2010
y 2011 un 12,6%, mientras que otros medios como la televisión o la radio han
disminuido un 9,5 y un 4,3% respectivamente, tal y como puede observarse en la
tabla 1.8.

Tabla 1.8. Comparativa de crecimiento por soportes publicitarios.

Comparativa de crecimiento por soportes 2010-2011		
	2010	2011	% Inc.
Televisión	2471,9	2237,2	-9,5
Diarios	1124,4	967	-14
Digitales	798,9	899,2	12,6
Radio	548,5	524,9	-4,3
Exterior	420,8	402,8	-4,3
Revistas	397,8	381,1	-4,2
Dominicales	72,2	67,1	-7
Cine	24,4	25,8	5,8
Total	5858,8	5505,1	-6

Fuente: Estudio sobre inversión publicitaria en medios digitales (IAB, 2011).

1.7.2. El deporte en línea

Como se ha podido comprobar anteriormente, el número de usuarios de Internet
está creciendo. Así mismo, la visibilidad de los patrocinadores de los eventos
deportivos crece también y se ofrece como un nuevo componente a tener en
cuenta (Kutintara, 2009). Un estudio desarrollado por la compañía Performance
Research (Perfomance Research, 2004) concluyó que los usuarios de los sitios web
deportivos encuentran menos molestos la publicidad a través del patrocinio que

los banners publicitarios. Y lo más importante, un 41% de los encuestados afirmaron ser propensos a considerar la compra de un producto o servicio del patrocinador en comparación con un 23% que se mostró proclive a la compra de un productos o servicio de un anunciante convencional (Kutintara, 2009).

Los aficionados al deporte en línea han sido definidos como consumidores de deporte que hayan comprado productos relacionados con el deporte a través de Internet, hayan obtenido información relativa a alguna competición o entidad deportiva a través de la red o hayan compartido información, opiniones o comentarios, o incluso descargado algún resumen o sinopsis de información relacionada con el deporte a través de Internet (Hur, Ko, y Claussen, 2012).

Según Jensen (1995), hasta 1993 las entidades deportivas profesionales no crearon la primera página web. La primera entidad deportiva en hacerlo fueron los Mariners de Seattle y los San José Sharks. Así pues, la NFL (National Football League) estadounidense se convirtió en la primera competición oficial en estar presente en Internet. Tal y como afirma Jensen (1995) la organización de la competición determinó que una página web sería un medio de comunicación muy útil para contactar con los seguidores y aficionados en un mercado global e internacional. La organización de la NFL decidió entonces agregar patrocinadores en línea y vender productos bajo licencia oficial. Posteriormente otras entidades y organizaciones se han ido sumando a esta iniciativa.

Sin embargo, Beech, Chadwick y Tapp (2000) afirman que fue tras 1991 cuando los primeros equipos profesionales comenzaron a usar el canal Internet para comunicarse con el consumidor y realizar transacciones con sus seguidores y público en general (Beech et al., 2000). En un principio los sitios web sólo eran utilizados como vehículos complementarios para informar sobre horarios, fechas, transportes, alojamiento, comida, tráfico, clima y diferentes gastos de viaje (Filo, Funk, y Hornby, 2009).

En cualquier caso el punto de vista cambió en la primera década del siglo XXI (Scholl y Carlson, 2012) y ahora las entidades deportivas profesionales y no profesionales pueden llegar a cualquier lugar de interés en cualquier momento y de múltiples formas. El sitio web puede servir no solo para obtener información, también puede servir para socializarse con los aficionados afines a los intereses de los diferentes consumidores, también puede servir para olvidar la rutina diaria y desconectar de los problemas del día a día, pero también pueden seguir adquiriendo de forma segura los productos y entradas para el evento (Hur, 2007).

Durante estos años las entidades han convertido sus páginas web en importantes canales de distribución de productos y servicios, además de instrumentos eficaces de comunicación y promoción (Kriemadis, Terzoudis, y Kartakoullis, 2010). Se están empleando también como instrumentos para el estudio del mercado y como medio para la segmentación de la audiencia y la comercialización en destino (Kriemadis et al., 2010). Sin embargo, el potencial web en algunos sectores deportivos profesionales aún no se está empleando en su máximo nivel (Beech et al., 2000; Kriemadis et al., 2010; Scholl y Carlson, 2012). Los ingresos generados por los derechos de televisión y la venta de productos en tiendas físicas y la venta de entradas para los espectáculos sigue siendo la principal fuente de financiación (Scholl y Carlson, 2012). Por lo tanto, la lealtad de los aficionados fuera y dentro del campo sigue siendo primordial para la supervivencia de las entidades deportivas profesionales (Bauer, Stokburger-Sauer, y Exler, 2008; Jacobson, 2003).

Hoy en día el principal objetivo que persiguen las entidades y organizaciones es alcanzar un mayor mercado (Kutintara, 2009). Otro beneficio que persiguen obtener las entidades deportivas es la reducción de costes. La publicidad a través de Internet y más concretamente desde su propia página web reduce ostensiblemente los costes de comercialización y publicidad. Además, permite la disminución de costes de comercialización de productos bajo licencia oficial, tales como gorras, camisetas, equipaciones deportivas y otros productos no deportivos. La página web aumenta la lealtad del cliente y el posicionamiento de la marca (Brown, 1998). Como beneficio añadido, tal y como señala Kutintara (2009), la organizaciones pueden desarrollar una base de datos con información pertinente acerca de los gustos y necesidades de los clientes , su comportamiento de compra en línea, y utilizar esta información para la mejora de su sitio web y de su proceso de comercialización (Griffin, 1996).

La búsqueda de información en Internet responde a un interés previo en un producto o servicio en particular, por lo tanto, el individuo navega por un sitio web deportivo con un objetivo específico que puede variar en función de la participación en la entidad deportiva (Pedersen, Miloch, y Laucella, 2007). Son dos los motivos principales por los cuales un individuo accede al contenido web. En primer lugar, para acceder a información específica o para entretenimiento. En segundo lugar, debido a la experiencia de uso del medio específico. (Pedersen et al., 2007).

Pero para poder retener y aumentar los visitantes en un sitio web la clave está en tener un diseño atractivo a primera vista (Kotler, 2006). En este sentido se han desarrollado varios trabajos que tratan de encontrar qué rasgos psicológicos están asociados a los consumidos deportivos, para posteriormente aplicar este conocimiento al diseño de contenidos web más atractivos (Filo y Funk, 2005). La investigación de Filo y Funk (2005) demostró que rasgos psicológicos como la estética, el drama, el interés por el equipo y los jugadores podrían ayudar a atraer y retener a los visitantes web. Presentar un sitio web atractivo e interesante de contenido e información fortalece a las organizaciones deportivas y su relación con sus consumidores (Gladden y Funk, 2002).

Así mismo, se espera que los sitios web con contenido deportivo en línea sean interactivos (Pedersen et al., 2007), ya que permite a los usuarios establecer relaciones con la organización o con otros usuarios por medio de redes sociales, blogs de discusión, debates en línea o chats en vivo con otros usuarios, jugadores o miembros de la organización deportiva. En este sentido, los sitios web deportivos deben ofrecer funciones multimedia como vídeos o fotos de partidos o encuentros. Los beneficios para la organización son conocer mejor a sus consumidores por medio de la interactividad, además de retener y aumentar la atracción y los visitantes a su sitio web.

Según Kutintara (2009), una práctica común en los sitios web deportivos es fomentar la participación de los consumidores en línea a través de concursos en los que el patrocinador oficial tiene una participación activa. Estos concursos están

normalmente relacionados con el evento deportivo y acorde al interés de la
audiencia del sitio web. Mediante este método los patrocinadores pueden
aumentar su impacto.

Mcdonald's es un ejemplo de empresa que patrocina concursos en páginas web de
eventos deportivos. Concretamente en 2006 ofreció la oportunidad de viajar y
asistir a algunos encuentros de la Copa del Mundo de fútbol (Kutintara, 2009). De
la misma forma, en esta edición de los Juegos Olímpicos de Londres Mcdonald's ha
organizado un concurso para premiar a un ganador con un viaje con gastos
pagados a tal evento ("London 2012 Paralympics - Schedule, Results, Medals,
Tickets, Venues," n.d.). Otras formas en las que los patrocinadores pueden incidir
en las páginas web deportivas es llevando a cabo patrocinio de elecciones a
premios concretos como mejor jugador, mejor novato del año, etc. tal y como
ocurrió con Gillette o DHL Internacional en la MLB (Mayor League of Beisbol) en el
2008 (Kutintara, 2009).

La interacción con los aficionados se vuelve vital para poder mejorar y añadir valor
a la marca. Lagae (2005) realizó un estudio entre los clubes europeos de fútbol
llegando a la conclusión de que más del 95% de los sitios web deportivos
utilizaban foros para mejorar la comunicación entre los aficionados y el club.
Aunque se ha indagado por la importancia de esta interacción, algunos sitios web
de eventos deportivos no usan o no están desarrollando todo el potencial que esta
herramienta les ofrece para el estudio del comportamiento de los aficionados,
consumidores y seguidores (Ioakimidis, 2010). Especialmente en aquellos eventos
deportivos más pequeños con menos recursos. Lo que hace preguntarse por qué
estas organizaciones no están haciendo uso de esas herramientas y los grandes
beneficios que este tipo de organizaciones deportivas pueden encontrar con el uso
de Internet como ayuda a su esfuerzo de marketing y comercialización (Ioakimidis,
2010)

Entre los beneficios menos destacados por las organizaciones se encuentran la
creación de una base de datos, establecer la oportunidad de conversar uno a uno
con el consumidor y reducir los costes de marketing (Brown, 2003). Las futuras

líneas de investigación que plantea este autor llevarán a analizar la utilidad del sitio web deportivo desde el punto de vista del consumidor para que así puedan entender los gestores de marketing porque un usuario prefiere un sitio a otro. En las misma línea y más recientemente, Ioakimidis (2010) afirma que las páginas web deportivas de los principales equipos de fútbol americano, fútbol inglés y hockey en Estados Unidos no contaban con servicios de opinión, por lo que muchos equipos podrían ampliar el alcance actual de los medios de comunicación relacionados con el contenido.

Otros estudios llevados a cabo en la literatura de marketing deportivo han tenido como objetivo facilitar la comprensión de Internet como herramienta de marketing en las entidades deportivas (Hur, 2007). Kahle y Meeske (1999) describieron las principales razones para el crecimiento de este medio en la comunicación de marketing de las entidades deportivas: información inmediata, interactividad, acceso abierto, personalización, etc. para entidades de cualquier tamaño. Otros autores han estudiado la rentabilidad de las páginas web deportivas como medios para incrementar los ingresos (Caskey y Delpy, 1999). También se ha investigado acerca de los perfiles demográficos de los usuarios de sitios web deportivos. Delpy y Bosetti (1998) hallaron que los usuarios de Internet y los aficionados al deporte tienen una demografía similar en términos de género, edad promedio y nivel de ingresos. De igual manera se discute sobre las aplicaciones actuales de los sitios web deportivos. Los mencionados autores indican que los sitios web deportivos a menudo se emplean para la venta de entradas, la venta de productos oficiales, para la investigación de mercados, para recaudar fondos, para publicitarse, para la representación de estrellas deportivas o la inscripción a eventos deportivos. Incluso las instalaciones deportivas deberían desarrollar sitios web oficiales donde poder interactuar y ofertar sus servicios a los aficionados (Smith, Pent, y Pitts, 1999). Pero no sólo a través de un medio, sino que deben combinar diferentes medios mediante una comunicación integrada de marketing. Por ejemplo, integrando Internet con una televisión interactiva emitida a través de este medio (WebTV) (Turner, 1999). Equipos oficiales de la Liga BBVA española cuentan con este tipo de emisión como el Granada C.F. o el Sevilla F.C.

Tras analizar 750 organizaciones deportivas, Brown (2003) llegó a la conclusión de que concurren tres objetivos de marketing por los que las organizaciones recurren a comercializar su página web a través de Internet: proporcionar información sobre la organización al visitante, generar conciencia de marca y mejorar la imagen de marca. Entre los beneficios percibidos el citado autor destaca la lealtad del cliente hacia la marca, la creación de un posicionamiento de marca y llegar a un mercado global e internacional con acceso abierto.

Todos los estudios analizados recalcan la importancia de Internet como una herramienta de marketing muy importante y de su potencial como generadora de contenidos digitales personalizables, y aunque los estudios más recientes se han centrado en la perspectiva del propietario de la organización deportiva para el estudio de la relación Internet-entidad deportiva, un menor número de estudios se han centrado en la identificación de las características de uso de los sitios web deportivos (Hur, 2007).

Otros autores que han examinado los factores que influyen en el uso general de consumo de Internet han llegado a la misma conclusión (Filo et al., 2009). El factor de consumo más importante que se ha observado ha sido la búsqueda de información (Ko, Cho, y Roberts, 2005; Korgaonkar y Wolin, 1999; Papacharissi y Rubin, 2000), puesto que Internet les permite ser más eficientes en la búsqueda (McGaughey y Mason, 1998). Una gran parte de los consumidores utilizan Internet durante este proceso (Oorni, 2004).

Cuando los consumidores reconocen la necesidad o el deseo de asistir a un evento deportivo, se involucran en el proceso de búsqueda de información (Filo et al., 2009). En la búsqueda de información, los consumidores tratan de encontrar información sobre el evento, y juzgar la medida en que este evento va a satisfacer sus necesidades y motivos (Allen et al., 2005).

Entre los consumidores de eventos deportivos, Internet ha crecido en importancia en la medida en que la búsqueda de información es más eficaz y requiere menos tiempo (Shilbury, 1998). Por ello es importante presentar información pertinente para el consumidor que está buscando información en la página web (Filo et al., 2009), puesto que un evento deportivo es un producto experimental y se basa en representaciones gráficas, verbales y descripciones y, por lo tanto, el suministro de información es vital para el éxito de la organización (Cai, Feng, y Breiter, 2004).

Las organizaciones trabajan para conocer las necesidades y motivaciones de los consumidores para dar forma a las comunicaciones de marketing en Internet (Filo y Funk, 2005). Así pues, el reto para las organizaciones deportivas consiste en suministrar información relevante y pertinente para el consumidor (Filo et al., 2009). Filo et al. (2009) sugieren que las organizaciones de eventos deportivos deberían centrarse en proporcionar información complementada con imágenes y multimedia para mejorar la marca y la imagen de un evento deportivo. Incluso sugieren que la motivación para asistir al evento deportivo puede verse afectada por la información que esté suministrada en el sitio web del evento deportivo.

Está comprobado que Internet y los sitios web se han convertido en herramientas muy importantes para las relaciones públicas y la promoción de las entidades y equipos profesionales de deportes (Delpy y Bosetti, 1998). En primer lugar fueron un medio de transmisión de información sobre los horarios, formaron parte del sistema para la venta de entradas a los eventos deportivos así como para la venta de productos oficiales relacionados con el deporte y la entidad. Hoy en día se han convertido en un negocio que mueve miles de millones de dólares (Scholl y Carlson, 2012), aunque la mayor parte de los ingresos siguen proviniendo de la retransmisión por radio y televisión y la venta de derechos, como por ejemplo en videojuegos (Cain y Haddock, 2005). Pero aunque no generen el mismo volumen de ingresos, los sitios web deportivos se han convertido en un instrumento de desarrollo de imagen que cada vez más generan importantes ingresos. Según Alexa.com (Alexa, 2012), una página relativa a un evento deportivo, como el caso de usopen.org, tiene una visita diaria de 466.299 personas, con unos ingresos diarios de $1.400, mientras que organizaciones deportivas, como la página oficial de la organización europea de fútbol (UEFA.com), recibe una media de 638.792 visitas medio año antes de empezar el evento, con unos ingresos diarios estimados de $1.919, estando ambas páginas valoradas en $1,02 millones y $1,4 millones, respectivamente (Websiteoutlook, 2012).

En el caso del sitio web que será utilizado como referencia para el trabajo empírico que soporta esta tesis doctoral (valenciaopen500.com), éste recibe más de 100.000 visitas al mes, alcanzando en octubre, fecha de la celebración del evento, casi dos millones de visitas (Alexa, 2012).

En cuanto al tipo de aficionado que recurre al sitio web deportivo de la entidad profesional deportiva, son los aficionados y seguidores más entusiastas los que frecuentan en mayor medida este medio (Scholl y Carlson, 2012). Con este tipo de audiencia las entidades deberían centrarse en construir una fuerte y consolidada identidad de marca, a través del fomento de mecanismos de comunicación, como la creación de una comunidad virtual, y el desarrollo de una estrategia de comunicación sostenida (Bauer et al., 2008). Otros estudios han demostrado que los seguidores y aficionados recurren cada vez más a los sitios web de las entidades profesionales deportivas para relacionarse y comunicarse con otros seguidores y simpatizantes (Seo y Green, 2008), lo que aconseja que las entidades deportivas desarrollen espacios en los que los aficionados puedan relacionarse entre sí, como foros, comunidades virtuales, redes sociales, etc.

Por lo tanto, las entidades deportivas profesionales compiten también para mantener a los seguidores "conectados" a sus sitios web, especialmente en el caso de los eventos deportivos, y en un mayor grado en la páginas web de deportes de fantasía o de apuestas deportivas. Todo con el objetivo de desarrollar un modelo de negocio basado en la lealtad del consumidor en el ciberespacio.

Es interesante reseñar la existencia de una nueva línea de investigación enfocada alrededor del deporte de fantasía. Consiste en la selección y mantenimiento de equipos deportivos de ficción compuestos por jugadores seleccionados, particularmente en base a un determinado rendimiento o poder monetario (Karg y McDonald, 2011). Los participantes pueden seleccionar jugadores procedentes de todos los equipos profesionales y sus equipos tienen que competir contra otros equipos de ficción. El rendimiento del equipo se evalúa al anotar el rendimiento de los jugadores que componen cada equipo en base a las estadísticas de los partidos reales. El deporte de fantasía, por lo tanto, funciona mejor en ámbitos deportivos donde las estadísticas son rigurosamente recogidas, fáciles de entender y fáciles de conseguir.

La comprensión de los datos demográficos y las motivaciones de los actores es fundamental para determinar si, y cómo, el deporte de fantasía puede ser utilizado para desarrollar nuevos mercados o aumentar la participación de los fans existentes. El deporte de fantasía en línea permite a los participantes asumir las funciones de los propietarios, gerentes y entrenadores de los equipos profesionales, crear franquicias y experimentar todas las fases del proceso (es decir, captar jugadores, negociación de contratos, hacer funciones de agentes, alinear y entrenar a los jugadores). Aún hay un número muy limitado de estudios acerca del consumo de este tipo de juegos. Nesbit y King (2010) concluyen que "la evidencia anecdótica y las conclusiones de numerosos estudios no académicos presentan un argumento bastante convincente que el deporte de fantasía ha influido positivamente en la industria del deporte" (p. 11). Sin embargo, pocos trabajos empíricos o académicos se ha realizado en el ámbito del deporte de fantasía, a pesar de su crecimiento exponencial en la última década (Davis y Duncan, 2006; Karg y McDonald, 2011; Lomax, 2006; Roy y Goss, 2007).

Aunque a través de las páginas web las entidades profesionales deportivas han aumentado el alcance hacia su público objetivo y este negocio representa cada vez más importantes ingresos a las organizaciones (Reilly, 2003), la investigación académica no ha realizado un estudio en profundidad sobre el consumo en línea de las entidades profesionales deportivas (Scholl y Carlson, 2012), aunque sí se han realizado estudios sobre el impacto del uso del sitio web desde la perspectiva de marketing (Brown, 2003; Carlson, Rosenberger, y Muthaly, 2003; Evans y Smith, 2004; Filo y Funk, 2005; Scholl y Carlson, 2012).

En la tabla 1.9 están contenidos los principales estudios sobre consumo deportivo en línea que hasta ahora se han publicado en la literatura de marketing, clasificados por autores, enfoque y línea de la investigación. Las líneas de investigación identificadas son: (1) Estudios sobre la importancia y la función de Internet y los sitios web de deportes; (2) Estudios sobre el contenido web de páginas deportivas orientadas a la gestión de marketing; (3) Estudios sobre oportunidades de comercialización de sitios web deportivos; (4) Estudio de los usuarios, sus motivaciones y sobre las oportunidades de comercialización y características de los deportes de fantasía en línea; (5) Estudios relacionados con la comunicación de eventos deportivos a través de Internet; y (6) Estudios sobre comportamiento de los usuarios de sitios web de deportes o funciones específicas de los sitios web de deportes.

Tabla 1.9. Líneas y enfoques de la investigación en línea deportiva.

Autores	Enfoque de la investigación	Línea de investigación
Delpy y Bosetti (1998)	Identificaron perfiles demográficos de los usuarios de Internet.	Estudios sobre la importancia y la función de Internet y sitios web de deportivos.
Kahle y Meeske (1999)	Identificaron características y roles potenciales de los mercados deportivos	
Caskey y Delpy (1999)	Propusieron modelos de ingresos de los sitios web de deportes.	
Smith, Pent y Pitts (1999)	Realizaron un análisis de contenido de los sitios web de instalaciones deportivas.	
Beech et al. (2000)	Estudio exploratorio que combinaba entrevistas cualitativas con las observaciones empíricas de los sitios web de fútbol.	Estudio sobre el contenido web de páginas deportivas orientadas a la gestión de marketing.
Carlson et al. (2003)	Propuesta de técnicas para examinar la información contenida en un sitio web profesional deportivo.	
Brown (2003)	Estudio de los objetivos de marketing de un sitio web como herramienta de comunicación.	
Scholl y Carlson (2012)	Estudio de los sitios web deportivos europeos y americanos en base a la información suministrada en su página web y de su implicación en la gestión deportiva.	
Kriemadis et al. (2010)	Análisis de los elementos de marketing en sitios web deportivos.	
Carlson, Rosenberger y Muthaly (2003)	Oportunidades de comercialización de sitios web deportivos.	Oportunidades de comercialización de sitios web deportivos.
Ciletti, Ianasa, Ramos, Luchs y Lou (2010)	Oportunidades de comercialización de sitios web deportivos.	
Evans y Smith (2004)	Oportunidades de comercialización de sitios web deportivos.	

Tabla 1.9. (Continuación)

Autores	Enfoque de la investigación	Línea de investigación
Filo y Funk (2005)	Oportunidades de comercialización de sitios web deportivos.	Oportunidades de comercialización de sitios web deportivos.
Turner (1999)	Estudio sobre la integración de la televisión e Internet.	
Butler y Sagas (2010)	Cómo los aficionados al deporte pueden ser atraídos a sitios web de periódicos.	
Ruihley y Hardin (2011)	Análisis y desarrollo de una escala para medir la motivación del uso de juegos basados en deportes de fantasía.	Estudio de los usuarios, sus motivaciones y sobre las oportunidades de comercialización y características de los deportes de fantasía en línea.
Karg y McDonald (2011)	Examina el deporte de fantasía como competidor del consumo deporte en línea.	
Davis y Duncan (2006)	Examina la audiencia y las experiencias de los participantes del público objetivo de las ligas deportivas de fantasía.	
Drayer, Shapiro, Dwyer, Morse, y White (2010)	Estudia el impacto del deporte de fantasía sobre el consumo de productos relacionados.	
Nesbit y King (2010)	Examina el impacto del deporte de fantasía sobre la asistencia a los eventos deportivos en vivo.	
Farquhar y Meeds (2007)	Se centra en el estudio de la motivación y variables del usuario sobre el uso de los deportes de fantasía.	
Roy y Goss (2007)	Produce un marco conceptual sobre la influencia del consumo de los deportes de fantasía sobre la gestión deportiva.	
Chalip et al. (2003)	Examinaron el efecto de la publicidad y los medios sobre la imagen del destino y en la intención de visitar la localidad de acogida de un evento deportivo.	Estudios relacionados con la comunicación de eventos deportivos a través de Internet.
Filo et al. (2009)	Análisis de las necesidades de información de los sitios web de eventos deportivos y evaluación del impacto de las comunicaciones del sitio web en la motivación y actitudes del consumidor hacia el evento.	
Funk, Beaton, y Alexandris (2012)	Construcción de una escala de motivación para el consumo deportivo en línea.	Comportamiento de los usuarios o funciones específicas de los sitios web deportivos.
Hur, Ko, y Valacich (2007)	Exploración sobre la motivación para usar sitios web de deportes.	
Seo y Green (2008)	Construcción de una escala para medir la motivación de consumo en línea deportivo.	
Hur, Ko, y Valacich (2011)	Examen de las relaciones entre el comportamiento de consumo, la percepción de la calidad de la web, la satisfacción y la lealtad.	
Funk et al. (2012)	Construcción de una escala de motivación para el consumo deportivo en línea.	

Tabla 1.9. (Continuación)

Autores	Enfoque de la investigación	Línea de investigación
Ahn (2010)	Estudio de la actitud hacia el sitio web deportivo y su relación con la intención de revisita.	
Hur et al. (2012)	Estudio del comportamiento de los aficionados al deporte al visitar sitios web de deportes.	
Kitchin (2006)	Cómo los aficionados al deporte pueden ser atraídos a sitios web de entretenimiento-juegos.	Comportamiento de los usuarios o funciones específicas de los sitios web deportivos.
Hur et al. (2011)	Aplicación del modelo de aceptación de la tecnología para explicar el uso de los sitios web deportivos.	
Yu (2007)	Examinó la percepción de la comercialización sobre los seguidores de la publicidad virtual deportiva.	
Tsuji, Bennett y Leigh (2009)	Conciencia de marca de publicidad virtual	

Fuente: Elaboración propia.

1.7.3. Investigación científica en marketing del deporte

En la tabla 1.10 se ha realizado una recopilación de todas las revistas del sector de dirección, economía y marketing deportivo con factor de impacto según el Instituto para la Información Científica Thomson Reuters ISI. Se han identificado 16 revistas, y en algunos casos como la Revista Internacional de Medicina y Ciencias de la Actividad Física y el Deporte y la Journal of Leisure Research, estas revistas están orientadas a también a otras temáticas como la medicina en el primer caso o el sector general de actividades lúdicas en el segundo caso. Sin embargo, ambas revistas están abiertas a la publicación de artículos sobre dirección empresarial o marketing con el fondo del deporte como temática central.

Otras revistas como la International Journal of Sport Psychology o la Psychology of Sport and Exercise no han sido incluidas en este índice al tener un alcance más relacionado con la psicología, la pedagogía, el ejercicio y el rendimiento deportivo.

Tabla 1.10. Índice de revistas científicas con temática de gestión deportiva con factor de impacto ISI.

Título de la publicación	Factor de impacto
European Journal of Sport Science	0,976
European Sport Management Quarterly	0,875

Tabla 1.10. (Continuación)

Título de la publicación	Factor de impacto
International Journal of Sport Finance	0,611
International Journal of Sports Marketing & Sponsorship	0,026
Journal of Leisure Research	0,508
Journal of Sport and Social Issues	1,050
Journal of Sport Management	0,814
Journal of Sports Economics	0,718
Journal of Sports Sciences	1,931
Leisure Sciences	0,556
Psychology of Sport and Exercise	1,867
Research Quarterly for Exercise and Sport	1,490
Revista de Psicología del deporte	0,543
Revista Internacional de Medicina y Ciencias de la Actividad Física y el Deporte	0,265
Science & Sports	0,475

Fuente: Elaboración propia.

En la tabla 1.11 se nombran por orden alfabético las revistas sobre marketing y economía del deporte que han sido identificadas como relevantes pero que no disponen de factor de impacto según la bases de datos Thomson Reuters ISI, pero que están indexadas en importantes bases de datos como EBSCOhost, SPORTDiscus, Scopus, Latindex, CAB Abstracts. También se ha añadido el índice de impacto SJR de SCImago que recoge la información registrada en la base de datos de la base de datos Scopus.

Tabla 1.11. Índice de revistas científicas con temática de gestión deportiva sin factor de impacto ISI.

Título de la publicación	Latindex	CAB Abstracts	SportDiscus	EBSCOhost	Scopus	SJR
Actividad Física y Ciencias	✓					
Annals of Leisure Research		✓	✓	✓		
Cultura Ciencia y Deporte	✓		✓	✓	✓	0,12
Cyber-journal of sport marketing			Cesada			
International Journal of Computer Science in Sport			✓	✓	✓	
International Journal of Sport Communication		✓	✓	✓		
International Journal of Sport Management			✓			
International Journal of Sport Management and Marketing		✓	✓		✓	0,19
International Journal of Sport Management, Recreation & Tourism			✓	✓		

Tabla 1.11. (Continuación)

Título de la publicación	Latindex	CAB Abstracts	SportDiscus	EBSCOhost	Scopus	SJR
Journal of Quantitative Analysis in Sports		✓	✓		✓	0
Journal of Sponsorship						
Journal of Sport & Tourism		✓	✓	✓		
Journal of Venue and Event Management			✓			
Recreational Sports Journal			✓			
Revista Internacional de Ciencias del Deporte	✓		✓	✓	✓	0
Serbian Journal of Sports Sciences			✓			
Soccer and Society			✓			0,47
Sport Management International Journal			✓			
Sport Management Review					✓	0,38
Sport Marketing Quaterly		✓	✓	✓		
Sport Science Review			✓			
Sport, Business and Management				✓		
World Journal of Sport Sciences						
World Leisure Journal		✓	✓	✓		

Fuente: Elaboración propia.

Con esta revisión de la investigación científica en el área del marketing deportivo se termina el capítulo de introducción. Este capítulo ha tenido el objetivo de sentar las bases del área donde de desarrolla la investigación, el marketing deportivo. En un primer lugar, se definió el concepto de marketing deportivo y se determinaron las características distintivas. También se estipularon las diferencias entre producto deportivo y no deportivo concluyendo que existen tres tipos de productos deportivos: espectadores deportivos, participación deportiva y lo que se llamó deportes, aparejos y otros. Así también, se añadió un apartado dedicado a los productos no deportivos que son comercializados a través del deporte.

Posteriormente, se procedió a definir el concepto de evento deportivo junto con su tipología para a continuación reivindicar la importancia que los eventos deportivos tienen sobre la economía local.

Por último, el apartado Internet y el deporte en línea en la literatura de marketing estipuló la creciente importancia que este medio tiene sobre gestión de la comunicación en las entidades y organizaciones de eventos deportivos. Se realizó una primera revisión teórica sobre la literatura de marketing deportivo en línea estableciéndose las líneas y enfoques de la investigación en línea deportiva. Y a continuación, se revisaron las principales publicaciones científicas temáticas del área que cuentan con impacto e indexadas en reconocidas bases de datos.

Por lo tanto, y una vez que se ha establecido el área de estudio se procede a conceptualizar el término patrocinio, su tipología, objetivos y riesgos. Así, se realiza una revisión de las teorías aplicadas al estudio de la influencia del patrocinio en el consumidor para terminar estableciendo los métodos de medición de los efectos del patrocinio.

Capítulo 2. El patrocinio deportivo

2.1. Introducción

El patrocinio se ha convertido en una de las herramientas más importantes en la comercialización de productos y servicios (Chao, 2011). Actualmente es una de las herramientas de marketing más comúnmente utilizadas (Maxwell y Lough, 2009) y de mayor importancia respecto a otras técnicas de comunicación. El patrocinio deportivo es considerado el patrocinio más relevante (Olson, 2010), pues dos tercios del gasto en patrocinio está dedicado a equipos deportivos, eventos y jugadores (Chao, 2011; Crompton, 2004; Verity, 2002).

2.2. Patrocinio

Según Infoadex, (empresa que realiza el control y análisis de la publicidad en España), las inversiones realizadas en patrocinio, y más concretamente en patrocinio deportivo, son realmente significativas. En la Tabla 2.1 se muestra que el patrocinio deportivo ha sido una de las fórmulas de publicidad en medios que menos ha visto reducida su inversión debido al momento económico de recesión actual. Hasta el año 2007 su evolución había sido positiva, hasta alcanzar una inversión total estimada de 623 millones de euros solamente en España. Desde el año 2007 su inversión se ha visto reducida de forma gradual hasta alcanzar la cifra en el año 2011 de 420 millones de euros. La inversión en la publicidad tradicional siembra cada vez más dudas en detrimento del patrocinio. (Lardinoit y Quester, 2001).

Tabla 2.1. Inversión en publicidad no convencional en España.

Medios no convencionales	2011	% 11 / 10	2010	2009	2008	2007	2006	2005
Patroc., mecenaz., mark. Social y RSC	486,8	-9,6	537,3	500,3	569,5	495,1	438,9	401,5
Patroc. Deportivo	**420,9**	**-9,6**	**456,6**	**436,3**	**457,6**	**623,4**	**560,6**	**493**
Animación punto de venta	68,7	10,6	62,1	64,9	67,5	69,9	65,8	71
Anuarios, guías y directorios	171,4	-55,8	387,8	485,9	609,9	638,6	604,2	589
Buzones/folletos	717,7	-9,3	791,3	832,9	825,5	823,6	757	729,2
Catálogos	55,6	-50,6	112,5	120	144,1	193,7	209	241,5
Ferias y exposiciones	72,2	-16,2	86,1	80,8	109	200,7	174,7	150,4
Juegos promocionales	30,9	-21,4	39,3	44,7	50,3	55,9	48,6	38,2

Tabla 2.1. (Continuación)

Medios no convencionales	2011	%'11 /'10	2010	2009	2008	2007	2006	2005
Mailing	1.914,1	-2,9	1.971,3	1927	1.976,4	1.939,5	1.864,9	1.776,1
Marketing móvil	36,6	66,4	22	20,7	19,1	11,7	6,5	-
Marketing telefónico	1.140,3	3,4	1.103,1	1121	1100,6	1058,6	967,7	897,6
P.L.V., merch., señalización y rótulos	1.276,3	1	1.263,7	1.197,8	1.548,8	1.538	1.275,3	1.225,9
Publi. de Emp.	22,7	-10,1	25,3	23,7	32,5	53,3	60,3	59,4
Regalos publicitarios	113,5	-9,4	125,2	175,6	227	388	373,8	357,1
Tarjetas de fidelización	28	-33,1	41,8	46,6	48,1	45,9	40	34,8
Subtotal	6.555,9	-6,8	7.034,3	7.078,1	7.812,9	8.136,1	7.447,2	7.064,8
Total	12.061	-6,5	12.893	12.709	14.915	16.121	14.754	13.785

Fuente: Infoadex (2012).

Actualmente, las grandes compañías internacionales emplean numerosos recursos monetarios en patrocinio. Téngase en cuenta la tabla 2.2, donde se muestra el gasto a nivel global en millones de dólares en el año 2011 en patrocinio por las empresas norteamericanas más importantes. Por ejemplo, la compañía General Motors Co. empleó en el año 2011 más de 170 millones de dólares, mientras que PepsiCo, Inc. gastó más de 340 millones de dólares. Lo que sigue dando cuenta de la importancia del patrocinio como campo de investigación, debido a la gran inversión realizada por las empresas. Se requieren por tanto investigaciones que optimicen la gestión de la inversión en este ámbito.

Tabla 2.2. Inversión en patrocinio empresas norteamericanas 2011.

Categoría	Compañía	Gasto en 2011
Sector automóvil	General Motors Co.	$170M-$175M
	Toyota Motor Sales U.S.A., Inc.	$150M-$155M
	Ford Motor Co.	$135M-$140M
	Mercedes-Benz USA, LLC	$50M-$55M
	Chrysler Group LLC	$45M-$50M
	American Honda Motor Co.	$35M-$40M
	Kia Motors America, Inc.	$25M-$30M
	BMW of North America, LLC	$25M-$30M
	Volkswagen of America, Inc.	$15M-$20M
	Hyundai Motor America	$15M-$20M
Banca	Bank of America Corp.	$70M-$75M
	J. P. Morgan Chase y Co.	$50M-$55M
	Wells Fargo y Co.	$40M-$45M
	Citigroup Inc.	$40M-$45M

Tabla 2.2. (Continuación)

Categoría	Compañía	Gasto en 2011
Refrescos	PepsiCo, Inc.	$340M-$345M
	The Coca-Cola Co.	$265M-$270M
	Anheuser-Busch InBev	$255M-$260M
	MillerCoors LLC	$135M-$140M
	Dr Pepper Snapple Group, Inc.	$40M-$45M
	Diageo North America, Inc.	$35M-$40M
	Red Bull North America, Inc.	$25M-$30M
Electrónica y comunicación	IBM Corp.	$25M-$30M
	Microsoft Corp.	$25M-$30M
	Hewlett-Packard Co.	$25M-$30M
	Sony Corp. of America	$20M-$25M
	Panasonic Corp. of North America	$15M-$20M
	Cisco Systems, Inc.	$15M-$20M
	Samsung Electronics America, Inc.	$15M-$20M
Líneas de crédito	Visa	$40M-$45M
	American Express Co.	$40M-$45M
	MasterCard Int'l, Inc.	$30M-$35M
	Discover Financial Services, Inc.	$15M-$20M
Comestibles	Mars, Inc.	$45M-$50M
	General Mills, Inc.	$35M-$40M
	Nestlé USA, Inc.	$25M-$30M
	Kraft Foods Inc.	$20M-$25M
	The Hershey Co.	$15M-$20M
Carburantes	Shell Oil Co.	$40M-$45M
	Exxon Mobil Corp.	$25M-$30M
	Sunoco, Inc.	$20M-$25M
	Chevron Corp.	$20M-$25M
	BP America, Inc.	$20M-$25M
Seguros	State Farm Cos.	$50M-$55M
	Berkshire Hathaway, Inc.	$45M-$50M
	Nationwide Financial Services, Inc.	$35M-$40M
	Aflac Inc.	$25M-$30M
	MetLife, Inc.	$20M-$25M
Servicios de correos	FedEx Corp.	$65M-$70M
	United Parcel Service	$60M-$65M
Cuidado personal	The Procter y Gamble Co.	$80M-$85M
	Unilever United States, Inc.	$25M-$30M
Restauración	McDonald's Corp.	$35M-$40M
	Yum! Brands, Inc.	$35M-$40M
	Subway Restaurants	$20M-$25M
	Papa John's Int'l, Inc.	$20M-$25M
Distribución	Target Corp.	$45M-$50M
	Lowe's Cos.	$40M-$45M
	The Home Depot, Inc.	$35M-$40M
	Office Depot, Inc.	$25M-$30M
	Aaron's, Inc.	$20M-$25M
	Best Buy Co.	$20M-$25M
	National Automotive Parts Association	$15M-$20M
Productos y equipamientos deportivos	Nike, Inc.	$215M-$220M
	Adidas North America, Inc.	$135M-$140M
	Under Armour, Inc.	$30M-$35M

Tabla 2.2. (Continuación)

Categoría	Compañía	Gasto en 2011
Telecomunicaciones	ATyT, Inc.	$175M-$180M
	Verizon Communications, Inc.	$105M-$110M
	Sprint Nextel Corp.	$80M-$85M
	Motorola Mobility, Inc.	$50M-$55M
Viajes	American Airlines	$30M-$35M
	United Continental Holdings, Inc.	$25M-$30M
	InterContinental Hotels Group PLC	$20M-$25M
	Delta Air Lines, Inc.	$20M-$25M

Fuente: IEG (2011).

Por todo lo anteriormente expuesto, el patrocinio deportivo se merece una gran atención por ser uno de los modos más legítimos y rentables de comunicación de marketing (Dees, Bennett, y Villegas, 2008) y al mismo tiempo, por ejercerse en la empresa una gran presión por lograr realizar el patrocinio adecuado (Greenhalgh, 2010).

2.3. Definición

Aunque no existe un consenso sobre una definición única de patrocinio, es comúnmente aceptado que existen tres actores en tal relación de patrocinio. En primer lugar, el patrocinador, quien contra presta la relación de patrocinio en términos económicos, físicos, fiscales o humanos (Barreda, 2009) y que recibe el derecho a vincularse a la actividad, evento, individuo o grupo para lograr unos fines de marketing y comerciales (Cornwell y Maignan, 1998). En segundo lugar, la actividad, evento, individuo o grupo que recibe la contraprestación, para que el primer actor pueda afiliarse o asociarse (Mullin et al., 2007). Y en tercer lugar, se encuentra el consumidor, pues el patrocinador tiene como objetivo alcanzar un retorno de su inversión en términos corporativos, de marketing, de comunicación, de objetivos sociales o de recursos humanos, cuando su patrocinio influya en la percepción del consumidor y en su comportamiento de una manera positiva. Por lo tanto, sin la presencia de los consumidores, el patrocinio no se producirá (Kim, 2010).

Es necesario distinguir patrocinio de filantropía, al perseguir aquél rendimientos a la inversión, mientras que la filantropía es desinteresada, sin esperar retorno (Howard y Crompton, 2003).

En la tabla 2.3 se puede encontrar el resultado de la revisión de la bibliografía sobre la definición de patrocinio. Para su elaboración se ha partido de la revisión realizada por Barreda (2009) y se ha completado hasta el año 2011. Adicionalmente se ha complementado con algunos autores y definiciones que por su impacto han sido tenidos en cuenta.

Tabla 2.3. Definición de patrocinio.

Autor	Definición
Head (1981)	Acuerdo comercial mutuamente beneficioso entre el patrocinador y el patrocinado para alcanzar objetivos explícitamente definidos.
Meenaghan (1991)	Soporte financiero o material que presta una organización comercial a una actividad con el fin de lograr objetivos comerciales.
Abratt, Clayton, y Pitt (1987)	Acuerdo en el que un patrocinador provee alguna ayuda a un beneficiario, que puede ser una asociación, un equipo o un individuo, para permitir a este último ejercer alguna actividad y de ese modo obtiene los beneficios contemplados en términos de su estrategia de promoción.
Gardner y Shuman (1987)	Técnica de comunicación con un doble nivel que tiende a revalorizar principalmente la imagen de marca de una empresa, la del patrocinador, que aporta su apoyo a una persona o acontecimiento, lo patrocinado, al que se asocia; en contrapartida, el patrocinador intenta alcanzar un público directo, mostrando su nombre, la marca o el logo de sus productos a través de los espacios publicitarios que ofrece el patrocinado.
Hart (1988)	Medio de promoción que es un apoyo financiero intencionado dado a un acontecimiento para alcanzar conocimiento de marca, realzar la imagen corporativa, incrementar la buena voluntad, y levantar la moral de los empleados.
Ley 34/1988 de 11 de nov., General de Publicidad (1988)	Artículo 24: el contrato de patrocinio es aquél por el que el patrocinado, a cambio de una ayuda económica para la realización de su actividad deportiva, benéfica, cultural, científica o de otra índole, se compromete a colaborar en la publicidad del patrocinador.
Otker (1988)	Consiste en la compra y explotación de una asociación con un acontecimiento, equipo, grupo, etc., para alcanzar objetivos específicos de marketing (comunicación).
Sandler y Shani (1989)	Provisión de recursos (económicos, fiscales, humanos y físicos) que presta una organización directamente a un acontecimiento o actividad a cambio de una asociación directa con dicho acontecimiento o actividad. La organización suministradora puede utilizar esta asociación directa para lograr sus objetivos; ya sean corporativos, de marketing o relacionados con los medios de comunicación.
Meenaghan (1991)	Inversión, en dinero o de otro tipo, en una actividad, como compensación a la explotación comercial de dicha actividad.

Tabla 2.3. (Continuación)

Autor	Definición
Witcher, Craigen, Cuffigan, y Harvey (1991)	Provisión de ayuda financiera o material a acontecimientos o actividades que no forman parte de la actividad empresarial habitual pero de la cual derivan beneficios comerciales a través de su asociación.
Kitchen (1993)	Apoyo financiero dado con la expectativa de exposición comercial para lograr buena voluntad y buenas relaciones.
Mullin, Hardy, y Sutton (1993)	Adquisición de derechos para afiliarse o asociarse directamente con un producto o acontecimiento con el propósito de obtener beneficios relacionados a esa afiliación o asociación.
Javalgi, Traylor, Gross, y Lampman (1994)	El respaldo a un acontecimiento especial, para apoyar los objetivos corporativos mediante la mejora de la imagen corporativa, incremento de la notoriedad de marca o aumentando directamente la venta de productos y servicios.
Heinemann (1998)	Relación de prestación-contraprestación entre oferentes deportivos y empresas económicas en la que éstas últimas apoyan materialmente, por ejemplo a clubes deportivos, equipos, deportistas, acciones o acontecimientos deportivos, para perseguir los propios aspectos del marketing y comunicación y en la que los oferentes deportivos ceden derechos propios a cambio de dinero, medios materiales y prestaciones de servicios para poder realizar mejor sus objetivos deportivos.
Shilbury (1998)	Relación comercial entre un patrocinador y un beneficiario que ofrece a cambio algunos derechos y una asociación que puede ser usada como ventaja comercial.
IEG (2000)	Un cargo efectivo y / o en especie pagado a una propiedad a cambio del acceso al potencial comercial explotable asociado a esa propiedad
Pope y Turco (2001)	Provisión de recursos por parte de una organización (el patrocinador) al patrocinado, para permitir a éste último seguir alguna actividad a cambio de beneficios contemplados en términos de la estrategia de promoción del patrocinador, y que pueden ser expresados en términos de objetivos corporativos, de marketing o de comunicación.
Robert Madrigal (2001)	Una inversión en una actividad, a cambio del acceso al potencial comercial explotable asociado a esa actividad
Rifon, Choi, Trimble, y Li (2004)	Una corporación (o inversionista) crea un enlace con un tema o evento con la esperanza de influir en el público por la conexión
Cornwell, Weeks, y Roy (2005)	Implementación de actividades de marketing con el fin de construir una comunicación con una asociación para un patrocinio.
O'Reilly y Madill (2007)	En una transacción típica de patrocinio, el patrocinador proporciona dinero en efectivo y/o en especie para un patrocinado, a cambio de oportunidades de promoción y la posibilidad de aprovechar la asociación.
Fullerton y Merz (2008)	El patrocinio consiste en un conjunto de actividades mediante las cuales el vendedor intenta sacar provecho de una relación oficial con un evento, un equipo, un jugador, u otros deportes de la organización
Barreda (2009)	El patrocinio es una herramienta de comunicación en la que se da una provisión de recursos (económicos, fiscales, físicos, humanos) por parte de una o más organizaciones (el/los patrocinador/es) a un individuo o grupo, a una o más autoridades u organismos (el/los patrocinado/s), para permitir a éste/os último/s seguir alguna actividad a cambio de beneficios contemplados en la estrategia del patrocinador, y que pueden ser expresados en términos de objetivos corporativos, de marketing, de comunicación, objetivos sociales o de recursos humanos.
Kim (2010)	Implica una relación de negocios entre una propiedad y un patrocinador, que participan en una transacción con interés comercial.

Tabla 2.3. (Continuación)

Autor	Definición
Chao (2011)	Los patrocinadores pagan honorarios o proporcionan elementos de equipo o en especie relacionadas con el evento del juego, con el fin de tener logos o slogan en la plataforma de la marca, el posicionamiento y la exposición en el lugar o en la televisión en función de los tipos y paquetes de patrocinio

Fuente: Elaboración a partir de Barreda (2009).

2.4. Tipología del patrocinio

Según se puede observar en la tabla 2.4 es posible establecer la tipología del patrocinio atendiendo a las diversas circunstancias de cada uno de los actores. Para esta clasificación Carroggio (1996) parte de la concepción de que el patrocinio es una actividad única con una variedad de concreciones tanto desde el punto de vista informativo como desde el punto de vista del objeto del patrocinio. Otros autores como por ejemplo Stotlar (2004) clasifican los tipos de patrocinio en función del objeto del mismo resultando en 5 tipos de patrocinio: (1) deporte (2) cultura, (3) marketing con causa, (4) festivales y ferias y (5) entretenimiento. Sin embargo, Meerabeau et al. (1991), entiende que sólo existen dos tipos de patrocinio: patrocinio de marca y patrocinio corporativo.

Tabla 2.4. Tipología del patrocinio.

Según el objetivo comunicativo del patrocinador	a) Patrocinio de notoriedad b) Patrocinio de imagen c) Patrocinio de vinculación d) Patrocinio de relación social e) Patrocinio de hospitalidad f) Patrocinio de repercusión en medios g) Patrocinio de ventas h) Patrocinio de prestigio i) Otros
Según la naturaleza empresarial del patrocinador	a) Patrocinio por empresas que utilizan las información como medio b) Patrocinio por empresas informativas
Según el objeto patrocinado	a) Patrocinio deportivo b) Patrocinio cultural c) Patrocinio televisivo d) Patrocinio radiofónico e) Patrocinio educativo f) Patrocinio social g) Patrocinio de ideologías h) Patrocinio ecológico i) Otros

Tabla 2.4. (Continuación)

Según la situación del destinatario	a) Patrocinio directo o "en vivo" b) Patrocinio indirecto o temático
Según la presencia de intermediarios	a) Patrocinio de gestión propia b) Patrocinio de gestión intermediaria
Según la presencia o no de medios de comunicación	a) Patrocinio sin cobertura b) Patrocinio con cobertura mediática

Fuente: Carroggio (1996).

2.4.1. Marketing de emboscada

"Ambush marketing", patrocinio de emboscada o marketing parasitario es una técnica de marketing que consiste en vincularse con un gran evento sin tener que desembolsar, financiar o compensar de ninguna manera al organizador del evento. Sandler y Shani (1989) describen que el objetivo es vincularse con los valores del evento pero sin contraprestación alguna. Para tal fin, se debe crear un malentendido entre los consumidores acerca de la identidad del patrocinador con el fin de obtener los beneficios asociados a ese patrocinio, o también para debilitar el impacto del principal competidor que actúa como patrocinador exclusivo del evento. Se pretender creer que la marca parásita realmente patrocina el evento. Entre las estrategias más comunes de marketing de emboscada se encuentran las siguientes (Meenaghan, 1998):

• Los patrocinadores no oficiales acuerdan insertar publicidad con los medios más importantes con el fin de obtener cobertura durante la celebración del evento.

• El parásito explota el espacio físico alrededor del evento.

• El patrocinador no oficial lanza una campaña de comunicación que coincide en el tiempo con el evento sugiriendo su asociación y asociando los mismos valores.

• El parásito organiza un evento al mismo tiempo que el evento principal.

Durante un largo período de tiempo, el ambush marketing fue considerado una práctica no ética. Más recientemente, autores como Meenaghan (1996) o McKelvey, Sandler y Snyder (2012) han reconocido que esta práctica se considera una oportunidad legítima de patrocinio. Incluso en el debate conceptual sobre el término se propuso un concepto más neutral como marketing paralelo (McKelvey et al., 2012). En todo caso, los patrocinadores no oficiales respetan el marco legal existente y se aseguran de no sobrepasar los límites establecidos por éste, pero sin tener en cuenta los límites éticos (Graham, 1997).

Por lo tanto, Sandler y Shani (1989) consideran oportuno que sea el organizador del evento quien eduque a los consumidores e informe sobre quienes forman el elenco de los patrocinadores oficiales. Así mismo, los autores citan el caso de los Juegos Olímpicos de 1996 donde explican que la propia organización del evento confundió a los consumidores por el continuo cambio de patrocinadores y sus derechos como asociados. Los consumidores, por lo tanto, tienen un concepto difuso sobre quiénes son los patrocinadores oficiales. Pero en todo caso, el consumidor desarrolla una actitud negativa hacia el marketing paralelo que a largo plazo puede comprometer a la empresa (McKelvey et al., 2012).

2.5. Objetivos del patrocinio

La ausencia de objetivos de patrocinio por parte de la empresa denota una deficiente planificación de la misma, puesto que el establecimiento de objetivos claros de patrocinio proporciona a las empresas patrocinadoras una dirección para llevar a cabo un proceso de post-evaluación (Fullerton, 2006).

Aunque estudios previos en la literatura de marketing han expuesto diversos objetivos sobre el patrocinio (Cornwell, 1995; Dolphin, 2003; Gardner y Shuman, 1987; Walliser, 2003) no existe a día de hoy un consenso sobre los mismos. Pero sí hay un acuerdo implícito, y es que el patrocinio afecta a una amplia variedad de públicos de manera diferente (Gardner y Shuman, 1988), y por lo tanto, se deben establecer distintos objetivos según el tipo de segmento al que va dirigido.

De entre los objetivos del patrocinio destacados en la tabla 2.5, el aumento de la concienciación y la mejora de la imagen de la empresa se han considerado los dos objetivos principales del patrocinio (Cornwell, 1995; Shanklin y Kiania, 1992).

Tabla 2.5. Objetivos del patrocinio.

Autor	Objetivos del patrocinio
Meenaghan (1983)	Aumentar las ventas Aumentar visibilidad comercial Imagen del producto Acciones sociales Acciones empresariales
Gardner y Shuman (1987)	Relaciones con la comunidad Notoriedad Imagen de marca Responsabilidad social
Irwin y Asimakopoulos (1992)	Objetivos relacionados con la empresa *Amentar la conciencia pública* • *Mejorar la imagen de la empresa* • *Mejorar la percepción pública* • *Aumentar la participación de la empresa en la comunidad* Objetivos relacionados con el producto o la marca • *Aumentar el conocimiento de la marca en el mercado objetivo* • *Aumentar el recuerdo de la imagen de marca en el mercado objetivo* • *Aumentar las ventas y la cuota de mercado* • *Bloquear a la competencia.*
Javalgi et al., (1994)	Imagen de marca Notoriedad Estimular las ventas de productos o servicios Aprovechando la reputación corporativa
Olkkonen, Tikkanen, y Alajoutsijarvi (2000)	Objetivos básicos de marketing Comunicación de Marketing Cuestiones de gestión
Walliser (2003)	Mejora de la imagen Aumentar conocimiento de marca • *Objetivos específicos de responsabilidad social* • *Objetivos específicos relacionados con la moral de los empleados* • *Objetivos específicos relacionados con oportunidades de publicidad*
Strategic Sports Ltd. (2004)	Aumentar la conciencia de marca Aumentar la preferencia de marca y la lealtad Aumentar las ventas y la cuota de mercado
Fullerton (2006)	Impulsar las ventas Mejorar la imagen Crear una mayor conciencia de marca Ofrecer oportunidades de hospitalidad Mejorar la moral de los empleados.
Choi y Yoh (2011)	Aumentar la conciencia de marca Mejorar la imagen de la empresa Aumentar las ventas
Sawatari (2012)	Mejorar imagen patrocinador Aumentar las ventas Aumenta la visibilidad entre los inversores potenciales Mejora de la productividad

Fuente: Elaboración propia.

Más recientemente, Strategic Sports Ltd. (2004) considera que las razones por las que las empresas invierten en patrocinio son, por orden de relevancia: (1) aumentar la conciencia de marca, (2) aumentar la preferencia de marca y la lealtad y (3) aumentar las ventas y la cuota de mercado. Otros objetivos secundarios que se han identificado son: (4) obtener una plataforma comunicativa para con los clientes, (5) incidir en la actitud de los clientes, (6) llegar a un segmento concreto, (7) diferenciarse de los competidores, (8) mejorar la productividad, (9) apoyar el lanzamiento de un producto o servicio y (10) generar interés.

Por su parte Fullerton (2006) propuso cinco objetivos de patrocinio deportivo: (1) impulsar las ventas, (2) mejorar la imagen, (3) crear una mayor conciencia de marca, (4) ofrecer oportunidades de hospitalidad, y (5) mejorar la moral de los empleados.

Irwin y Asimakopoulos (1992) propusieron dos categorías de objetivos de patrocinio. En primer lugar, objetivos relacionados con la empresa, entre los que se incluyen los siguientes: (1) aumentar la conciencia pública, (2) mejorar la imagen de la empresa (3) mejorar la percepción pública, (4) aumentar la participación de la empresa en la comunidad y (5) construir una relación de negocio a largo plazo. Así mismo, el autor plantea los objetivos relacionados con el producto o la marca: (1) aumentar el conocimiento de la marca en el mercado objetivo, (2) aumentar el recuerdo de la imagen de marca en el mercado objetivo, (3) aumentar las ventas y la cuota de mercado y (4) bloquear a la competencia.

Según Choi y Yoh (2011), los objetivos de patrocinio deportivo ha variado según los casos, pero analizando los estudios de la literatura de marketing la mayoría de los patrocinadores de las entidades deportivas han participado en acuerdos de patrocinio deportivo para aumentar las ventas a través de la penetración y el crecimiento en cuota de mercado. A su vez el autor revela que los objetivos de patrocinio se dividen en tres grandes bloques: (a) aumentar la conciencia de marca, (b) mejorar la imagen de la empresa y (c) aumentar las ventas

Para finalizar, diversos autores determinan el principal desafío para los gestores de las entidades deportivas: separar los efectos del patrocinio de los efectos de otras actividades de promoción Choi y Yoh (2011).

2.6. Patrocinio deportivo

Desde la aparición del deporte moderno, durante la segunda mitad del siglo XIX, las organizaciones e instituciones han comprendido el poder de comunicación de este fenómeno social. El deporte tiene un fuerte impacto emocional derivado de la incertidumbre de los resultados deportivos (Funk, Beaton, y Alexandris, 2012) y del compromiso de los participantes y del público (Sloan, 1989).

El primer ejemplo registrado de un intento de comunicación corporativa sustentada en el deporte, más precisamente sobre la base de patrocinio, se remonta a 1861, cuando una empresa de catering británico, Spiers y Pond (cuya principal actividad no se refiere al deporte) patrocina la primera gira nacional del equipo de cricket en Australia, obteniendo un retorno de la inversión de 11.000£ (Carroggio, 1996). En 1887, la revista francesa "Velocípedo" había patrocinado una carrera de autos, y es en esa época que la empresa francesa Michelin, fabricante de neumáticos, inició el suministro de productos para los corredores ciclistas, con el fin de beneficiarse de la imagen de la utilización de sus productos por parte de los corredores (Carroggio, 1996).

Hoy en día, las empresas entienden que la visibilidad de un evento deportivo es un recurso importante que "puede y debe ser explotado". La fusión empresa-deporte-publicidad fue posible gracias a dos factores principalmente: la creciente cobertura mediática del deporte, y la cada vez mayor sensibilización de las empresas sobre la importancia del potencial del deporte en su estrategia de comunicación.

Meenaghan (1991) define el patrocinio deportivo como una inversión, en efectivo o en especie, en una actividad, a cambio del acceso al potencial explotable comercial asociado a esa actividad. Más recientemente, Mullin, Hardy y Sutton (2007) definen el patrocinio como la adquisición de derechos del afiliado o asociado directamente con un producto o evento con el propósito de proporcionarse beneficios relacionados con dicha afiliación o asociación. Dicha asociación es conveniente explotarla junto a otras actividades de promoción (Cornwell et al., 2005). La definición más completa encontrada responde a Van Heerden: provisión de recursos (económicos, humanos, físicos) por parte de una organización (el patrocinador) directamente a un patrocinado (personalidad deportiva, autoridad deportiva u organismo o código deportivo), para permitir al patrocinado seguir alguna actividad (la participación de la personalidad deportiva o la organización de un acontecimiento por parte de la autoridad u organismo o código deportivo) a cambio de derechos (como expresa Mullin et al., 2000:255) para ser incluido en un acuerdo deportivo) contemplados en términos de la estrategia de comunicación de marketing del patrocinador (impacto cruzado y apalancamiento entre patrocinio y otras variables de comunicación de marketing empleadas antes, durante y después de la campaña de patrocinio), y que pueden ser expresadas en términos de objetivos corporativos, de marketing, de ventas y/o de comunicación, y medidos en términos de conexión entre los objetivos y el resultado deseado en términos de inversión monetaria y no monetaria.

2.6.1. Los riesgos del patrocinio deportivo

El patrocinio deportivo, como cualquier forma de patrocinio, implica de forma inherente unos riesgos endógenos y exógenos. Los eventos deportivos, en tanto que acontecimientos sociales, derivan de un riesgo asociado a su gestión humana. Grandes acontecimientos deportivos como los Juegos Olímpicos son megaproyectos muy complejos de organizar. Las fechas de realización y coordinación son ajustadas e inamovibles, y el patrocinador vincula su imagen al éxito de la organización de tales eventos deportivos, pero también al fracaso.

En la tabla 2.6 se expresan los riesgos asociados al patrocinio de un evento deportivo y los riesgos asociados al patrocinio de un equipo, un atleta o una entidad deportiva. Algunos pueden escapar al control de toda organización, como pueden ser los riesgos asociados al clima o a accidentes naturales. El clima, aunque predecible porcentualmente, escapa al control por parte de la organización. Sin embargo, otro tipo de riesgos sí pueden manipularse y controlarse. Entre tales riesgos se encuentran los asociados a la calidad de las instalaciones, la planificación de medios, la saturación de anuncios publicitarios o el mismo resultado deportivo.

Tabla 2.6. Riesgos asociados al patrocinio deportivo.

Tipología	Endógenos	Exógenos
Evento	Saturación (Frosdick y Walley, 1997)	Clima (Chappelet, 2001)
	Organización del evento (Irwin y Asimakopoulos, 1992)	Equipo defectuoso (Chang y Singh, 1990)
	Planificación medios evento (Getz, 2005)	Accidentes naturales (Getz, 2005)
	Honestidad patrocinador (Irwin y Asimakopoulos, 1992)	Accidentes empleados (Chang y Singh, 1990)
	Legitimidad (Irwin y Asimakopoulos, 1992)	Políticos (Chang y Singh, 1990)
	Calidad instalaciones (Getz, 2005)	Comportamiento aficionados (Frosdick y Walley, 1997)
	Legales (Chang y Singh, 1990)	
Equipo/atleta/entidad	Resultado deportivo (Irwin y Asimakopoulos, 1992)	Lesiones (Chang y Singh, 1990)
	Comportamiento (Irwin y Asimakopoulos, 1992)	Comportamiento aficionados (Frosdick y Walley, 1997)
	Saturación (Frosdick y Walley, 1997)	

Fuente: Elaboración propia.

2.6.2. Conciencia de marca

Tener una buena imagen de cara al consumidor así como una buena reputación ayuda a las empresas a aumentar la intención de compra de los consumidores (Pope y Voges, 1999). Con el patrocinio de eventos deportivos los patrocinadores esperan poder traducir la conciencia de marca en intenciones de compra (Maxwell y Lough, 2009). Entonces, conocer los factores que influyen en el recuerdo del patrocinador se torna vital. Chao (2011) enumera cuatro factores que considera primordiales en el recuerdo y el reconocimiento de marca: facilidad visual, familiaridad, congruencia e implicación.

2.6.3. Facilidad visual

El logo es para los patrocinadores la forma más habitual de mostrar su relación con el evento deportivo. La facilidad o fluidez natural es el fenómeno mediante el cual se reconoce con velocidad y exactitud el estímulo visual (Chao, 2011). Si el logotipo tiene una mayor fluidez visual, entonces el consumidor podrá reconocer y recordar de manera más sencilla y precisa al patrocinador. Otros investigadores han concluido que la exposición al logotipo puede influir positivamente en la conciencia y preferencia de marca (Janiszewski y Meyvis, 2001; Wakefield, Becker-Olsen, y Cornwell, 2007)

2.6.4. Familiaridad

Chao (2011) titula "familiaridad" a la actitud previa del consumidor hacia el patrocinador, actitud que puede afectar al recuerdo de la marca (Meenaghan, 2001; Speed y Thompson, 2000a). La heurística entonces juega un papel primordial, pues el consumidor tiende a asumir que el líder de la industria es el principal patrocinador del evento (Chao, 2011). Chao trata de explicar que la heurística y la actitud previa del consumidor hacia el patrocinador juegan un papel primordial a la hora de generar el recuerdo de la marca. Es por tanto que las marcas más familiares tienden a asociarse con los patrocinadores principales de los eventos en el caso de no conocer el patrocinador con certeza.

2.6.5. Congruencia

La congruencia es el concepto que mide el "ajuste" de la relación entre patrocinador y patrocinado según la percepción del consumidor. La congruencia relaciona al patrocinador con el evento, y ha sido motivo de estudio de la eficacia del patrocinio deportivo en los últimos años (Chao, 2011; Cornwell et al., 2005; Rifon, Choi, Trimble, y Li, 2004). Tal y como cita Chao (2011), son varios los autores que han estudiado la influencia de la congruencia sobre el recuerdo y el reconocimiento de marca (Crimmins y Horn, 1996; Rifon, et al., 2004; Speed y Thompson, 2000a; Wakefield et al., 2007). Para el consumidor, por lo tanto, será más fácil recordar al patrocinador cuando perciba una cierta relación lógica entre el patrocinador y el evento. Por lo tanto, es un factor muy importante que influye en el recuerdo y el conocimiento de los patrocinadores (Chao, 2011; Clark, Cornwell, y Pruitt, 2009; Cornwell et al., 2005). Se puede definir como el "ajuste" entre el evento y el patrocinador (Rifon et al., 2004). El término se utiliza para indicar la percepción de similitud entre el patrocinado y el patrocinador (Clark et al., 2009) en referencia al tipo de relación (Johan y Pham, 1999) o compatibilidad (Ruth y Simonin, 2003).

La percepción de la congruencia entre el patrocinador y el evento deportivo se basa en la relación lógica y en la conexión entre los dos constructos (Meenaghan, 2001; Weeks, Cornwell, y Drennan, 2008). Esta relación permite transferir la imagen del evento a los productos y a la inversa. Por lo tanto, el consumidor puede almacenar con mayor facilidad la información sobre los productos gracias al elaborado vínculo creado entre el evento y el patrocinador (Chao, 2011).

Los estudios sobre la congruencia apoyan su capacidad para mejorar la transferencia de imágenes del evento al patrocinador (Gwinner, 1997; Gwinner y Eaton, 1999), mejorando el recuerdo del patrocinador (Johan y Pham, 1999) y mejorando la actitud de los consumidores hacia el patrocinador (McDaniel, 1999).

El patrocinio congruente crea una mayor diferenciación del producto con el resto de productos del mercado (Amis y Slack, 1999) y puede llegar a aumentar la eficiencia de la promoción de ventas (Chandon, Wansink, y Laurent, 2000). En cambio, una incongruencia en el patrocinio conlleva que la transferencia de imágenes de los valores del evento hacia el patrocinador sea deficiente (Meenaghan, 2001). Entonces, un nivel alto de congruencia puede ayudar a producir reacciones positivas hacia el patrocinador. Por otro lado, una congruencia baja puede confundir al consumidor (Becker-Olsen y Simmons, 2002), lo que conlleva que necesite más tiempo para racionalizar la relación entre el patrocinador y el evento (Dahlén, Rosengren, Törn, y Öhman, 2008).

En la tabla 2.7 se aprecian los efectos que diversos autores han vinculado a la congruencia. Entre los efectos más destacados se denotan los efectos sobre la transferencia de imagen o de actitud. Así por ejemplo, Crimmins y Horn (1996) afirman que gracias a la congruencia se produce una transferencia de actitud desde el patrocinado hacia el patrocinador. Gwinner y Eaton (1999) afirman que se produce una transferencia de imagen al igual que Meenaghan (2001) añade que la incongruencia producirá una disminución de dicha transferencia de imagen.

Tabla 2.7. Efectos de la congruencia sobre el patrocinador y el consumidor.

Autor	Efecto de la congruencia
Crimmins y Horn (1996)	Transferencia de actitud
Haley (1996)	Simpatía hacia el patrocinador
Amis y Slack (1999)	Diferenciación de producto
Gwinner y Eaton (1999)	Transferencia de la imagen
Johan y Pham (1999)	Mejora de la imagen Recuerdo de la marca
McDaniel (1999)	Mejora de la actitud
Chandon et al., (2000)	Aumento de cuota de mercado
Ellen, Mohr, y Webb (2000)	Mejora de la actitud
Speed y Thompson (2000b)	Vinculación personal Estatus del evento Actitud hacia patrocinador
Bettina Cornwell, Pruitt, y Van Ness (2001)	Ganancias en la cotización de la acción para ganar la carrera de auto-patrocinadores
Meenaghan (2001)	La incongruencia disminuye la transferencia de imagen
Becker-Olsen y Simmons (2002)	La incongruencia confunde al consumidor
Grohs y Reisinger (2005)	Conciencia patrocinador Prominencia de la marca Participación de aficionados

Fuente: Elaboración propia.

Según Gwinner y Eaton (1999) existen dos clases de ajustes: derivado de una congruencia funcional y derivado de una congruencia de imagen. La congruencia funcional sostiene que existe una similitud entre patrocinado y patrocinador debido a que los productos del patrocinador son congruentes con el evento que patrocina. Así, las bebidas isotónicas, las camisetas de los jugadores o las ruedas de los coches son congruentes porque son usadas por los participantes durante el evento. La congruencia de imagen es más complicada que la congruencia funcional y necesita más tiempo para formarse. Se refiere a la percepción del consumidor de que el producto es compatible con el evento deportivo. Por ejemplo, la comida rápida o la cerveza, en principio son productos no deportivos ajenos al deporte pero que han encontrado una congruencia con algunos eventos deportivos.

Según Lee y Cho (2009) la información congruente se recuerda y se prefiere a la información incongruente. La hipótesis supone que los vínculos asociativos sugieren que los patrocinadores y patrocinados conectan según un criterio relevante. La investigación sobre el patrocinio de eventos deportivos ha revelado que existe una relación positiva entre el recuerdo y la importancia asignada a la relación de patrocinio con el patrocinador, por lo que se produce un mayor impacto del patrocinio, que se traduce en una imagen positiva de las marcas de los patrocinadores (Choi y Yoh, 2011).

Gwinner y Eaton (1999) encontraron que el recuerdo del patrocinador se incrementó cuando los participantes percibieron una relación congruente entre la imagen del evento y la marca patrocinada. Por lo tanto, las respuestas cognitivas y afectivas de los consumidores hacia las marcas patrocinadas y el evento deportivo son factores clave para evaluar la eficacia del patrocinio.

Según Choi y Yoh (2011) la transferencia de la imagen está influenciada por varios factores: (a) la actitud de los espectadores hacia el patrocinador y sus actividades, (b) el nivel de implicación del espectador con las actividades de patrocinio y (c) el grado de visibilidad del patrocinador durante el evento.

Así pues, la evaluación de la congruencia y el ajuste entre el patrocinador y las características propias del evento pueden proporcionar información con respecto a la percepción del consumidor de las marcas patrocinadas y servir como medida de su eficacia.

2.6.6. Implicación

De nuevo Chao (2011) nombra "participación del aficionado" a lo que a nuestro juicio sería una definición del concepto de implicación. Según Meenaghan (2001, citado por Chao, 2011), la participación del aficionado se refiere específicamente a la medida en la que los consumidores se identifican y están motivados por su compromiso y su afiliación con actividades de ocio particulares. Es decir, los aficionados que están involucrados con el evento deportivo son más propensos a responder positivamente a las actividades del patrocinio (Alexandris, Tsaousi, y James, 2007; Speed y Thompson, 2000b; Wakefield et al., 2007).

2.7. Influencia del patrocinio en el consumidor

En el 2001 Meenaghan declaró que aún se sabía muy poco acerca de cómo medir los efectos del patrocinio y cómo influía el patrocinio en el comportamiento de los consumidores. Así mismo, Meenaghan realizó un estudio sobre la investigación en el campo del patrocinio y propuso dividir las aportaciones en este campo en tres etapas. En la primera de las etapas los estudios sobre patrocinio se centraron en categorizar las actividades de patrocinio. La investigación dedicada al tema del patrocinio comercial se concentró en la elaboración de perfiles en prácticas de gestión y problemas relacionados con la evaluación de la eficacia de patrocinio con énfasis en la motivación, las opciones y el comportamiento de los tomadores de decisiones de patrocinio.

En la segunda etapa, los estudios estuvieron centrados en la medición de los efectos del patrocinio utilizando métodos importados del campo de la publicidad. El método más ampliamente utilizado fue el monitoreo de la exposición a los medios. Sin embargo, y a pesar de su popularidad en el ámbito empresarial, los estudios mostraron defectos de base pues estos estudios eran incapaces de explicar las variables que influyen en los efectos del patrocinio.

Las investigaciones más recientes relacionaron variables sociodemográficas y psicográficas, tales como la edad, el sexo o la participación deportiva. Los resultados permitieron comprender mejor la respuesta del consumidor ante el patrocinio. Sin embargo, citando literalmente a Meenaghan (Meenaghan, 2001, p. 98) *"El resultado neto de la investigación descrita anteriormente es que el nivel de comprensión de la respuesta del consumidor al patrocinio es muy insuficiente y está marcado por la comprensión actual de la respuesta de los consumidores a la publicidad en medios convencionales, hecho que no guarda relación con el nivel acumulativo de la actividad investigadora con respecto a cada uno"*.

Así pues, los estudios posteriores se han centrado en estudiar los procesos cognitivos y afectivos que se producen en la mente del consumidor con el objetivo de proponer un modelo de patrocinio global (Lee, 2010; Meenaghan, 2001).

El mecanismo que regula el efecto que provoca los cambios en la imagen del patrocinador en la mente del consumidor a día de hoy aún es algo confuso (Boluda, López, Manzano, y Rodríguez, 2009). Se puede considerar pues que la transferencia de imagen es uno de los conceptos clave en los estudios sobre la imagen de marca (Boluda et al., 2009). Por lo tanto, es clave para las empresas conocer cómo se transfiere la imagen para diseñar estrategias de patrocinio más eficaces. Desde el punto de vista académico Pracejus (2004) señala que los intentos por explicar el funcionamiento del patrocinio muestran una imagen en todo caso incompleta del proceso de patrocinio, y que en la actualidad el trabajo que ha abordado dicho proceso ha sido escaso. Así mismo, Pracejus (2004) sugiere seis mecanismos mediante los cuales el patrocinio influye en el comportamiento del consumidor, sin antes aclarar si los mecanismos de transferencia de imagen no son mutuamente excluyentes: teoría de la merca exposición, teoría del equilibrio, modelo de la transferencia afectiva, modelo de la transferencia de imagen, la teoría de la señal y la teoría de la atribución. A la propuesta de Pracejus (2004) y Kim (2006) se ha considerado oportuno sumar las atribuciones de otros autores (Gwinner y Eaton, 1999a; Madrigal, 2000; McDaniel, 1999; Meenaghan, 2001) que han considerado otros mecanismos de transferencia de imagen en el patrocinio: la teoría de la alianza social y la comparación social, el modelo de condicionamiento psicológico, el modelo de probabilidad de elaboración y el modelo de actitud multi-atributos.

2.7.1. Teoría del Equilibrio

Fue formulada por Heider (1958) y aplicada por Crimmins y Horn (1996) y Dean (1999, 2002). La teoría sugiere que el consumidor percibe una relación triangular entre los tres elementos básicos de una relación de patrocinio, patrocinado-patrocinador-consumidor, como una relación armoniosa y equilibrada (Kim 2006). Crimmins y Horn (1996) plantean que, dada la relativa debilidad en la valoración de ciertas marcas, el impacto de la asociación de una marca humilde en contraste con un evento de gran valor, por lo general, debe llevar a una estimación al alza de la marca. La teoría del equilibrio también es útil para explicar las relaciones inherentes a la correspondencia entre un seguidor (aficionado), un equipo y el patrocinador del equipo (Parker y Fink, 2010). Por ejemplo, Dalakas y Levin (2004) encuestaron a los aficionados de NASCAR y encontraron una relación positiva entre la actitud hacia el conductor favorito de los aficionados y la actitud hacia el patrocinador del piloto favorito. Dalakas y Levin también encontraron que los aficionados sentían una aversión mucho más fuerte para una marca que patrocinó a un conductor que no les gustaba.

La clave de esta asociación está en la fuerza de la relación con el equipo. Los aficionados muy identificados con un equipo también sienten la necesidad de tener sentimientos positivos con respecto a uno de los patrocinadores del equipo. Varios investigaciones han apoyado esta relación positiva entre la identificación del equipo y la actitud hacia uno de los patrocinadores, así como el aumento de la intención de comprar productos del patrocinador entre los aficionados muy identificados (Cornwell y Coote, 2005; Gwinner y Swanson, 2003; Madrigal, 2000, 2001; citado por Parker y Fink, 2010).

Estos resultados sugieren que un patrocinador puede asociarse o patrocinar a una organización deportiva y sacar provecho de la relación entre el consumidor y el equipo (Madrigal, 2000).

2.7.2. Teoría de la mera exposición

El efecto de la mera exposición postula que la preferencia por una marca aumentará en la medida en que se repitan los estímulos (Tom, Nelson, Srzentic, y King, 2007). La teoría dicta lo siguiente: la presentación de un estímulo repetido a un consumidor es capaz de hacer que la actitud del individuo hacia estos objetos sea más positiva (Zajonc y Hazel, 1982), de manera consciente o no (Murphy, Monahan, y Zajonc, 1995). Kim (2006), mediante el siguiente ejemplo, explica cómo la teoría de la mera exposición podría funcionar en el contexto del patrocinio: el consumidor está "expuesto" a la marca cuando asiste a un evento o ve en la televisión dicho evento. Debido a la exposición repetida al estímulo el consumidor desarrolla un afecto positivo hacia el objeto (Zajonc y Hazel, 1982), de forma que el consumidor se siente mejor con respecto a la marca patrocinadora.

Esta buena sensación a continuación tiene beneficios para la marca patrocinadora, incluyendo, pero no limitado a, una mayor atención que se presta a las subsiguientes comunicaciones comerciales, la formación de una actitud positiva y una mayor probabilidad de inclusión en el conjunto considerado (Pracejus 2004). En el caso concreto de los eventos, Pracejus (2004) afirma que una mayor frecuencia de exposición por parte del consumidor conlleva la formación de una sensación más positiva hacia la marca.

En la literatura de marketing deportivo Kim (2006) describe el estudio realizado por Levin, Joiner y Cameron (2001) en el que presentan los resultados empíricos que apoyan la proposición básica de los efectos de la mera exposición. Ellos comprobaron que la exposición a las marcas y logotipos del consumidor durante una carrera de NASCAR produce actitudes significativas y positivas hacia la marca. Los resultados del estudio demostraron que los consumidores con mayores exposiciones al evento generaron una actitud más positiva hacia los patrocinadores que los sujetos del grupo de control que no estuvieron expuestos a ningún estímulo de patrocinio.

Las limitaciones de la teoría de la mera exposición son resaltadas por diversos autores (Kim, 2006; Levin et al., 2001; Pracejus, 2004; Tom et al., 2007), los cuales coinciden en que la teoría limita las posibilidades en la asociación de patrocinio. Por ejemplo, siguiendo la teoría de la mera exposición, no habría diferencia entre emplazar el logotipo de la marca en la camiseta de un jugador de fútbol o en el letrero luminoso que adorna el estadio, o en las vallas publicitarias, puesto que solo tendríamos en cuenta el número de exposiciones.

No se han encontrado estudios que hayan examinado los efectos del patrocinio deportivo en base a la teoría de la mera exposición (Kim, 2006), aunque algunos estudios sí han aplicado la teoría de la mera exposición en sus estudios (Cornwell, Relyea, Irwin, y Maignan, 2000; Lacey, Sneath, Finney, y Close, 2007; Levin et al., 2001; Pitts y Slattery, 2004). Sin embargo, debido a las limitaciones experimentales de estos estudios, ninguno llegó a examinar la relación entre la frecuencia de la exposición y la actitud hacia la marca, relación clave de la teoría de la mera exposición.

2.7.3. Modelo de la transferencia afectiva

La transferencia afectiva consiste en la transmisión de sentimientos positivos desde un evento hasta una marca patrocinadora por asociación (Pracejus, 2004). Este mecanismo no requiere de una asociación cognitiva, es decir, de una asociación consciente por parte del consumidor, aunque tal conocimiento podría ser beneficioso para tal transferencia (Kim, 2006). La teoría sugiere que la transferencia afectiva se lleva a cabo cuando un nuevo elemento coincide con un esquema existente (Liu, Hu, y Grimm, 2010). Un esquema se define como una estructura cognitiva que representa el conocimiento de un concepto o tipo de estímulo, incluyendo sus atributos y las relaciones entre sus atributos (Liu et al., 2010). Por lo tanto, el modelo de transferencia afectiva asume que el conocimiento previo y las experiencias previas también conllevan una carga afectiva. Por lo tanto, el conocimiento sobre un producto por parte del consumidor conlleva una carga afectiva y cognitiva (Misra y Beatty, 1990). Cuando los estímulos entrantes coinciden con el esquema preexistente y son congruentes, la transferencia afectiva se produce (Liu et al., 2010).

Varias investigaciones han aplicado el modelo de la transferencia afectiva en el campo del marketing. Shimp (1981) utilizó el modelo de transferencia afectiva para explicar cómo la actitud hacia la publicidad se transfiere hacia la marca. Así mismo, Misra y Beatty (1990) demostraron la transmisión afectiva desde un famoso hacia la marca abanderara por el famoso (Kim, 2006). En el campo del patrocinio, Speed y Thompson (2000b) demostraron que la actitud hacia el evento puede condicionar la respuesta del consumidor al patrocinio del mismo evento, de forma que la intención de usar el producto del patrocinador estaba influenciada por la actitud hacia el evento y por el grado de apego hacia el evento.

Sin embargo, y a diferencia del modelo de transferencia de imagen, este modelo no es capaz de explicar asociaciones más abstractas y cómo se transfieren hacia al patrocinador ideas o significados más complejos.

2.7.4. Modelo de la transferencia de imagen

El término transferencia de imagen describe la transferencia de asociaciones relacionadas con una marca o compañía desde el patrocinado al patrocinador (Gwinner, 1997). Se refiere a la asociación abstracta realizada por el consumidor del evento a la marca patrocinadora. Difiere del proceso de transferencia de afecto en que esta última está basada en las respuestas afectivas a la marca (Pracejus, 2004). La transferencia de imágenes en el patrocinio se define como la transferencia de las asociaciones atribuidas a la actividad patrocinada a la marca patrocinadora. El objetivo es evocar sentimientos y actitudes positivas hacia el patrocinador, vinculando estrechamente un evento que el consumidor valora altamente (Grohs y Reisinger, 2005).

En la literatura de marketing varios autores han hallado evidencias del concepto de transferencia de imágenes para eventos deportivos. En el caso de Stipp y Schiavone (1996), encontraron un efecto positivo y significativo en la influencia de las actitudes de los consumidores hacia los Juegos Olímpicos y la imagen de los patrocinadores del evento. De igual manera Grohs, Wagner, y Vsetecka (2004) comprobaron la transferencia de imagen de un evento deportivo de invierno a los patrocinadores de dicho evento.

Kim (2006) recopila varios ejemplos de empresas que lograron implementar una estrategia de patrocinio basado en la transferencia de imágenes con éxito. El primer ejemplo es citado de Meenaghan (1991a) en el que describe como Gillette patrocinó a un equipo deportivo de cricket para lograr transmitir una imagen más británica. Así mismo, la empresa de cosméticos Yardley patrocinó las carreras de la Fórmula 1 en un intento de diluir las connotaciones femeninas tradicionalmente asociadas a los productos de la compañía. La estrategia tuvo éxito y la entidad superó los obstáculos de asociación de imagen al introducir una nueva línea orientada al público masculino. En los mismo términos, Shaw y Amis (2001) ponen de manifiesto el potencial del deporte femenino. Debido al escaso número de patrocinadores se estima que las empresas con acuerdos de patrocinio en deportes femeninos pueden alcanzar una imagen clara y bien identificada con el deporte patrocinado en particular.

Finalmente, Gwinner (1997) propone un modelo de transmisión de imagen en el patrocinio de eventos como se puede apreciar en la figura 2.1. Tres son los factores que Gwinner considera determinantes a la hora de condicionar la transferencia de la imagen. En primer lugar, el tipo de acontecimiento. Pueden ser eventos deportivos, de música, bellas artes, festivales y encuentros profesionales, entre otros. En segundo lugar, entre las características del acontecimiento se encuentran: el tamaño del acontecimiento, el status profesional o la historia del acontecimiento.

Gwinner (1997) propone un modelo de transferencia de imagen con una serie de tres determinantes (tipo de acontecimiento, características del acontecimiento y factores individuales), que pueden influir en la percepción de un evento en particular y por lo tanto en la transferencia de imagen desde el acontecimiento hasta la marca. Dicha transferencia puede estar mediada por cuatro variables: grado de similitud, nivel de patrocinio, frecuencia del evento y nivel de implicación del producto (Figura 2.1).

Como se comentaba anteriormente, el tipo de evento se puede clasificar en al menos cinco áreas: deportes, música, festival o feria de arte, artes relacionadas (por ejemplo, ballet, exposiciones de arte, teatro, etc.), y encuentros profesionales o ferias comerciales. El tipo de evento impactará en la imagen del evento en una variedad de maneras. Por ejemplo, evocando asociaciones de la imagen en la mente del consumidor. La imagen de un evento, por su parte, estará fuertemente influenciada por la actitud hacia el evento, y por percepciones no evaluativas que se forman a través de asociaciones celebradas en la memoria del consumidor. Además, la percepción de imágenes formadas a partir de experiencias de eventos recientes serán probablemente más influyentes en la conformación de las percepciones generales de la imagen del evento (Bagozzi y Warshaw, 1990, citado por Gwinner 1997). Por ejemplo, se asocia un tipo de consumidor con un evento deportivo de golf: hombre mayor, casado y con ingresos superiores a la media.

Otro factor determinante en el modelo de la transferencia de imagen de Gwinner (1997) es la característica del evento. El nivel en que esté presente dicha característica influirá en la percepción de los consumidores sobre la imagen global del evento. En este sentido, los atributos que se pueden utilizar para conformar la característica del evento son el tamaño del evento, la categoría profesional de los participantes (profesional o amateur), tradición o historia asociada con el evento, el lugar del evento y la apariencia promocional. Características del evento tales como el estatus profesional de los artistas (profesionales frente a aficionados) o el lugar en que se celebra el evento (por ejemplo, la temperatura, la comodidad, la condición física, etc.) tendrán así mismo impacto en la evaluación global de la imagen del evento.

El último de los determinantes que condicionan la transferencia de imagen son los factores individuales: la imagen individual del evento, la fuerza de las imágenes y la historia pasada del evento. Cada evento tiene una imagen individualizada que puede ser transferida al patrocinador. Los eventos con imágenes fuertes y sólidas podrán transferirse mejor al patrocinador por asociación.

Además de los determinantes, Gwinner (1997) reconoce que existen 4 variables moderadoras (Véase figura 2.1). Tres de estas variables: grado de similitud, nivel de patrocinio y frecuencia del patrocinio moderan la fuerza de la transferencia de imagen entre el evento y la marca. La cuarta variable moderadora examina como la implicación con un producto puede moderar el impacto de la imagen y su actitud hacia el evento en la actitud hacia la marca.

Un producto puede tener una similitud funcional o relacional con el evento. Por ejemplo, la similitud funcional ocurriría cuando los participantes en el evento utilizan dicho objeto durante el transcurso del evento. Tómese nota del patrocinio de Michelin, Firestone o actualmente Pirelli en la Fórmula 1.

El segundo factor moderador es el nivel de patrocinio. Un evento puede tener varios, cientos o solo un patrocinador. A mayor número de patrocinadores es probable que disminuya la asociación de la marca con el evento. Hoy en día las empresas utilizan los niveles de patrocinio para ajustar el precio del patrocinio en términos de colocación de la marca y del número de exposiciones.

La frecuencia del evento es la tercera variable moderadora. Existen eventos recurrentes repetidos en el tiempo, como los partidos regulares de liga en una competición nacional de fútbol o eventos anuales incluso cada cuatro años.

Para terminar, Gwinner (1997) describe la cuarta variable moderadora en la relación imagen del evento y la actitud hacia la marca. Se trata del nivel de implicación. Es posible preguntarse que la imagen del evento tendrá un mayor impacto en la actitud hacia la marca en eventos de mayor implicación.

Figura 2.1. Modelo de transmisión de imagen según Gwinner.

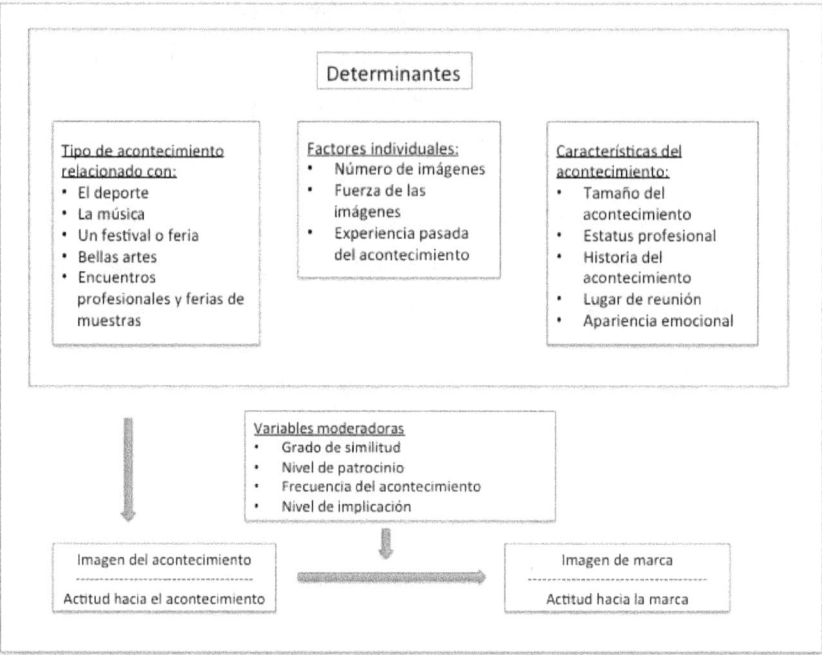

Fuente: Gwinner (1997).

2.7.5. Teoría de la señal

La teoría de la señal sugiere que la participación de una empresa en el patrocinio puede ser señal de esfuerzos sustanciales de marketing que, a su vez, son interpretados por los consumidores como una señal creíble de los resultados de la empresa en el mercado, lo que contribuye a construir las creencia sobre la marca (Kim y Choi, 2007). En definitiva, la teoría de la señal establece que las señales extrínsecas de marketing realizadas por las empresas, tales como gasto en publicidad, el precio del producto o el lugar del distribución pueden influir en la codificación de la información que se produce en la mente del consumidor. De forma similar, en el patrocinio de eventos deportivos, el apoyo a un evento de gran magnitud puede influir en la creencia del consumidor sobre el patrocinador y en la construcción de la imagen de marca.

Los consumidores potenciales que han estado anteriormente expuestos a un evento deportivo tienen un banco de información al que recurren para la formación de la percepción acerca del evento. Es el caso de eventos recurrentes y periódicos celebrados en la misma ubicación, como por ejemplo, maratones, triatlones, carreras anuales, etc. Sin embargo, debido a que algunos eventos cambian continuamente de ubicación, sus respectivas imágenes pueden ser relativamente opacas en la mente de los consumidores potenciales. En casos como estos, los espectadores potenciales buscarán otras señales con el fin de formar sus impresiones sobre el evento (Walker, Hall, Todd, y Kent, 2011).

Meenaghan (2001) encontró que el patrocinio es percibido por el consumidor como una inversión que solo pueden realizar las grandes empresas. Este hecho sugiere que el mero acto de patrocinar un evento transfiere valores como seguridad, tamaño de la empresa y estabilidad (Rajaretnam, 1994).

De nuevo podemos acudir a Gwinner (1997) para identificar las claves por las que el consumidor evalúa el evento deportivo: (1) tipo de evento, (2) características del evento y (3) factores individuales. Por lo tanto, los organizadores de los eventos deportivos pueden influir en las percepciones de los individuos incidiendo en las características que alteran la percepción del consumidor, tales como: la ubicación, el estatus de los deportistas profesionales participantes, el tamaño, el tipo de evento y el tipo de patrocinador. Es decir, los organizadores envían señales de la calidad del evento a través de las propias características del evento y tipo de patrocinador, comunicaciones intangibles que actúan como reclamo (Bird y Smith, 2005). Algunos estudios integran esta idea para obtener un mejor entendimiento del impacto del patrocinador en la formación de las percepciones de la imagen y su intención de asistir al evento los potenciales espectadores (Walker et al., 2011).

2.7.6. Teoría de la atribución

La teoría de la atribución postula que los individuos asignan causas o explicaciones a un hecho observado mediante un proceso cognitivo (Rifon et al., 2004). El individuo común tiene teorías o explicaciones de sentido común acerca de que causas están relacionadas con qué efectos, llegando a atribuir a los eventos una o más de sus posibles causas (Fritz, 1958). Es decir, el individuo desarrolla una explicación racional ante determinadas acciones e infiere conclusiones causales con origen en las mencionadas acciones de patrocinio. Así, la teoría de la atribución postula que los consumidores cognitivamente pueden inferir que el motivo del comportamiento de patrocinio es una causa altruista o socialmente responsable, lo que aumentaría la actitud positiva hacia el patrocinador, o por el contrario, que se trata de un motivo más comercial, lo que crearía una imagen menos deseable del patrocinador (Rifon et al., 2004).

La teoría de la atribución se ha aplicado en el campo del patrocinio al estudio de la transferencia de imagen con causa socialmente responsable en eventos deportivos, sociales o culturales (Rifon et al., 2004). Como indica la figura 2.2 la teoría de la atribución en el campo del patrocinio prevé una relación directa entre las motivaciones percibidas por el cliente y sus iguales actitudes y comportamientos (Becker-Olsen y Simmons, 2002; Bigné, Currás-Pérez, y Sánchez-García, 2009; Dean, 2002; Kim, 2006; Rifon et al., 2004; Walliser, 2003).

Figura 2.2. Modelo de formación de actitud de Rifon et al. (2004).

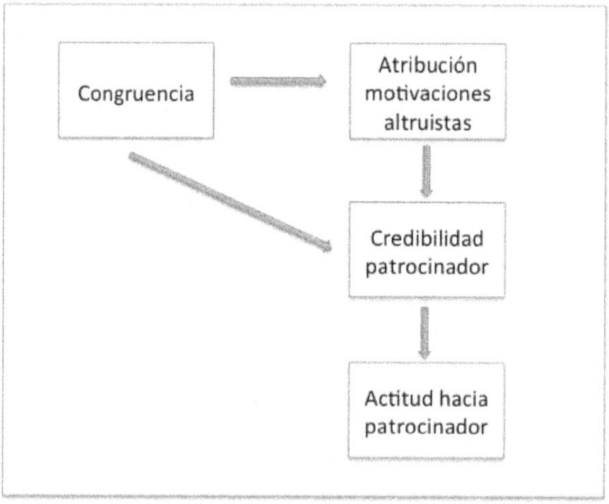

Fuente: Rifon et al. (2004).

2.7.7. Modelo de la alianza social

El modelo de la alianza social promulgado por Madrigal (2001), entiende el mecanismo de patrocinio como un proceso mediante el cual el individuo se identifica y reconoce en las normas de un grupo social de referencia. En el ámbito del patrocinio deportivo la teoría propone que los aficionados deportivos se sienten identificados con sus equipos y jugadores preferidos, es decir, que se sienten parte del grupo. El individuo entonces se convierte en parte del grupo de referencia. Por lo tanto, si los patrocinadores apoyan a su equipo, el aficionado desarrolla una relación de familiaridad con el patrocinador. Seguidamente, las normas percibidas del grupo incitan al usuario a ayudar al equipo e indirectamente al patrocinador en una relación triangular. Como resultado de la nueva relación las normas del grupo presionan al individuo a crear actitudes favorables e intenciones de compra hacia las marcas patrocinadoras.

2.7.8. Teoría de la identidad social y la comparación social

La identidad social es el conocimiento del individuo relativo a la pertenencia a ciertos grupos sociales y que tiene significado emocional y valor en la medida de su adhesión al grupo. La teoría de la identidad social propone que los individuos establecen auto-conceptos y definiciones a través de su afiliación o conexiones con determinados grupos sociales a los que pertenecen (Abrams y Hogg, 2012). La construcción de un sentido de unidad y pertenencia a un grupo social ayuda al individuo a mejorar su autoestima. El proceso por el cual los individuos desarrollan la autoestima se explica por la teoría de la comparación social (Sawatari, 2012): el individuo tiende a autoevaluarse contrastando sus opiniones, actitudes y cualidades con la de los individuos del grupo. Si aprecia disonancia, trata de corregir las desviaciones mediante mecanismos que reduzcan los efectos de ésta (cambio de conducta, asunción de conducta equivocada, cambio argumental, etc.). La disonancia viene a medir la insatisfacción provocada por actitudes contradictorias.

Así pues, los individuos se identifican con el grupo de referencia y tienden a enfatizar los aspectos positivos del grupo de referencia y minimizar los negativos (Wann y Branscombe, 1995, citado por Sawatari, 2012). Un resultado positivo procedente de la diferencia de opiniones conlleva una mayor autoestima. Gwinner y Swanson (2003) examinaron como el efecto moderador de la identificación influía en la percepción del patrocinador, concretamente en el recuerdo, la actitud hacia el mismo y la satisfacción. Los autores propusieron que los individuos que están altamente involucrados con el grupo reconocen a los miembros y a las organizaciones que se encuentran en el grupo. Esto quiere decir, que los patrocinadores de sus equipos son identificados como entidades pertenecientes al grupo y que por lo tanto se produce un cambio de actitud favorable hacia el patrocinador. Entre los resultados de su estudio encontraron que los individuos más involucrados e identificados con su equipo tenían actitudes más positivas hacia los patrocinadores, mayores niveles de reconocimiento de marca y mayores intenciones de compra de los productos patrocinados.

2.7.9. Otros modelos de transferencia de imagen

Otras teorías han sido aplicadas al ámbito de comunicación de marketing, pero no han tenido gran repercusión en el área del marketing de los eventos deportivos. Es el caso de los modelos de actitud multi-atributos (Bettman, Capon, y Lutz, 1975), el modelo de condicionamiento psicológico (Tribou, 2011) y el modelo de probabilidad de elaboración (Petty, Cacioppo, y Schumann, 1983).

Los modelos de actitud multi-atributos combinan el estudio de la formación de actitudes con la jerarquía de las creencias del consumidor hacia los múltiples atributos de un evento y su patrocinador. Por lo tanto, un consumidor puede mantener múltiples actitudes hacia las marcas patrocinadoras de un evento configuradas por los diferentes atributos como el precio, la calidad, etc.

Los modelos de condicionamiento psicológico reconocen que la transferencia de imágenes comienza cuando el público asiste a un evento deportivo y adquiere información relacionada con el evento en sí y sus entornos directos, incluidos los patrocinadores, sin prestar atención particular a su entorno (Tribou, 2011). Por lo general, esta transferencia de conocimiento se acompaña de reacciones psicológicas y emocionales relacionadas con su interés por el deporte. En segundo lugar, un espectador que aprecie el evento y reconozca que el evento transmite un cierto número de atributos positivos (valor, prestigio social, etc.) o negativos (violencia, engaño, etc.), puede transferir todo, o parte, de sus sentimientos y juicios al patrocinador asociado. Lo que en la práctica esto se asocia con el modelo de condicionamiento psicológico (Walliser, 1996)

El modelo de probabilidad de elaboración (Petty et al., 1983) mantiene que el interés del individuo es más alto cuando procede de la ruta central de elaboración de la información, en la que se realizan procesamientos cognitivos profundos. La ruta periférica procesará un efecto cognitivo superficial con un interés bajo. Del mismo modo, niveles altos de implicación producirán una percepción del riesgo elevada lo que conlleva un mayor interés por obtener información. De igual forma, una baja implicación conlleva una búsqueda inferior de información puesto que dicha información es débilmente procesada. Es decir, una alta implicación desarrollará una mayor necesidad de información sobre la marca, lo que conlleva una mayor actitud hacia la misma (Meungguk, Turner, y Pastore, 2008).

2.8. Medición de los efectos de patrocinio

El patrocinio deportivo es utilizado como una herramienta de comunicación diseñada para alcanzar unos objetivos empresariales concretos y determinados a priori. La empresa utiliza el patrocinio deportivo para apoyar un evento deportivo con el fin de alcanzar uno o varios objetivos, que en última instancia conduce a lograr las metas corporativos y comerciales (Irwin y Sutton, 1994). Tal y como afirman Choi y Yoh (2011), no ha habido un consenso en cuanto a la medición de la eficacia del patrocinio, pese a que las empresas sí están realizando una inversión económica significativa. Un mayor crecimiento de la inversión conlleva una mayor preocupación por medir la efectividad de tal inversión, más aún en cuanto que el desembolso en mayor. De ahí la relevancia, para los académicos y los gestores comerciales, de desarrollar herramientas parsimoniosas capaces de medir la efectividad del patrocinio.

El modelo de la figura 2.3 fue diseñado por Stotlar (2004) para permitir a las empresas patrocinadoras evaluar con mayor precisión la eficacia de las actividades de patrocinio teniendo en cuenta la complejidad creciente de los acuerdos de patrocinio. El modelo consta de cinco etapas. Cada etapa individual debe ser completada antes de proceder a las etapas siguientes.

La primera etapa es el input o la entrada de objetivos corporativos y consiste en definir los objetivos de marketing corporativo para la acción de patrocinio. Los objetivos deben ser factibles, precisos y medibles. La segunda etapa es el filtro y consiste en un inventario de bienes y servicios que la marca organizadora tiene para ofrecer a los patrocinadores, con el objeto de alcanzar los objetivos planteados. Estos componentes son, entre otros, el lugar de colocación del logotipo o slogan, el programa de publicidad, y los derechos sobre el nombre entre otros.

La tercera etapa se refiere a los "componentes activados", los cuales son los componentes reales elegidos para ser utilizados en el patrocinio. La cuarta etapa es el protocolo de evaluación. Esta etapa consiste en determinar la escala de valoración (ventas, recuerdo de marca y reconocimiento de la marca entre otros) que se utilizará para medir la eficacia de los componentes activados en el cumplimiento de los objetivos definidos. La quinta y última etapa es el bucle de realimentación, el cual se compone de los resultados de la medición, y da como resultado una información que se utilizará para una mejor toma de decisiones por parte de los investigadores y comercializadores en relaciones de patrocinio futuro.

Figura 2.3. Modelo de evaluación del patrocinio.

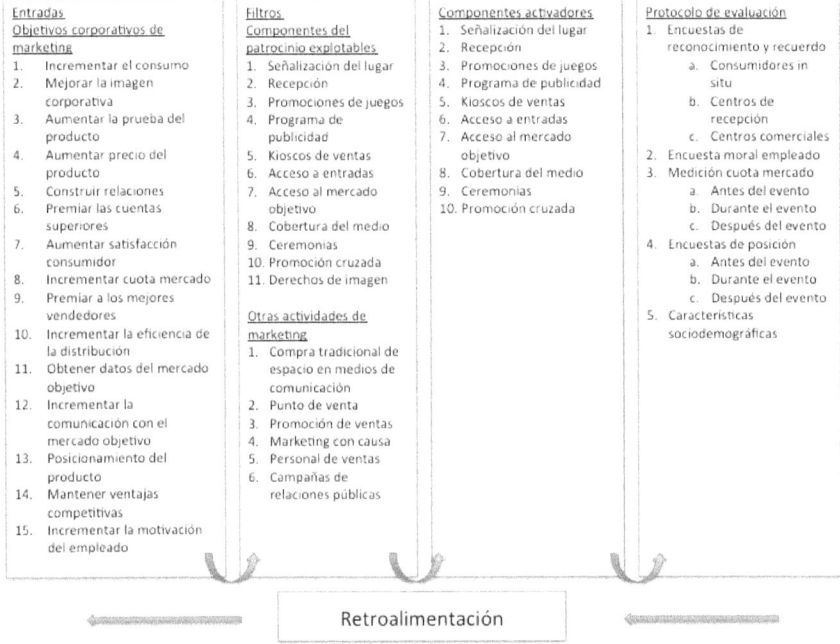

Fuente: Stotlar (2004).

Meenaghan (1991) propuso tres métodos para evaluar la efectividad de patrocinio:

- La efectividad de las ventas,

- la cobertura mediática de los eventos,

- y el efecto de la comunicación. Efecto evaluado a través de la conciencia de marca, actitud hacia la marca y la percepción (Choi y Yoh, 2011).

Madrigal (2001) precisó que el patrocinador tiene expectativas positivas acerca de la imagen percibida de la empresa por parte de los consumidores a través de la asociación con el evento y la transferencia de imagen de su marca, lo que resulta en el aumento de las intenciones de compra. Si los patrocinadores tienen éxito en la creación de la relación con sus mercados objetivo, y como consecuencia de ello un aumento de las compras por parte de los consumidores en productos y servicios de la empresa, las actividades de patrocinio tendrán como resultado final un determinado ROI (retorno de la inversión).

Kutintara (2009), siguiendo el razonamiento de Madrigal, realiza una exposición de ejemplos encontrados en la literatura de marketing sobre la medición del retorno de la inversión. En uno de los ejemplos expuestos cita a Ukman (2004) en el que destaca el desglose del cálculo del retorno de la inversión de un patrocinador por parte de una empresa de automoción en un salón náutico. Tal desglose fue el siguiente: (1) asistentes que visitaron el stand realizaron una prueba del vehículo, (2) visitantes al stand que visitaron posteriormente el concesionario para una prueba de conducción y (3) pilotos que probaron el vehículo captados en el evento y que compraron un vehículo en los posteriores doce meses. Así mismo, para calcular el ROI Ukman utilizó el beneficio medio por vehículo, el beneficio bruto, y el coste del evento.

Por otro lado, Cornwell y Maignan (1998) presentaron, tras una exhaustiva revisión de la literatura, tres métodos de medición para evaluar el efecto del patrocinio en el comportamiento del consumidor. Los métodos son: (1) medir el nivel de cobertura de los medios de comunicación, (2) evaluar la conciencia de marca, familiaridad y preferencias y (3) medir el impacto del patrocinio.

Más recientemente, Bennett, Cunningham, y Dees (2006, citado por Kutintara, 2009) evaluaron las resultados de comunicación de marketing de un torneo de tenis profesional mediante la medición de las actitudes hacia el patrocinador, reconocimiento de marca del patrocinador y las intenciones de compra de bienes y servicios de los patrocinadores. El resultado indicó que era bueno para las empresas patrocinar el torneo porque el apoyo de las actividades de marketing es importante en la formación de las actitudes de los aficionados hacia la organización patrocinadora y sus intenciones de compra.

Siguiendo con el trabajo de Kutintara, Meenaghan (2005) cita un estudio de investigación donde los resultados revelaron que los patrocinadores tienden a basarse en métodos relativamente básicos en la evaluación de la eficacia de patrocinio. Retroalimentación interna (53%) y análisis de los medios de exposición (televisión y prensa escrita, 52%) fueron los métodos más utilizados para la evaluación. Del mismo modo, expone que la medición de los efectos de patrocinio, como la conciencia de marca, la imagen del patrocinador y otros efectos comerciales vinculados, son una prioridad relativamente baja en muchas empresas del sector.

Además de las empresas patrocinadoras, las organizaciones deportivas prestan una relativamente baja atención a los resultados comerciales del patrocinio. Stotlar (2004) afirmó que los organizadores de eventos deportivos normalmente solo informan sobre datos de asistencia e impresiones en medios de comunicación a los patrocinadores. El autor añade que las organizaciones deportivas prestan así mismo poca atención a los objetivos del patrocinador. Propuso un modelo de evaluación de patrocinio señalando que la medida más adecuada de la eficacia consiste en determinar si los objetivos de marketing de la empresa se cumplieron.

Kutintara (2009), engloba los estudios sobre medición de los efectos del patrocinio también en tres bloques, pero con una ligera variación: (a) conciencia de marca, (b) actitud hacia el patrocinio e (c) intención de compra. Cianfrone (2007) coincide con Barreda (2009) en la clasificación en función de la respuesta en el consumidor asumiendo igualmente tres bloques: (a) respuesta cognitiva - conocimiento de la marca (b) respuesta afectiva - actitud hacia una marca y (c) respuesta conativa - la intención de compra. La presente investigación sigue estas propuestas comunes para la medición de efectos del patrocinio en los tres bloques que se desarrollan a continuación.

2.8.1. Respuesta cognitiva

La conciencia de una marca o producto de una empresa por parte del consumidor representa la etapa cognitiva y, generalmente, es el primer paso en los modelos jerárquicos de patrocinio. Además representa un objetivo fundamental del patrocinio por parte de las organizaciones patrocinadoras. Los estudios de reconocimiento de marca a menudo adoptan medidas de recuerdo y reconocimiento para evaluar los niveles de sensibilización de los consumidores (Cianfrone, 2007).

En la literatura de marketing una gran mayoría de estudios de medición de los efectos del patrocinio han incluido el reconocimiento de la marca como una dimensión para medir los niveles de conciencia de marca del consumidor (Choi y Yoh, 2011). Siguiendo al citado autor, para medir tal dimensión se han seguido principalmente tres enfoques: (1) identificar los factores que influyen en el recuerdo del patrocinador, (2) analizar los procesos internos relacionados con el recuerdo que tiene lugar en la mente de los espectadores, y (3) medir el recuerdo de los patrocinadores.

Para medir el recuerdo se utilizan generalmente dos modos: evaluar la capacidad del consumidor para nombrar un patrocinador sin ninguna pista o identificar al patrocinador correcto dentro de un grupo de patrocinadores potenciales o mediante un conjunto de señales. Según Wells (2000), las medidas de reconocimiento muestran interés en la promoción, mientras que las medidas de recuerdo determinan el recuerdo de la marca.

Ambos métodos son utilizados en el campo del patrocinio deportivo (por ejemplo en Bennett, Henson, y Zhang, 2002; Bennett et al., 2006; Cuneen y Hannan, 1993; Pitts y Slattery, 2004; Wells, 2000) para una variedad de eventos: Juegos Olímpicos (Stotlar y Johnson, 1989), LPGA (Ladies Professional Golf Association) (Cuneen y Hannan, 1993), Juegos Homosexuales IV Edición (Pitts, 1998), rugby (Pope y Voges, 1999), NASCAR (Levin et al., 2001) y deportes de acción (Cianfrone y Zhang, 2006).

Todas las formas de reconocimiento y recuerdo de marca recibidas por el consumidor directas e indirectamente a través de las actividades de patrocinio pueden influir en la decisión de compra de los consumidores mediante la creación de conciencia de marca e interés que eventualmente puede conducir a diferencias percibidas entre la marca anunciada y otras marcas en la misma categoría de productos (Pitts y Slattery, 2004). Por ello, las formas de medición mencionadas han sido ampliamente adoptadas por los estudiosos de marketing deportivo para evaluar la eficacia de patrocinio deportivo.

2.8.2. Respuesta afectiva

Otro de los objetivos de patrocinio habituales consiste en la mejora de la imagen corporativa y se refiere a la imagen de marca. A menudo, este objetivo ha sido medido por la actitud hacia el patrocinio (Cianfrone y Zhang, 2006). La actitud hacia el patrocinador debería ser un objetivo central a la hora de fijar metas por parte de las entidades patrocinadoras como medio para crear una respuesta favorable entre el público objetivo. La actitud hacia el patrocinador se podría definir como la evaluación global de una organización patrocinadora de un evento por el consumidor, formada por el conocimiento previo o experiencia con ciertas personas, lugares, eventos, etc. (Kutintara, 2009).

La investigación más reciente ha intentado explicar la relación y el efecto de la actitud hacia el patrocinador con otras variables como la intención de compra y el comportamiento de compra real (Bennett et al, 2006; Koo et al, 2005).

Algunos autores han estudiado específicamente la construcción de la dimensión actitud hacia el patrocinador y su impacto en la intención de compra de los productos y servicios del patrocinador (Meenaghan, 2001). Gwinner y Bennett (2008) estudiaron cómo la congruencia y la identificación con la marca podían tener un impacto significativo en la formación de la actitud hacia el patrocinador, y en última instancia en la intención de compra de los productos y servicios de los patrocinadores.

Según los modelos jerárquicos de transmisión de imagen, el conocimiento de un patrocinador podría crear o transferir actitudes favorables o desfavorables hacia la marca patrocinadora, y aunque esta transferencia afectiva no siempre requiera de elementos cognitivos, los autores opinan que la conciencia de marca será probablemente beneficiosa para tal transferencia (Precejus, 2004). Como afirma Crompton (2004), una actitud positiva del consumidor hacia la marca patrocinadora es más significativa y predice de mejor forma la intención de compra que la conciencia de marca. Por esa razón, otros autores han evaluado la intención de compra a través de la actitud (Levin et al., 2001).

Tal y como afirman Choi y Yoh (2011), la capacidad del patrocinio de influir en la actitud de un consumidor sobre una marca es a menudo resultado de la asociación entre el patrocinio y el patrocinado. La asociación o ajuste del patrocinador conlleva que el consumidor perciba un ajuste de la empresa patrocinadora con el patrocinio y entonces produzca sentimientos positivos hacia las empresas que patrocinan el evento (Meenaghan, 2001b). La congruencia tiene en la presente investigación un apartado significativo por su importancia en la literatura de marketing deportivo y patrocinio.

2.8.3. Respuesta conativa

La intención de compra ha sido utilizada por los autores para medir y representar la respuesta conativa del comportamiento como consecuencia del patrocinio deportivo en el consumidor (por ejemplo, Barreda, 2009; Choi y Yoh, 2011; Crompton, 2004; Dees et al., 2008; Gwinner y Bennett, 2008; Koo, Quarterman, Jackson, y Suh, 2005; Pitts y Slattery, 2004; Pitts, 1998). La intención de compra supone una etapa anterior a la respuesta real de compra de un consumidor ante el patrocinio y representa el rango conativo (intención de actuar).

Desde el punto de vista de la medición, proporciona un sentido de la fuerza de la motivación de una persona para hacer un esfuerzo para comprar una marca (Choi y Yoh, 2011), y se puede definir como el plan consciente para ejercer un esfuerzo o llevar a cabo un comportamiento de compra (Cianfrone, 2007).

La intención de compra ha sido utilizada frecuentemente como el resultado final y dependiente en modelos jerárquicos y estructurales, al considerarse como el resultado consecuente de la actitud hacia el patrocinador o la conciencia de marca.

Gwinner y Bennett (2008) sugieren que el ajuste de la marca y la identificación con el deporte influyen en la percepción de la marca en los asistentes al evento deportivo. Este ajuste afecta positivamente a la marca y desarrolla una actitud favorable hacia el patrocinador y, finalmente, conduce a intenciones de compra más elevadas. Es decir, la intención de compra proporcionan una indicación útil del impacto del patrocinio en las ventas futuras (Crompton, 2004).

Diversos autores opinan que la lealtad y el comportamiento de compra también puede ser un buen predictor de la intención de compra (Madrigal, 2000). Así pues, otros autores relacionan las intenciones de compra con el compromiso demostrado por parte del consumidor con su equipo o deporte (Pitts, 1998)

En la tabla siguiente (tabla 2.8) se muestra una relación de estudios que han indagado e investigado acerca de la eficacia del patrocinio deportivo. De su análisis se puede concluir que pocos autores han utilizado las tres etapas de respuesta (cognitiva, afectiva y conativa) para el estudio de la eficacia de la transmisión de imagen entre patrocinador y patrocinado. Sin embargo, existe una amplia variedad de variables tanto cognitivas como afectivas como conativas.

Tabla 2.8. Variables utilizadas para medir la eficacia del patrocinio.

Autor	Objetivo del estudio	Variables
Otker (1988)	Eficacia del patrocinio	Conciencia Imagen
Sandler y Shani (1989)	Los efectos del "Ambush" marketing en el recuerdo y el reconocimiento de patrocinadores	Recuerdo Reconocimiento
Nicholls, Roslow, y Laskey (1994)	Eficacia de la promoción de la marca en un evento deportivo	Preferencias Exposición
Wilson (Wilson, 1997)	Analizar si los incrementos en el recuerdo e imagen de los patrocinadores deportivos se traducen en incrementos en ventas	Recuerdo Imagen
Bennet (1999)	Estudiar el falso consenso sobre las ventas de los patrocinadores de vallas publicitarias	Recuerdo espontáneo Recuerdo parcialmente asistido Recuerdo asistido Incentivo a la compra Compradores seguidores Compradores no seguidores
Lardinoit y Derbaix (2001)	Efectos del patrocinio combinado sobre el recuerdo	Recuerdo espontáneo Reconocimiento
Lardinoit y Quester (2001)	Efectos del patrocinio combinado sobre las actitudes	Actitud hacia cada una de las dos marcas
Levin et al. (2001)	El impacto del patrocinio deportivo en las actitudes y el recuerdo	Recuerdo espontáneo Reconocimiento Actitud hacia la marca Actitud hacia el anuncio Intención de compra

Tabla 2.8. (Continuación)

Autor	Objetivo del estudio	Variables
Meenaghan (2001)	Efectos del patrocinio en los consumidores	Conciencia Asociación entre el nombre del patrocinador y el evento patrocinado Transmisión de la imagen
Ruth y Simonin (2003)	La influencia de los patrocinadores múltiples en las actitudes hacia el evento patrocinado	Actitudes previas hacia Coca-Cola Actitudes previas hacia el copatrocinador Actitudes hacia el evento
Roy y Cornwell (2004)	La influencia de la equidad de la marca en la respuesta al evento patrocinado	Actitud hacia el patrocinador
Grohs et al. (2004)	Estudiar el recuerdo y la transmisión de la imagen en el patrocinio de eventos	Prominencia de la marca Ajuste entre el evento patrocinado y patrocinador Implicación con el evento Exposición Conciencia del patrocinador: - Recuerdo espontáneo - Recuerdo asistido Imagen del evento Imagen del patrocinador
Carrillat, Lafferty, y Harris (2005)	La familiaridad de la marca y los patrocinios simples o múltiples y su eficacia	Actitud hacia la marca patrocinadora Intención de compra de la marca patrocinadora
Koo y Quarterman (2005)	Efectos del "match-up" entre el evento y la marca en las respuestas del consumidor	Actitud hacia la marca y la imagen de la corporación Intención de compra
Dees, Bennett, y Tsuji (2006)	Evaluar las respuestas afectivas y conductuales de los consumidores a los patrocinadores comerciales en un festival de deportivo	Actitud hacia el evento Intención de compra Actitud hacia la venta
Barros, De Barros, Santos, y Chadwick (2007)	Analiza los determinantes del recuerdo del patrocinador en el torneo de fútbol Euro 2004 en Portugal	Recuerdo de marca Variables sociodemográficas Percepción del patrocinador
Boshoff y Gerber (2008)	Examinar el recuerdo y el reconocimiento de marca de las empresas que patrocinaron la Copa Mundial de Cricket 2007	Recuerdo de marca Reconocimiento de marca
Dees et al., (2008)	Evaluar el patrocinio de un programa de fútbol intercolegial de élite	Actitud hacia el patrocinador Credibilidad Intención de compra
Hyung-Seok Lee y Chang-Hoan Cho (2009)	Estudiar qué marcas y eventos deportivos tienen un mejor ajuste en base a la personalidad de la marca	Sinceridad Congruencia Actitud hacia el patrocinador
Ferreira (2010)	Determinar si el ajuste entre los conductores del evento NASCAR y sus patrocinadores más importantes afecta a los resultados del patrocinio	Actitud del consumidor hacia los patrocinadores Actitud hacia la marca patrocinadora Intención de compra

Tabla 2.8. (Continuación)

Autor	Objetivo del estudio	Variables
Kim et al. (2011)	Estudiar como afecta la calidad de la relación entre un consumidor y una propiedad deportiva a la eficacia del patrocinio	Actitud hacia el patrocinador Sinceridad del patrocinador Intención de compra
Alexandris y Tsiotsou (2012)	Poner a prueba la aplicación de un modelo alternativo de la jerarquía de efectos en el patrocinio	Actitud hacia el patrocinador Intención de compra Influencia de la imagen del patrocinado

Fuente: Adaptado y ampliado de Barreda (2009).

2.8.4. Modelos jerárquicos VS modelos no jerárquicos

Algunas de las teorías de publicidad, al igual que sucede con las teorías de transferencia de imagen en el patrocinio, son jerárquicas (Cianfrone, 2007). Según el citado autor este tipo de modelos jerárquicos rara vez han sido probados en la literatura deportiva. Madrigal (2001) propuso un modelo jerárquico para explicar el efecto del patrocinio, planteando que la creencia de un consumidor sobre un producto influye en su actitud hacia el producto. De esta forma, actitudes positivas probablemente conduzcan a una mayor intención de compra del producto. Crompton (2004) propuso también un modelo jerárquico de transmisión de imagen sugiriendo que los consumidores potenciales pasan de la conciencia al interés y finalmente, a la intención de compra, antes de realizar la compra del producto. Los modelos jerárquicos asumen que hay una transición de una etapa a la siguiente (etapa cognitiva, afectiva, conativa, y de comportamiento).

Los modelos no jerárquicos sugieren que al menos una de las etapas (etapa cognitiva, afectiva, conativa o comportamental) ha sido influenciada por la comercialización (promoción). La mayoría de los estudios de eficacia del patrocinio evalúan dicha eficacia a través de una de las etapas, sin embargo, rara vez se han evaluado tres (Cianfrone, 2007).

Los autores han empleado frecuentemente la conciencia del patrocinador como una medida primaria para explicar la eficacia del patrocinio deportivo, aunque la empresa demande resultados más allá de la conciencia de marca y así haya sido marcado en sus objetivos (por ejemplo, Cianfrone y Zhang, 2006; Cuneen y Hannan, 1993; Pitts, 1998; Pope y Voges, 1999; Stotlar y Johnson, 1989; Stotlar, 1993)

Otros autores sí han evaluado la eficacia del patrocinio a través de otras etapas, por ejemplo Koo et al. (2005) evaluaron la relación entre las tres etapas de la transmisión de imagen del patrocinio. Sus conclusiones sugieren que la eficacia del patrocinio debe ser estudiada mediante las respuestas cognitiva y afectiva que predicen la respuesta conativa. Así pues, el reconocimiento de un patrocinador influye en las actitudes de los consumidores hacia la marca y a su vez en la posible compra de la marca. La conciencia se considera generalmente el primer paso en los estudios de promoción, seguida de la actitud y la intención de comportamiento.

El comportamiento de consumo real es a menudo difícil de estudiar ya que el razonamiento que hay detrás de compra del consumidor tendría que ser medido en el punto de compra. Por lo tanto, muchos investigadores se centran en las tres primeras etapas antes del consumo, con la esperanza de predecir y entender los futuros patrones de compra (Cianfrone, 2007).

Así pues, en virtud de comprender los futuros patrones de compra y medir los efectos del patrocinio, el capítulo en curso ha conceptualizado en primer lugar el término patrocinio, se ha propuesto una definición y se han clasificado los tipos de patrocinio para posteriormente relacionar los objetivos de patrocinio propuestos por varios autores. Una vez realizado esto, se procedió a definir y ampliar el término patrocinio deportivo y sus principales características. Una vez más, en pos de comprender el comportamiento del consumidor se relacionaron las teorías desde las que se había aproximado su influencia. Por último, de propusieron tres niveles de respuesta para medir los efectos del patrocinio: cognitivo, afectivo y conativo.

Así, en el capítulo siguiente, se examinarán las variables de influencia que serán incluidas en los modelos de comportamiento con el objetivo de explicar la intención de compra de los productos del patrocinador, la actitud hacia el patrocinador y la transmisión de imagen.

Capítulo 3. La transmisión de imagen entre el evento y la marca patrocinadora: Hipótesis y modelización

3.1. Introducción

El conocimiento de la marca por parte de un consumidor es un reflejo de la información que el consumidor asocia a la marca en cuestión y que está almacenada en su memoria (Keller, 2003). Estas asociaciones hacia la marca pueden tomar diferentes formas, como atributos, beneficios, experiencias y actitudes (Keller, 2003), y son desarrolladas desde una variedad de fuentes, incluyendo la marca, la categoría de producto, los atributos del producto, el precio, el posicionamiento, la comunicación promocional, etc. Además, las asociaciones hacia la marca pueden estar influidas por la actividad de patrocinio (Keller, 2003). Esto, en el caso de los eventos deportivos, sucede cuando la marca se asocia con el evento, y las características asociadas con el evento se transfieren hacia la marca. Esta asociación es llamada transferencia de imagen y se produce cuando un individuo conecta la información acerca de los atributos, beneficios y actitudes del evento con la marca, en su memoria.

Gwinner y Eaton (1999) demostraron empíricamente que, ciertamente, se produce una transferencia de imagen en el contexto del patrocinio deportivo. Consecuentemente, las empresas están interesadas en conocer como gestionar la actividad de patrocinio para maximizar la cantidad de imagen transferida, y así, maximizar la inversión realizada. Por ello es fundamental identificar los factores que influyen en la transferencia de imagen desde el evento hacia la marca. Este el objetivo fundamental de este capítulo.

Por lo tanto, en las siguientes líneas se establecerán las hipótesis a contrastar de la investigación. En primer lugar, se establecerá la estructura básica, cuyo origen pretende contrastar la transferencia de imagen del patrocinado al patrocinador. En segundo lugar, se constituirán las hipótesis propias del modelo teórico a contrastar. En definitiva, se trata de crear un modelo para revelar el proceso de la transferencia de imagen en un evento deportivo. Finalmente, como objetivo secundario se tratarán de exponer las variables relativas al comportamiento del consumidor que expliquen la asistencia al evento deportivo, y cuyo resultado también afecta al proceso de transferencia de imagen.

3.2. Calidad web

Un consumidor deportivo en línea puede participar en diversas opciones de conducta a través de la página web, como comprar un producto deportivo, informarse sobre resultados, fichajes y competiciones e incluso compartir alguna opinión en red. Cada uno de estos comportamientos puede ser descrito en términos de percepciones, procesos y resultados de calidad (Riel, Liljander, y Jurriens, 2001). En este sentido, la forma en la que dichas percepciones se asocian al evento deportivo al que la página da soporte, está influenciada por la calidad percibida de dicho sitio web.

Por otro lado, la calidad del servicio ha sido uno de los temas más importantes y ampliamente estudiados en la literatura de marketing del servicio (Parasuraman, Zeithaml, y Malhotra, 2005). La calidad del servicio es una comparación de las expectativas de los clientes con el rendimiento del servicio real (Parasuraman, 1985). Durante las últimas décadas, numerosos estudios se han realizado sobre la calidad del servicio (por ejemplo: Babakus y Boller, 1992; Llosa, Chandon, y Orsingher, 1998; Zeithaml, Parasuraman, y Malhotra, 2002 entre otros) debido a que la percepción de los consumidores puede afectar a las intenciones de comportamiento y a la lealtad de los consumidores (Parasuraman et al., 2005). Algunos de estos estudios han utilizado la escala SERVQUAL desarrollada por Parasuraman et al. (1988). La escala SERVQUAL ha sido ampliamente utilizada para medir la calidad del servicio en diversos sectores, tales como bancos, hoteles, ocio y deportes (Suh y Pedersen, 2010).

En la escala SERVQUAL se identifican 10 factores determinantes de la calidad del servicio (fiabilidad, capacidad de respuesta, competencia, acceso, cortesía, comunicación, credibilidad, seguridad, comprensión/conocimiento del cliente y objetivos tangibles) conteniendo cinco dimensiones de la calidad del servicio (tangibilidad, fiabilidad, capacidad de respuesta, seguridad y empatía).

Aunque la escala SERVQUAL ha sido usada ampliamente en la literatura de marketing, se ha enfrentado a un crítica capital procedente de su aplicación a servicios en línea. Los propios autores (Parasuraman et al., 2005) entienden que la calidad en línea tiene diferentes procesos en términos de la prestación del servicio. Es decir, es necesario reconceptualizar algunas de las dimensiones de la escala para poder ser aplicada al entorno en línea y web (Li, Tan, y Xie, 2002). Por ejemplo, el instrumento SERVQUAL tiene deficiencias para explicar características importantes en entornos web, como puede ser el entretenimiento, el diseño web, la información presentada, etc. En definitiva, características importantes para entender el comportamiento del consumidor en línea (Li et al., 2002).

Para identificar la calidad del servicio electrónico Zeithaml, Parasuraman y Malhotra (2002) proponen la escala e-SQ compuesta por 11 dimensiones (fiabilidad, capacidad de respuesta, acceso, flexibilidad, facilidad de navegación, eficiencia, seguridad/confianza, seguridad/privacidad, precio, estética y personalización). Posteriormente se presentó una nueva escala, mejorando a la anterior, y empleando dos juegos de escalas: la escala de servicio e-core de la calidad (E-S-QUAL) y la escala e-recuperación de calidad de servicio (E-Ress-QUAL) (Parasuraman et al., 2005).

Otros autores han evaluado la calidad del sitio web mediante diversas escalas. Liu, Arnett, y Litecky (2000) propusieron cuatro factores asociados con el éxito del sitio web (información y calidad del servicio, facilidad uso del sistema, empatía y calidad del diseño). Li et al., (2002) desarrollaron en su estudio una escala con base en la escala SERVQUAL para examinar la calidad del servicio basado en la web. El modelo propuesto incluye seis dimensiones (capacidad de respuesta, competencia, calidad de la información, empatía, asistencia web y retroalimentación). Suh y Pedersen (2010) propusieron una escala específica para determinar la calidad de la página web en línea de un servicio de deportes de fantasía. Su escala tuvo cuatro dimensiones (facilidad de uso, confianza, contenido, apariencia). Más recientemente Hur, Ko, y Valacich (2011) desarrollan la escala SWQ (Sport Website Quality), utilizando para ello cinco dimensiones: calidad de la información, calidad de la interacción, calidad del diseño, calidad del sistema y cumplimiento.

3.3. Actitud hacia la web

Si bien no existe entre los académicos de marketing unanimidad sobre lo que la actitud es, de forma genérica se puede entender que es la tendencia o predisposición a responder hacia un determinado objeto, de forma favorable o no. Sí es cierto, no obstante, que el concepto de actitud ha sido foco de numerosos estudios sobre la satisfacción y la intención de compra (Ajzen, 2008).

En la investigación sobre Internet, el concepto de actitud tiene un importante papel porque hay un vínculo fundamental entre los que los consumidores sienten hacia un sitio web (la actitud) y su manera de actuar en relación con el sitio web a través de conductas como la compra de productos y el boca-oído sobre el página web (el comportamiento) (Ahn, 2010). En este punto es importante mencionar la incidencia que la teoría de la acción razonada (TAR) propuesta por Fishbein y Ajzen (1975), ha tenido sobre la comprensión de la relación entre la actitud y la conducta. El TAR describe la actitud como una secuencia de construcciones cognitivas, y las relaciones causales entre ellas: creencias, actitudes, intenciones de comportamiento y el comportamiento (Ajzen, 2008).

Sobre la base de los vínculos entre la actitud, la intención de comportamiento y el comportamiento en la TAR, se supone que la actitud hacia el sitio web es un factor crítico para predecir el comportamiento potencial de un usuario. Como resultado, varios investigadores han intentado desarrollar una escala la actitud hacia el sitio web (Chen, Clifford, y Wells, 2002; Chen y Wells, 1999).

Ante la ausencia de escalas para medir la actitud de un usuario hacia un sitio web Chen y Welss (1999) elaboraron una. Esta nueva escala entiende la actitud como la predisposición de los internautas a responder favorablemente o desfavorablemente hacia la página web en una situación de exposición natural. En el primero de dos estudios Chen y Wells (1999) desarrollaron una escala fiable y válida que mide la actitud hacia el sitio web con base en escalas de actitud hacia la publicidad. Esta escala es muy utilizada y ha sido validada en numerosos estudios (Ahn, 2010).

Así por ejemplo, algunos autores (Chen y Wells, 1999; Chen et al, 2002) asociaron tres atributos de calidad de servicio electrónico con el desarrollo de actitudes positivas hacia un sitio web: entretenimiento, información y organización. De igual forma, en el estudio de Ahn (2010) se propone que los motivos inherentes a la obtención de información, escape de la rutina, entretenimiento e interacción social entre otros, influían en la actitud hacia un sitio web deportivo.

Suh y Pedersen (2010) argumentan que en el contexto de las compras por Internet, y en base a los resultados de diversos autores (Wolfinbarger y Gilly, 2003; Yoo y Donthu, 2001), los factores de calidad de los servicios electrónicos influyen positivamente sobre las actitudes del consumidor hacia el sitio web. Por lo tanto, se establece la primera hipótesis del estudio que expresa lo siguiente:

H_1: *La percepción de calidad de un sitio web tiene una influencia positiva en la actitud de los consumidores hacia el sitio web.*

Wang (2011) sugiere que la percepción de control de la navegación del sitio web puede influir en la actitud hacia la marca. Aunque este estudio limita la formación de la percepción de la calidad a solamente un aspecto concreto de la calidad de un sitio web, mantiene la hipótesis de que la percepción de calidad de un sitio web influye en la formación de la actitud hacia la marca proveedora del servicio.

Suh y Pedersen (2010) afirman que los objetos que entregan beneficios buscados influyen en las actitudes de manera positiva. Los autores ponen como ejemplo el estudio de O'Cass y Grace (2004) realizado en el contexto de los servicios bancarios, en el que encontraron que la experiencia del servicio influía en el desarrollo de las actitudes hacia la marca. Es decir, cuanto mayor era la evaluación por parte del consumidor del servicio prestado, más favorable era la actitud hacia la marca evaluada por los consumidores.

La investigación sobre la relación entre la calidad del e-servicio y las actitudes de los consumidores hacia un sitio web es limitada. No obstante se comprueba que varios atributos del sitio web pueden influir en el desarrollo de las actitudes de los consumidores (Suh y Pedersen, 2010). Por lo tanto, se sugiere la siguiente hipótesis:

H_2: *La percepción de calidad de un sitio web tiene una influencia positiva en la actitud de los consumidores hacia la marca.*

3.4. Actitud hacia la marca

La actitud hacia la marca ha sido ampliamente utilizada en las investigaciones sobre patrocinio (Crespo Almendros, 2011), y de forma particular en la investigación de marketing deportivo (Barreda, 2009; Chao, 2011; Choi y Yoh, 2011; Madrigal, 2001; Meenaghan, 2001)

Entre los citados autores Meenaghan (2001) sugirió que las actitudes positivas hacia la marca patrocinadora eran consecuencia de la transferencia de imágenes desde el equipo deportivo hacia el patrocinador. Así mismo, Madrigal (2001) encontró que la identificación con el equipo tuvo una relación positiva con la actitud hacia la marca, la cual determina la intención de compra. Lo anterior justifica que la actitud hacia la marca haya sido considerada una medida importante del resultado causado por las actividades de patrocinio deportivo.

Tomaseti, Ruiz, y Reynolds (2008) sugieren que se ha verificado en la literatura de marketing la relación positiva entre la actitud hacia el anuncio y la actitud hacia la marca, por ejemplo, en estudios de Ko et al. (2005b) o Hopkins, Raymond, y Mitra (2004). Por lo tanto, ellos proponen y posteriormente demuestran que la actitud hacia la página web influye en la actitud hacia el producto. Un incremento de actitud hacia el sitio web genera un mayor grado de interacción con la página web y con la marca, lo que conlleva también a obtener mayor información acerca del producto, en este caso, el evento. En última instancia, se genera un impacto positivo sobre la evaluación del producto o servicio.

H_3: *El desarrollo de una actitud positiva hacia la página web influye en el desarrollo de una actitud positiva hacia la marca del evento.*

3.5. La transmisión de imagen: Actitud hacia el evento y actitud hacia el patrocinador

La actitud hacia el patrocinador se podría definir como la evaluación global de un consumidor hacia la organización patrocinadora de un evento (Keller, 2003). Meenaghan (2001) y Dees, Bennett y Villegas, (2008) entendieron este constructo como una disposición favorable hacia el patrocinador. Como hemos podido determinar en apartados anteriores (concretamente en el título dedicado a la eficacia del patrocinio), la actitud hacia el patrocinador ha sido una de las variables más usadas para medir la eficacia del patrocinio. Por ejemplo, Lardinoit y Quester (2001) utilizaron la variable actitud hacia el patrocinador para medir la predisposición y preferencia de los sujetos utilizados en el experimento hacia el patrocinio televisivo y en directo. Por otra parte, Levin, Joiner, y Cameron (2001) adoptaron la variable actitud hacia el patrocinador para comprobar el efecto del tiempo de exposición y el recuerdo al patrocinio. Roy y Cornwell (2004) emplearon la misma medida para evaluar el efecto de la equidad de la marca en respuesta al evento patrocinado.

Así mismo, otros autores también han examinado la actitud hacia el patrocinio como medida de la eficacia del patrocinio (Alexandris y Tsiotsou, 2012; Barreda, 2009; Carrillat, 2005; Dees, Bennett, y Villegas, 2008; Kim et al., 2011; Koo, Quarterman, Jackson, y Suh, 2005).

Según Meenaghan (1983) las actividades o eventos están poseídos de atributos de personalidad particulares depositados en la mente del consumidor, y la actividad de patrocinio asocia una actividad o evento en particular con los productos o servicios de la empresa. Los individuos asocian a un promotor con una actividad patrocinada, las imágenes de la actividad se transfieren al patrocinador, es decir, la actitud que se tiene hacia el patrocinado se transfiere al patrocinador.

Por otra parte, Meenaghan (2001) concluyó que las actitudes positivas hacia el patrocinador son antecedentes de las intenciones de compra de los consumidores, y así también de los comportamientos reales de compra.

Para Gwinner (1997) las actividades tales como eventos deportivos comparten asociaciones específicas de imágenes y características. La transferencia de la imagen es el término que describe la transmisión de este tipo de asociaciones hacia una marca o empresa que patrocina esta actividad. El objetivo es evocar sentimientos y actitudes positivas hacia el patrocinador, vinculando estrechamente el patrocinador a un evento que el consumidor valora positivamente. La estrecha vinculación se logra mediante la presentación del patrocinador de forma simultánea con el evento, que debería traducirse en un contagio de la imagen a la empresa patrocinadora (Grohs y Reisinger, 2005).

En este punto de nuevo acudimos al modelo de transmisión de imagen de Gwinner (1997), mencionado con anterioridad en el capítulo 2, para explicar los factores que participan en la transferencia de imagen: el tipo de evento (deportes, música, fiesta, bellas artes, o ferias), las características del evento (tamaño del evento, situación profesional, historial de eventos, aparición promocional) y los factores individuales (número de significados de un evento para los individuos, la fuerza de los significados y la historia pasada con un evento). Además son cuatro los factores moderadores que influyen en la transferencia de imagen del patrocinador al patrocinado: el grado de similitud entre un evento y un patrocinador, el nivel de patrocinio (patrocinador único o patrocinadores múltiples con diferente nivel de privilegios en el contrato), la frecuencia del evento (evento recurrente o no), y la implicación con el evento (implicación baja o alta).

En la literatura de marketing deportivo podemos encontrar al menos dos estudios que han aportado evidencias empíricas que soportan la teoría de transferencia de imágenes para dos eventos deportivos. Stipp y Schiavone (1996) mostraron que existe una correlación positiva y significativa entre las actitudes de los consumidores hacia los Juegos Olímpicos y la imagen de los patrocinadores olímpicos. De manera similar, Grohs et al. (2004) indican que se produjo una transferencia de imagen significativa entre un evento deportivo de invierno y los patrocinadores de dicho evento. Por lo tanto se concluye con la siguiente hipótesis:

H₄: La actitud hacia el evento (el patrocinado) ejerce una influencia positiva en la actitud hacia el patrocinador.

3.5.1. Intención de comportamiento

En apartados anteriores se procedió a definir la actitud como la tendencia o predisposición a responder hacia un determinado objeto de forma favorable o no. También cabe recordar que la revisión de la literatura concluye que se trata de un concepto de gran importancia, pues es un indicador empleado con frecuencia para medir el efecto del patrocinio.

De la revisión de la literatura se desprende la preeminencia de los planteamientos teóricos de Fishbein y Ajzen (Ajzen, 1991; Ajzen, 1981, 2001, 2008; Fishbein y Ajzen, 1975) a la hora de predecir la conducta humana. Según Ajzen (1991, 2001), las personas actúan de acuerdo con sus intenciones influidas por la percepción de control del comportamiento, las normas subjetivas y las actitudes hacia el comportamiento. Un gran número de estudios han apoyado con sus resultados la creencia de que las intenciones juegan un papel importante en la predisposición del comportamiento real.

Por consiguiente, la intención de compra puede ser un indicador apropiado de la eficacia del patrocinio, particularmente cuando un patrocinador participa en eventos deportivos dirigidos a los aficionados deportivos (Ko, Kim, Claussen, y Kim, 2008), pues su mera presencia puede influir en el individuo que visiona o participa en el evento y en su intención de comprar un producto del patrocinador (Dean, 2002; Pitts, 1998). Según Kim et al., (2011) diversos estudios han demostrado que la actitud de los consumidores es un importante predictor de las intenciones de comportamiento.

H₅: La actitud hacia el patrocinador influye positivamente en la intención de compra de productos del patrocinador.

H₆: La actitud hacia el evento influye positivamente en la intención de asistencia al evento.

Según Lacey, Sneath, Finney, y Close (2007) algunos investigadores han encontrado que el patrocinio aumenta la predisposición de los asistentes a comprar productos de los patrocinadores de la marca como consecuencia del patrocinio (Cornwell y Coote, 2005; Pope y Voges, 2000). Además, dado que el rendimiento de las ventas no se puede atribuir a una sola variable, los investigadores en general carecen de los mecanismos de control para aislar una relación directa entre el patrocinio y el rendimiento de las ventas (Quester y Farrelly, 1998 citado por Lacey et al., 2007), de forma que las ventas que son consecuencia de actividades de patrocinio son a menudo difíciles de medir.

3.5.2. Notoriedad y recuerdo

Keller (1993) propuso que la conciencia de marca consistía en el recuerdo y el reconocimiento de marca. El recuerdo de la marca es la capacidad de recordar una marca sin ninguna ayuda. Por otra parte, el reconocimiento de marca se define como la capacidad para confirmar (o refutar) una marca cuando la marca se administra como una señal o input (Keller, 1993). La técnica de reconocimiento proporciona a los encuestados una lista de los patrocinadores comerciales del evento, algunos, correctos e incorrectos y se les pide que seleccione a los patrocinadores reales (Maxwell y Lough, 2009). Ambos métodos han sido aceptados y probados en el campo del marketing deportivo para evaluar la aceptación de la marca (Bennett, Henson, y Zhang, 2002; Bennett, 1999; Lardinoit y Derbaix, 2001; Lee, 2010; Maxwell y Lough, 2009; Pitts, 1998; Stotlar y Johnson, 1989; Woisetschläger y Michaelis, 2012).

La conciencia de marca juega un papel importante en el comportamiento y en la formación de actitudes del consumidor de eventos deportivos (Keller, 1993) por tres motivos principalmente (Lee, 2010): (1) los consumidores solo pueden evaluar la marca después de conocerla, (2) el conocimiento de marca influye en la elección de la misma, más aún en elecciones de baja implicación, y (3) el recuerdo y conocimiento de la marca condiciona al consumidor para formar una imagen de marca. Por este motivo se han examinado los efectos de la exposición repetida del mensaje de los patrocinadores, como un mecanismo para aumentar el conocimiento de la marca o aumentar la predisposición positiva hacia dicha marca (Madrigal, 2001; Meenaghan, 2001; Pitts y Slattery, 2004).

Los patrocinadores deportivos esperan que la imagen del evento deportivo se transfiera hacia su propia marca, aumentando de esta manera la intención de compra de los productos. Sin embargo, esta transferencia de imagen solo puede tener lugar si el consumidor reconoce o recuerda la marca que patrocina el evento deportivo. Por lo tanto, la exposición repetida al mensaje publicitario del patrocinador puede lograr un aumento de la conciencia y el recuerdo del patrocinio.

La frecuencia de la exposición al estímulo es la variable más importante en la teoría de la mera exposición; la exposición repetida afectará positivamente a los consumidores, influenciando en el conocimiento y en la actitud hacia la marca patrocinadora del evento (Maxwell y Lough, 2009).

En la literatura de marketing podemos encontrar varios trabajos que han relacionado la actitud hacia el patrocinador con el recuerdo de la marca. Así por ejemplo, Barros, De Barros, Santos, y Chadwick (2007) encuentran que el conocimiento previo de la marca patrocinadora refuerza el recuerdo de dicha marca. Así mismo, postulan que la preferencia por los productos del patrocinador también aumenta la probabilidad de recordar el nombre de la marca patrocinadora. Pitts y Slattery (2004) examinaron la relación entre la frecuencia de asistencia a un torneo de fútbol y el reconocimiento de la marca del patrocinador. Lee (2010) por su parte, realizó un experimento consistente en la exposición al patrocinio de un evento deportivo del NASCAR, encontrando una relación positiva y directa entre la frecuencia de la exposición al patrocinio y la actitud hacia la marca patrocinadora, siendo por tanto consistente con la teoría de la mera exposición. Por último, Lee (2008) encuentra una relación positiva entre el recuerdo de marca y la actitud hacia el patrocinador. Por lo tanto, el recuerdo del patrocinio a menudo se ha utilizado como variable explicativa para los efectos del patrocinio (por ejemplo Javalgi, Traylor, Gross, y Lampman, 1994; Thierry Lardinoit y Quester, 2001; Pope y Voges, 1999; Ruth y Simonin, 2003; Speed y

Thompson, 2000; Stipp y Schiavone, 1996). Consecuentemente, de acuerdo con la teoría revisada se propone la siguiente hipótesis:

H_7: El grado de recuerdo que el consumidor tenga de la marcas patrocinadoras del evento influye en la actitud hacia el patrocinador.

El efecto de la mera exposición sugiere que, en ausencia de otros estímulos, la exposición repetida a un estímulo dará lugar a una reacción afectiva positiva hacia la marca del patrocinador (Woisetschläger y Michaelis, 2012). Por consiguiente, de acuerdo al citado autor, se proponen las siguientes hipótesis:

H_8: La frecuencia de asistencia tiene una influencia directa y positiva sobre la actitud hacia la marca patrocinadora.

H_9: La frecuencia de asistencia tiene una influencia directa y positiva sobre la actitud mostrada por el consumidor hacia el evento.

Según Sneath, Finney, y Close (2005) la frecuencia de interacción con las ofertas del patrocinador durante un evento ha demostrado mejorar las intenciones de compra. Por lo tanto, tal y como también propone Lacey et al. (2007)

H_{10}: La frecuencia de asistencia tiene una influencia directa y positiva sobre la intención de compra de los productos del patrocinador del evento.

3.6. Congruencia

Gwinner y Eaton (1999) comprobaron el papel moderador de la similitud funcional, el ajuste o la imagen de un patrocinador con un evento en los procesos de transferencia de imágenes. El estudio reveló que cuando las funciones o las imágenes de un patrocinador y un evento son similares, el proceso de transferencia de la imagen se ve facilitado. Estos estudios confirmaron la idea de la transferencia de imágenes desde un patrocinado hacia a un patrocinador. En base a lo anterior, se podría decir que los patrocinadores deben, mediante la asociación de las propiedades adecuadas, mejorar su imagen y la eficacia del patrocinio.

Por lo tanto, el patrocinador debe evaluar el ajuste percibido, es decir, la congruencia entre los atributos de su imagen y los atributos de la imagen del deporte y el evento que está patrocinando. Para tal fin, Speed y Thompson (2000) exponen que se deben cumplir dos condiciones esenciales. En primer lugar, el consumidor debe percibir al patrocinador como sincero y desinteresado y, en segundo lugar, deben experimentar similitud. Los citados autores definen la similitud como una cierta forma de semejanza entre el patrocinador y el patrocinado, según la percepción de la audiencia. Según su estudio existe una similitud si un patrocinador y un evento se perciben como bien elegidos y armoniosos para los demás. Esta cuestión ha sido objeto de mucha investigación, con resultados que afirman que la relación más símil y convergente potencia en mayor medida la transferencia de la imagen del patrocinado al patrocinador (Gwinner, 1997; Gwinner y Eaton, 1999).

Se distinguen dos criterios generalmente aceptados para evaluar la similitud de un patrocinador (Tribou, 2011). Según el primero de ellos, un producto patrocinador será congruente si dicho ítem está ligado al campo de actividad deportiva patrocinada, por ejemplo, un fabricante de neumáticos patrocina una carrera de coches o un fabricante de raquetas una competición de tenis. Así mismo, la similitud puede ser percibida como más o menos fuerte dependiendo de si el producto está directamente relacionado con el deporte (por ejemplo, una marca fabricante de embarcaciones náuticas de recreo patrocina una regata) o indirectamente (un fabricante de bebidas isotónicas patrocina un torneo de pádel).

El segundo criterio, citando de nuevo a Tribou (2011), hace referencia a los atributos que el patrocinador resalta en asociación con las características del patrocinio. Es decir, la congruencia de la relación entre los atributos del patrocinador y las características del público objetivo (consumidor del evento deportivo). Un ejemplo de un adecuado ajuste se produciría cuando un patrocinador dedicado a la venta de embarcaciones náuticas de lujo patrocina un evento de golf, siendo el golf un deporte generalmente elitista destinado a las clases altas.

Meenaghan (2001) defiende que también es importante reconocer el efecto que la frecuencia de patrocinio adquiere sobre la percepción del ajuste por parte del consumidor. Las relaciones de patrocinio entabladas con el evento a lo largo de los años dificultan la transmisión de imagen de los nuevos patrocinadores, ya que el consumidor y espectador espera de nuevo encontrar los mismos que en el pasado.

Citando de nuevo a Tribou (2011), la incongruencia en la relación de patrocinio puede conllevar dos escenarios. En primer lugar, si la incongruencia no es significativa, entonces el esfuerzo cognitivo llevado a cabo por el consumidor aumenta el impacto del patrocinio, pudiendo incluso llegar a perpetuarlo. El espectador tratará de asimilar el motivo de tal incongruencia, y de lograrlo, la transmisión de imagen persistirá más en el tiempo. En caso contrario, si la incongruencia es percibida como significativa, el patrocinador sufre el riesgo de ser rechazado, y por lo tanto no se efectuará la transmisión de imagen y no habrá retorno de la inversión.

Según Stipp y Schiavone (1996) el éxito de la transferencia de imagen también depende de la exposición de un patrocinador y de la opinión de la audiencia sobre el patrocinio en general. El número de veces que una audiencia observa al patrocinador tiende generalmente a favorecer el efecto de la transferencia de imagen. Una percepción negativa del acto de patrocinio resultaría en principio negativa para la imagen de la marca patrocinadora. Por consiguiente se postula la hipótesis:

H_{11}: *El ajuste percibido por parte del consumidor entre el patrocinador y el patrocinado tiene una influencia positiva en la actitud hacia el patrocinador.*

H_{12}: *La frecuencia de asistencia influye de forma positiva y directa en la percepción que el consumidor tenga del ajuste entre patrocinado y el patrocinador.*

3.7. Identificación con el deporte

Al igual que la implicación con el evento, la identificación (también traducido como apego o fijación) con el deporte es otro importante constructo a tener en cuenta a la hora de estudiar el proceso de transmisión de imagen y eficacia del patrocinio. La identificación en el ámbito deportivo ocurre cuando un individuo cree que forma parte de un grupo, y como resultado del proceso la persona se identifica con el equipo, el deporte o la organización. Ha sido reconocido como un indicador clave de la conducta de consumo deportivo (Cialdini et al., 1976; Sloan, 1989; Wann y Branscombe, 1995). Varios autores han estudiado el sentimiento de identificación del consumidor o aficionado a un equipo como un sentido de pertenencia a una comunidad específica, y como consecuencia han desarrollado sentimientos de pertenencia a ese grupo (Bernache-Assollant, Bouchet, y Lacassagne, 2007; Gayton, Coffin, y Hearns, 1998; Jacobson, 2003; Lanter, 2011; Laverie y Arnett, 2000; Luellen y Wann, 2010; Melnick y Wann, 2011; Potter y Keene, 2012; Theodorakis, Wann, y Weaver, 2012; Wann et al., 2003; Wann y Branscombe, 1995; Wann, 2006).

Todos los autores mencionados en el párrafo anterior han explorado y empleado la identificación aplicada únicamente al equipo. Sin embargo, Trail, Robinson, Dick, y Gilletine (2003) definen la identificación como una orientación del yo en relación con otros objetos, incluyendo una persona o grupo, que se traduce en sensaciones o sentimientos de apego. Robinson y Trail (2005) sugieren que el equipo podría ser sólo uno de los varios posibles puntos de unión. Es decir, los individuos pueden estar orientados a otras partes de la experiencia, no necesariamente a un equipo. Los autores proponen que, además de estar conectado a un equipo específico, o tal vez incluso en lugar de ello, un individuo puede estar unido a, por ejemplo, el entrenador o a un jugador específico.

Como se comentaba anteriormente, la identificación con el equipo o la conexión con un equipo específico se ha utilizado para examinar el comportamiento de consumo de los espectadores de eventos deportivos (Cialdini et al., 1976; Sloan, 1989; Trail y James, 2001). En particular, Trail et al., (2003) propusieron un modelo explicativo del comportamiento del consumidor deportivo en el que demuestran que la identificación con el equipo es uno de los aspectos claves para predecir su conducta. Posteriormente ampliaron el concepto de identificación para añadir múltiples roles en base a la teoría de la identidad social, incluyendo diversos aspectos relacionados con la experiencia de consumo con otros grupos sociales, como por ejemplo la identificación con la comunidad, la universidad, los jugadores o el tipo de deporte. Así mismo, Robinson y Trail (2005) mostraron que la identificación al deporte en general, y en particular a un deporte específico, podía influir en el comportamiento del consumidor deportivo y específicamente en el espectador de eventos deportivos.

Recientemente autores como Ayim (2009) o Harrolle y Trail (2007) han empleado el término identificación para medir el apego del consumidor al deporte en el que participa como aficionado. Por ejemplo, Ayim (2009) propuso que existían tres niveles de identificación del consumidor con el deporte del fútbol en Estados Unidos, distinguiendo entre consumidores poco identificados, medianamente identificados y muy identificados. Siguiendo el razonamiento de autores como Ayim, (2009), Harrolle y Trail (2007), Robinson y Trail (2005) y Trail et al. (2003) se proponen las siguientes hipótesis (Stevens y Rosenberger, 2012; Theodorakis et al., 2012):

> H_{13}: El grado de identificación con el deporte que muestre un consumidor influye directa y positivamente en la intención de asistencia al evento deportivo.

3.8. Marketing social y responsabilidad social corporativa

La práctica de la responsabilidad social de las empresas no se limita únicamente al negocio de los productos y servicios no deportivos. En la industria del deporte, las organizaciones deportivas evalúan cómo pueden beneficiarse de esta práctica y llegar hasta su público objetivo e influir en él (Roy, 2011). El deporte es único por ser tanto una institución social como económica, y como tal, la empresa se ha adaptado para utilizar las prácticas y principios de la responsabilidad social corporativa (RSC) (Bradish y Cronin, 2009). Sin embargo, solo en la última década la RSC ha comenzado a recibir atención académica dentro de la disciplina de la gestión deportiva (Walker y Kent, 2010).

El marketing con causa es "el proceso de formulación e implementación de actividades de marketing que se caracterizan porque una empresa contribuye a una causa social concreta cuando los consumidores compran sus productos" (Varadarajan y Menon, 1988, p. 60). Por el contrario, una visión amplia de la comercialización con causa es que se trata de una estrategia para vincular los productos de una empresa con las causas o cuestiones que concuerdan con su mercado objetivo (Roy, 2011). Podemos definir el marketing social como un agregado de actividades implementadas por la organización, con el fin de estimular en el consumidor una actitud o comportamiento destinado a favorecer la compra, su posición en el mercado o actitud hacia sus productos y servicios, al mismo tiempo que favorece los intereses sociales, generales o locales.

En los últimos 50 años se ha producido un aumento significativo en las actividades de RSC de las organizaciones deportivas (Godfrey, 2009). Sin embargo, los académicos y los gestores comerciales aún siguen preguntándose si la RSC realmente es un gasto útil y rentable (Blumrodt, Bryson, y Flanagan, 2012). La falta de investigación teniendo en cuenta el patrocinio deportivo en el contexto de la RSC es sorprendente dadas las características específicas del deporte. En primer lugar, el número y la variedad de personas que participan en la asistencia a los deportes y la participación es incomparable con cualquier otro modo artístico o causa, y proporciona un terreno amplio y fértil para que las empresas lleguen a su público objetivo (Plewa y Quester, 2011).

El crecimiento de las actividades de RSC en la última década ha aumentado las expectativas de los consumidores de bienes y servicios socialmente responsables. En general, los consumidores quieren que las empresas sean socialmente responsables y hagan aportes concretos a la sociedad (Blumrodt et al., 2012). Las actividades de RSC influye en la percepción de los consumidores, la intención de compra y la lealtad (Mohr y Webb, 2005), y las empresas cada vez más consideran a la RSC como una faceta de la estrategia y de la cultura de la organización (Kreng y May-Yao Huang, 2011).

Roy (2011) alude a ciertas características únicas por las que el consumidor espera que la industria deportiva realice acciones de marketing social. En primer lugar, cita a Bradish y Cronin (2009) para confirmar que el deporte es una institución social. Los atletas profesionales disfrutan de un estatus de celebridad y son héroes para mucha gente, especialmente para los jóvenes. En segundo lugar, el deporte despierta emociones y pasiones en los aficionados como pocas actividades pueden hacer. De hecho, la conexión emocional de los consumidores podría mejorar la receptividad a los mensajes socialmente responsables emitidos por las entidades deportivas (Blumrodt et al., 2012). En tercer lugar, la actividad económica de las organizaciones deportivas levantan gran expectación y curiosidad, y según Babiak y Wolfe (2009) se espera que el beneficio económico generado y recibido por la entidad deportiva sea invertido en la sociedad y específicamente en la comunidad local. Por último, y en relación con la anterior característica, de la organización deportiva se espera una gran transparencia financiera influida por la cobertura mediática constante, y así mismo, el equipo humano de la organización (concretamente los deportistas) ejerce como modelo social para la comunidad, por lo que se espera que, tanto el equipo humano como la entidad, participen en iniciativas responsables socialmente.

Por lo tanto, la participación en iniciativas de responsabilidad social no sólo envía mensajes positivos, sino que puede resultar necesaria para contrarrestar las percepciones negativas si una organización o alguno de sus empleados se asocia con la publicidad negativa (por ejemplo, las detenciones de jugadores o las denuncias de conducta no ética).

Bradish y Cronin (2009) han examinado la literatura de marketing en busca de un comportamiento con causa en los eventos deportivos. Los autores sostienen que la entidad puede articular un comportamiento responsable mediante la participación de la entidad en un compromiso cívico, u ofreciendo a los participantes la oportunidad de participar en iniciativas socialmente responsables.

Carroll (1979) argumenta que las organizaciones evolucionan en el marco de la RSC a través de cuatro niveles: ser rentable, ser legal, ser ético, y ser bueno (comportamiento filantrópico). Una organización deportiva, en tanto que negocio, cumple con las expectativas de los accionistas o propietarios (ser rentables) y debe cumplir con las normas legales (ser legal). La presente investigación se ocupa del tercer y cuarto nivel de los propuestos por Carroll, mediante el examen de las percepciones de los clientes de la marca según sus acciones responsables corporativas.

En las diversas investigaciones realizadas se revela que el mayor impacto de las acciones socialmente responsables recae sobre la imagen de marca (Roy y Goss, 2007), aunque según otros autores, existen otros beneficios, como un aumento positivo de la recomendación boca-oído y un aumento significativo de las ventas (Walker y Kent, 2010).

Según Walker y Kent (2010) los aficionados más comprometidos procesan la información acerca de la responsabilidad social de la empresa reforzando su compromiso y lealtad hacia la marca. En los aficionados menos activos, la exposición a la información derivada y emitida por la empresa sobre las acciones responsables que lleva a cabo, puede llevar al consumidor a la creación de asociaciones de marca positivas. Por lo tanto, la responsabilidad social puede ser un vehículo para atraer a un público menos implicado con el producto, con el objetivo de conectar a la gente con una organización deportiva a través de sus esfuerzos para impactar positivamente en la comunidad local (Walker y Kent, 2009).

Los diferentes estudios de la respuesta de los consumidores a los programas de marketing con causa han examinado las variables cognitivas, afectivas y conductuales para comprender mejor los antecedentes y los resultados asociados a la respuesta a tales programas (Roy, 2011).

La actitud del consumidor hacia la marca implicada en el patrocinio de una acción con causa ha sido utilizada por diferentes autores como una medida de la efectividad de una campaña de marketing (Kim, Kwak, y Kim, 2010; Lacey, Close, y Finney, 2010; Mohr y Webb, 2005; Roy, 2011). Los resultados muestran que cuando una marca está vinculada a una causa que es importante para el consumidor hay una actitud más positiva hacia la marca que cuando una causa no es importante, o cuando la marca no está vinculada a ninguna causa. La actitud de los consumidores hacia los promotores de causas sociales responsables presentan un cambio de actitud positivo, independientemente del nivel de familiaridad que los consumidores tuvieran con una marca patrocinadora (Lafferty y Goldsmith, 2005).

Aunque se trata de un supuesto generalmente aceptado, es decir, que los consumidores recompensan a las empresas que participan en iniciativas de carácter social, hay algunas evidencias de lo contrario (Kim et al., 2010). Por ejemplo, Becker-Olsen, Cudmore, y Hill (2006) y Webb y Mohr (1998), encontraron que las iniciativas sociales responsables no garantizan siempre una evaluación favorable de la marca por parte de los consumidores. Por ejemplo, Webb y Mohr (1998) hallaron que la mitad de los encuestados atribuían un interés egoísta a la empresa patrocinadora de causas sociales. Cuando las acciones sociales son consideradas con fines de lucro, las evaluaciones hacia las empresas tienden a empeorar. Sin embargo, cuando los motivos son considerados altruistas las evaluaciones hacia las empresas tienden mejorar (Becker-Olsen et al., 2006).

Pero la literatura de marketing también proporciona evidencias de los beneficios de la comunicación de las actividades con causa para los consumidores y las partes interesadas (Sen y Bhattacharya, 2001). Tal y como afirman Plewa y Quester (2011), un programa de RSC puede convertirse en una herramienta estratégica que las organizaciones podrían utilizar para mantener el apoyo de los principales interesados. Los estudios han revelado la respuesta positiva de los consumidores en cuanto a la motivación de compra, incluyendo la disposición a pagar precios más altos por productos y servicios (Creyer, 1997), el cambio del comportamiento de compra por productos comercializados por empresas que realizan campañas de apoyo a la comunidad (Plewa y Quester, 2011) y el aumento de actitud hacia la organización o evento deportivo (Sen y Bhattacharya, 2001).

Siguiendo el trabajo de Kim et al., 2010, Lacey et al., (2010) y Roy (2011) se proponen las siguientes hipótesis:

H_{14}: *El grado en que los consumidores valoran la RSC desarrollada por la entidad organizadora del evento está positiva y directamente relacionado con la actitud hacia el evento.*

H_{15}: *El grado en que los consumidores valoran la RSC desarrollada por la entidad organizadora del evento está positiva y directamente relacionado con la actitud hacia el patrocinador del evento.*

H_{16}: *El grado en que los consumidores valoran la RSC desarrollada por la entidad organizadora del evento está positiva y directamente relacionado con la intención de asistencia.*

3.9. Implicación

La implicación ha sido definida en el campo del marketing deportivo como la relevancia percibida de una persona por un objeto en base a las necesidades, valores e intereses (Beaton, Funk, Ridinger, y Jordan, 2011; Gregg Bennett, Ferreira, Lee, y Polite, 2009; Hur et al., 2012; Ko, Kim, Kim, y Lee, 2010; Stevens y Rosenberger, 2012) y varía en función de las características individuales (necesidades, valores, metas), los factores situacionales (ocasión de compra o el riesgo percibido asociado con una decisión de compra), y las características del producto o del estímulo (tipo de medios de comunicación, las categorías dentro de una clase de producto) (Zaichkowsky, 1985).

La siguiente tabla ha sido adaptada de Llorens (2011) y sugiere que los autores han medido la implicación de forma unidimensional (Zaichkowsky, 1985) o multidimensional (Zaichkowsky, 1987); según el valor hedónico (Rothschild, 1984) o útil (Knox et al., 1994). La implicación también ha sido entendida como compromiso de marca (Beharrell y Denison, 1994).

Tabla 3.1. La medición de la implicación en la literatura de marketing.

Dimensiones	Autores
Implicación duradera	Knox et al. (1994); Beharrell y Denison (1995); Jain y Srinivasan (1990); Mittal (1989); Beatty et al. (1988); Jensen et al. (1989); Higie y Feick (1989); Vaughn (1986); Bloch et al. (1986); McQuarrie y Munson (1987); Laurent y Kapferer (1985); Greenwald y Leavitt (1984); Rothschild (1984)
Implicación normativa	Knox et al. (1994); Jain y Srinivasan (1990); Celsi y Olson (1988); Jensen et al. (1989); Higie y Feick (1989); Laurent y Kapferer (1985); Zaichkowsky (1985); Antil (1984); Greenwald y Leavitt (1984); Rothschild (1984); Robertson (1976)
Implicación situacional	Knox et al. (1994); Beharrell y Denison (1994); Mittal (1989); Beatty et al. (1988); Celsi y Olson (1988); Jensen et al. (1988); Bloch et al. (1986); Rothschild (1984); Robertson (1976)
Compromiso de marca	Knox et al. (1994); Beharrell y Denison (1994)
Implicación hedónica	Knox et al. (1994); Jain y Srinivasan (1990); Mittal (1989); Higie y Feick (1989); McQuarrie y Munson (1986); Laurent y Kapferer (1985); Rothschild (1984);
Probabilidad de riesgo	Knox et al. (1994); Beharrell y Denison (1994); Jain y Srinivasan (1990); Mittal (1989); McQuarrie y Munson (1986); Laurent y Kapferer (1985)
Importancia de riesgo	Knox et al. (1994); Beharrell y Denison (1994); Jain y Srinivasan (1990); McQuarrie y Munson (1986); Laurent y Kapferer (1985)
Utilidad	Knox et al. (1994)

Fuente: Llorens (2011).

La implicación es un concepto útil para entender el comportamiento de los aficionados deportivos así como sus actitudes (Stevens y Rosenberger, 2012). Pero la implicación no solo incide en las actitudes, también influye en el aumento de elaboraciones cognitivas, en la lealtad y en el compromiso hacia la marca (Alexandris y Tsiotsou, 2012). Zaichkowsky (1985) distingue dos categorías de implicación: la implicación con el producto y la implicación con la marca. La implicación con el producto se refiere al interés que el consumidor encuentra en un producto específico. La implicación con la marca es el interés desarrollado por parte de un consumidor en la selección de una marca específica.

Los consumidores altamente implicados son más propensos a prestar una mayor atención y ejercer un mayor esfuerzo en el procesamiento de la información (Celsi y Olson, 1988; Flynn y Goldsmith, 1993). También son propensos a compartir la información con otras personas a través del boca oído (Beatty y Smith, 1987; Thorne y Bruner, 2006; Zaichkowsky, 1985). En el contexto deportivo, los aficionados al deporte con altos niveles de implicación, tienden a estar más involucrados y activos en la búsqueda de información sobre su deporte o equipo favorito y compartir esto con los demás (Alexandris y Tsiotsou, 2012; Pope y Turco, 2001). Pritchard, Funk, y Alexandris (2009) encontraron que en el deporte del béisbol los seguidores más involucrados son más propensos a utilizar una variedad de medios de comunicación para estar al tanto de los resultados del béisbol, noticias y análisis.

Según Petty y Cacioppo (1984), en el proceso de persuasión la implicación será más o menos influyente en función del esfuerzo que realice el individuo para procesar la información recibida. Así, las personas procesarán el mensaje de forma distinta dependiendo de, entre otras variables, su implicación personal con el mensaje, el producto o la decisión de compra. La implicación personal es el mayor determinante de la probabilidad de que el consumidor procese el mensaje.

Según Hur et al., (2012) muchos estudios han aplicado el concepto de implicación en el contexto del ocio y el consumo deportivo. Shank y Beasley (1998) descubrieron que la implicación es uno de los factores más importantes que influyen en el ocio y las conductas relacionadas con el deporte, tales como la asistencia al espectáculo, el consumo en televisión y el compromiso con la marca. Petty y Cacioppo (1984) propusieron que diferentes niveles de implicación en el consumidor pueden causar diferentes niveles en el proceso de persuasión del mensaje. Cuando la implicación es alta, el consumidor realiza un mayor esfuerzo cognitivo para procesar la información (ruta central). Cuando la implicación es baja, el consumidor depende más de las señales afectivas a la hora de evaluar el mensaje. Por lo tanto, los consumidores están más influenciados por la comunicación de marketing, están en mayor medida dispuestos a cambiar su actitudes y son más receptivos a los mensajes cuando sus niveles de implicación son altos.

En el patrocinio deportivo, los resultados hallados en la literatura de marketing son similares. Ko et al. (2008) encontraron que la implicación tiene una influencia positiva en los consumidores en relación al recuerdo de la marca, la imagen y la intención de compra. En otras palabras, los aficionados deportivos recuerdan mejor la marca, tienen una imagen de marca más favorable y una mayor intención de compra, cuando su implicación era alta.

Cornwell et al. (2000) encontraron que el aumento de la implicación causa en el consumidor un mayor recuerdo de marca y reconocimiento en el patrocinio. Martensen et al. (2007) también llegaron a la conclusión de que el aficionado más implicado desarrolla una mayor actitud hacia las marcas patrocinadoras.

Por lo cual, según la revisión realizada cabe pensar que la implicación con el evento o equipo deportivo, puede influir en el proceso de asimilación del mensaje, en este caso, el patrocinio. Así pues se propone la siguiente hipótesis:

> H_{17}: La implicación con el evento ejerce una influencia significativa como variable moderadora en el proceso de transmisión de imagen en el ejercicio del patrocinio. Así pues, los consumidores más involucrados están más afectados por el mensaje de patrocinio.

Para concluir, se incluye una tabla resumen con las hipótesis planteadas.

Tabla 3.2. Resumen de las hipótesis planteadas.

Hipótesis	Descripción
H_1	La percepción de calidad de un sitio web tiene una influencia positiva en la actitud de los consumidores hacia el sitio web.
H_2	La percepción de calidad de un sitio web tiene una influencia positiva en la actitud de los consumidores hacia la marca
H_3	El desarrollo de una actitud positiva hacia la página web influye en el desarrollo de una actitud positiva hacia la marca del evento
H_4	La actitud hacia el evento (el patrocinado) ejerce una influencia positiva en la actitud hacia el patrocinador.
H_5	La actitud hacia el patrocinador influye positivamente en la intención de compra de productos del patrocinador.
H_6	La actitud hacia el evento influye positivamente en la intención de asistencia al evento.
H_7	El grado de recuerdo que el consumidor tenga de la marcas patrocinadoras del evento influye en la actitud hacia el patrocinador.
H_8	La frecuencia de asistencia tendrá una influencia directa y positiva sobre la actitud hacia la marca patrocinadora.
H_9	La frecuencia de asistencia tiene una influencia directa y positiva sobre la actitud mostrada por el consumidor hacia el evento
H_{10}	La frecuencia de asistencia tiene una influencia directa y positiva sobre la intención de compra de los productos del patrocinador del evento
H_{11}	El ajuste percibido por parte del consumidor entre el patrocinador y el patrocinado tiene una influencia positiva en la actitud hacia el patrocinador.

Tabla 3.2. (Continuación)

Hipótesis	Descripción
H_{12}	*La frecuencia de asistencia influye de forma positiva y directa en la percepción que el consumidor tenga del ajuste entre patrocinado y el patrocinador.*
H_{13}	*El grado de identificación con el deporte que muestre un consumidor influye directa y positivamente en la intención de asistencia al evento deportivo.*
H_{14}	*El grado en que los consumidores valoran la RSC desarrollada por la entidad organizadora del evento está positiva y directamente relacionada con la actitud hacia el evento.*
H_{15}	*El grado en que los consumidores valoran la RSC desarrollada por la entidad organizadora del evento está positiva y directamente relacionado con la actitud hacia el patrocinador del evento.*
H_{16}	*El grado en que los consumidores valoran la RSC desarrollada por la entidad organizadora del evento está positiva y directamente relacionado con la intención de asistencia.*
H_{17}	*La implicación con el evento ejerce una influencia significativa como variable moderadora en el proceso de transmisión de imagen en el ejercicio del patrocinio. Así pues, los consumidores más involucrados están más afectados por el mensaje de patrocinio.*

Fuente: Elaboración propia.

En resumen, se han descrito en este capítulo las variables fundamentales que influyen en la transferencia de imagen desde el evento hacia la marca. Para ello se construyó la columna vertebral del proceso de transmisión, es decir, la transferencia de imagen medida a través de la actitud hacia el patrocinador y la intención de compra como indicadores válidos para medir la eficacia del proceso de patrocinio (Carrillat et al., 2005; Dees, Bennett, y Villegas, 2008b; Lardinoit y Derbaix, 2001; Levin et al., 2001; Roy y Cornwell, 2003) como resultado de la influencia de la actitud hacia el evento (Keller, 2003). Se han analizado así mismo las variables que ejercen influencia sobre la transmisión de imagen: la congruencia, la identificación con el deporte, la implicación, la calidad y la actitud hacia el sitio web del evento, las acciones de RSC, el recuerdo y la frecuencia de asistencia.

En el siguiente capítulo se procede a describir el proceso metodológico que se ha empleado con el objetivo de contrastar las hipótesis aquí planteadas, así como las técnicas y los procedimientos aplicados.

Capítulo 4. Metodología de la investigación

4.1. Introducción

A lo largo de los capítulos anteriores se describieron las principales características que presenta el patrocinio. Posteriormente se han descrito las diversas teorías desde las que se ha abordado la transferencia de imagen del patrocinador al patrocinado. Por último, se enunciaron las hipótesis a contrastar en la presente investigación, acompañadas de una exposición de los principales trabajos, estudios y resultados hallados en la literatura de marketing en referencia a las citadas hipótesis. En el presente capítulo se detallaran los objetivos de las investigación empírica, tanto primarios como secundarios, para posteriormente presentar los modelos que serán contrastados y la metodología empleada para ello.

4.2. Objetivos del estudio

Se presentan los objetivos del estudio divididos en dos secciones, por un lado los objetivos principales del estudio relacionados con el patrocinio y el proceso de transmisión de imagen. Por otro lado se presentan los objetivos secundarios relacionados con la intención de asistencia al evento deportivo y el resto de variables a contrastar.

4.2.1. Objetivos primarios

La presente investigación plantea los siguientes objetivos primarios:

1. Plantear y contrastar empíricamente un modelo general de funcionamiento y medición del proceso de transmisión de imagen del patrocinio, integrando las variables más importantes y significativas encontradas en la literatura de marketing.

2. Construir una estructura central y vertebral que permita explicar el efecto de la transmisión de imagen de un evento deportivo hacia el patrocinador.

3. Conocer cómo determinados factores, tales como la frecuencia de exposición al anuncio, el recuerdo, la integración o las acciones responsables corporativas percibidas por el usuario son capaces de influir en tal proceso de transmisión de imagen del patrocinado al patrocinador.

4. Medir y contrastar cómo el nivel de implicación del consumidor influye en el proceso de transmisión de imagen, en base a resultados de estudios anteriores.

4.2.2. Objetivos secundarios

En relación a los objetivos secundarios de la presente tesis se enumeran los siguientes:

1. Comprender cómo la actitud formada hacia un determinado evento deportivo influye en la intención de asistencia al mismo, incorporando variables tales como la identificación con el deporte que se practica en el evento, la implicación con el evento y las acciones responsables corporativas que percibe el consumidor final.

2. Identificar cómo la calidad del entorno web del evento puede influir en la transmisión de imagen del evento, tratando de determinar si el diseño, la información y otras características de la página web pueden resultar una valiosa herramienta de promoción y venta.

3. Comparar dos modelos de transmisión de imagen presentados en dos años consecutivos en el mismo evento deportivo. Este novedoso planteamiento permitirá validar el modelo central de transmisión de imagen de forma longitudinal.

4.3. El modelo de transmisión de imagen

A continuación se presentan los dos modelos de transmisión de imagen del patrocinio que serán contrastados empíricamente. Junto con las variables especificadas en el capítulo anterior, se exponen las relaciones causales y el número de hipótesis para una mejor comprensión.

El primer modelo M2011 incluye variables relativas a la página web del evento junto con el recuerdo del patrocinador (Figura 4.1). El segundo modelo, M2012, incluye algunas variables no contenidas en el anterior, como son la congruencia, la frecuencia y la responsabilidad social corporativa (Figura 4.2).

Figura 4.1. Modelo 2011.

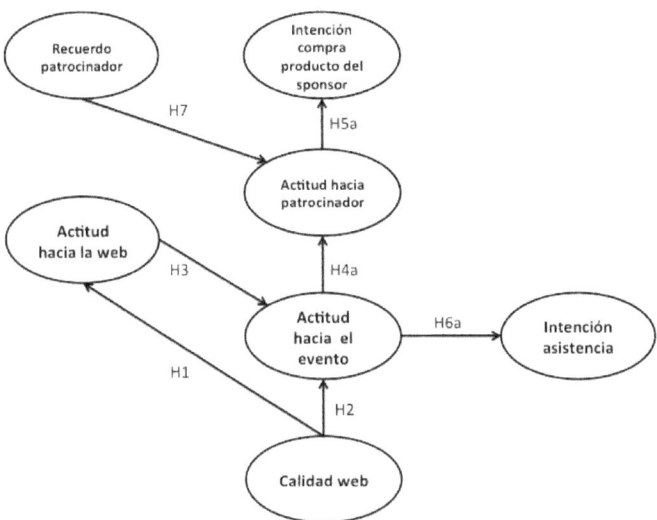

Fuente: Elaboración propia.

Figura 4.2. Modelo 2012.

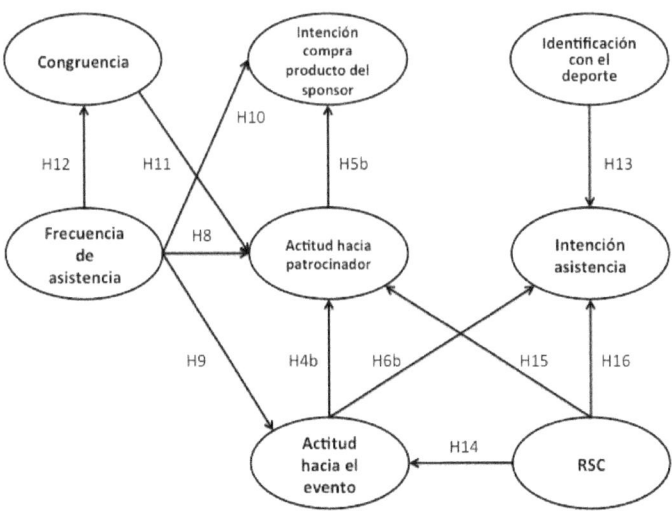

Fuente: Elaboración propia.

Se incluye en la siguiente tabla 4.1. la nomenclatura de las variables a utilizar.

Tabla 4.1. Nomenclatura de las variables incluidas en ambos modelos.

Variables en el modelo	Nomenclatura
Calidad web	CALWEB
Actitud hacia la web	ACTWEB
Actitud hacia el evento	ACTEVE
Actitud hacia el patrocinador	ACTPAT
Intención de compra	INTCOM
Intención de asistencia	INTASI
Frecuencia de asistencia	FREASI
Congruencia	CONGRU
Recuerdo del patrocinador	RECPAT
Identificación con el deporte	IDEDEP
Implicación con el evento	IMPEVE
RSC	RSC

Fuente: Elaboración propia.

4.3.1. Descripción del modelo

Se describen a continuación las relaciones causales de los dos modelos de transmisión de imagen del patrocinio presentados y sustentados teóricamente en los capítulos anteriores. El M2011 fue testado en el Valencia Open 500 de tenis en el año 2011 y el M2012 en idéntico torneo celebrado un año más tarde.

4.3.2. Relaciones causales afectadas por la teoría de la transmisión de imagen

Ambos modelos presentan un núcleo o cadena vertebral común, donde se incluye el proceso de transmisión de imagen que autores como Meenaghan (1983) o Gwinner (1997) han descrito y que se mide a través de la actitud hacia el patrocinador (Lardinoit y Quester, 2001) y la intención de compra de los productos del patrocinador (Ko et al., 2008) influenciados por la imagen del evento (ACTEVE -> ACTPAT -> INTCOM).

4.3.3. Relaciones causales afectadas por la web Valencia Open 500

Aunque ambos modelos pretenden medir y contrastar el proceso de transmisión de imagen desde el patrocinado al patrocinador, el M2011 incluye dos variables específicas para medir la actitud hacia el patrocinador, como la página web del evento, que influye en tal proceso de transmisión y, de forma indirecta, en la intención de asistencia al evento deportivo. Wolfinbarger y Gilly, (2003) y Yoo y

Donthu, (2001), previamente argumentaron que efectivamente la calidad del servicio web puede influir sobre las actitudes hacia el sitio web (CALWEB -> ACTWEB). A su vez, la actitud hacia la web influye en la actitud hacia el evento (ACTWEB -> ACTEVE), considerando además que en los eventos deportivos la página web es un instrumento básico e imprescindible de comunicación, como igualmente han sugerido en otros sectores además del deportivo Chen y Wells (1999), Wu (1999), Bruner y Kumar (2000), Luo (2002), McMillan, Hwang y Lee (2003), San José, Gutiérrez y Gutiérrez (2004), Ko et al. (2005), Farfaglia, Dekkers, Sundararajan, Peters, y Park (2006), Ahn (2010) y Suh y Pedersen (2010).

4.3.4. Relaciones causales afectadas por el recuerdo

En el M2011 también se incluye una variable específica que no se encuentra en el M2012, se trata del recuerdo que tienen los consumidores de los patrocinadores. Como ciertamente han sugerido otros autores (Javalgi, Traylor, Gross, y Lampman, 1994; Lardinoit y Quester, 2001; Pope y Voges, 1999; Ruth y Simonin, 2003; Speed y Thompson, 2000; Stipp y Schiavone, 1996) el grado de recuerdo del patrocinador influye sobre la actitud hacia el patrocinador (RECUER -> ACTPAT).

4.3.5. Relaciones causales afectadas por la congruencia y la frecuencia

Desde que Gwinner y Eaton (1999) comprobaron el papel moderador de la similitud funcional entre patrocinador y patrocinado, otros autores han examinado con acierto la influencia de la congruencia en la efectividad del patrocinio (Speed y Thompson, 2000; Tribou, 2011). Esta relación es incluida en el modelo a través del estudio de la influencia de la congruencia sobre la actitud hacia el patrocinador (CONGRU -> ACTPAT).

Según la teoría de la mera exposición enunciada por Zajonc y Hazel en 1982, la preferencia por una marca aumentará en la medida en que se repitan los estímulos (Tom et al., 2007), lo que en nuestro modelo refleja las hipótesis relativas a que la frecuencia de exposición o la frecuencia de asistencia al evento influyan sobre la actitud hacia el patrocinador (FREASI -> ACTPAT), y hacia el evento (FREASI ->ACTEVE). Así mismo, Sneath, Finney, y Close (2005) afirman que la frecuencia de interacción con las ofertas influye sobre la intención de compra, con lo que se establece la relación entre la frecuencia de asistencia y la intención de compra de productos del patrocinador (FREASI -> INTCOM). Por último, tal y como afirma Meenaghan (2001), la frecuencia de exposición influye en la percepción de congruencia o ajuste entre el patrocinador y patrocinado (FREASI -> CONGRU).

4.3.6. Relaciones causales afectadas por la intención de asistencia al evento

Como se ha discutido en el capítulo anterior, la identificación no solo se atribuye al equipo sino que otros autores han empleado la identificación con el deporte para predecir aspectos claves de la conducta del consumidor deportivo (Trail et al., 2003), con lo que en el modelo propuesto se presenta la relación que propone que la identificación con el deporte influye en la intención de asistencia (IDEDEP -> INTASI). Así mismo, se propone que la intención de asistencia se ve influida por las acciones socialmente responsables que son percibidas por el consumidor (RSC -> INTASI) y por la actitud hacia el evento (ACTEVE -> INTASI).

4.3.7. Relaciones causales afectas por las acciones socialmente responsables de la empresa

Son tres las relaciones que se ven afectadas por las acciones socialmente responsables percibidas por el consumidor y realizadas por parte de la empresa. Una de ellas (RSC -> INTASI) ya se ha descrito en el epígrafe anterior. Las dos restantes se basan en trabajos anteriores de Kim et al., 2010, Lacey et al., (2010) y Roy (2011): la acciones socialmente responsables percibidas por el consumidor influirán en la actitud hacia el patrocinador y hacia el evento (RSC -> ACTEVE y RSC -> ACTPAT).

4.4. Trabajo empírico

4.4.1. Propuesta de investigación

La investigación se inició en mayo de 2011 en Valencia, con la realización de una propuesta de colaboración realizada a la Organización del Valencia Open 500 de tenis, que proponía analizar la percepción de la página web del evento por parte de los consumidores, y su efecto sobre la intención de asistencia al evento.

Posteriormente, en mayo de 2012, se propone la realización de una segunda investigación en el contexto de nuevo del Valencia Open 500, con el principal objetivo para la organización de conocer cómo perciben sus usuarios las acciones de responsabilidad social corporativa que realizan. Ambas investigaciones son sufragadas por la entidad organizadora del evento.

4.4.2. El evento

El Valencia Open 500 es un torneo de tenis oficial, incluido en el calendario de la Asociación de Tenis Profesional (ATP), que tiene lugar anualmente en la ciudad de Valencia en la segunda mitad del mes de octubre. Desde el año 2008 el torneo ascendió de categoría de ATP International Series a una categoría superior, es decir, la ATP Open 500 (500 puntos ATP al ganador del torneo). Aunque se ha disputado en otros lugares anteriormente a 2002 (Marbella y Mallorca), la sede oficial está situada en la Ciudad de las Artes y las Ciencias de la ciudad de Valencia. Actualmente los mayores accionistas de la organización son los tenistas profesionales Juan Carlos Ferrero (actualmente retirado) y David Ferrer (actual número 5 de la clasificación mundial de jugadores individuales).

En la tabla 4.2 se pueden apreciar la características únicas del evento. Cabe resaltar que el público asistente al evento contaba con tres tipos de localidades; generales, infantiles y gold tickets (entradas Premium situadas en las primeras filas y con acceso al restaurante oficial del torneo) y que por otro lado, el Valencia Open 500 cuenta por tercer año consecutivo con una zona comercial y de ocio de acceso libre y gratuito (Funpark), por donde el año pasado se acercaron 190.000 visitantes.

Tabla 4.2. Características del evento Valencia Open 500.

Nombre	Valencia Open 500
Categoría	ATP 500
Lugar	Valencia, España
Tamaño del cuadro	S-32 D-16
Superficie	Asfalto
Premio en dinero	1.424.850 euros

Tabla 4.2. (Continuación)

Nombre	Valencia Open 500
Audiencia televisiva 2009	546 horas de difusión televisiva 56 millones de espectadores en todo el mundo
Audiencia televisiva 2010	890 horas de difusión televisiva 61 millones de espectadores en todo el mundo
Aforo	6.300 localidades
Compromiso mínimo de financiación	2.086.850 euros

Fuente: Fuente ATP (2012).

4.4.3. Captación de elementos muestrales

Para iniciar el proceso de recolección de datos se introdujo un banner en la página web http://www.valenciaopen500.com. Fue diseñado con los colores corporativos del evento deportivo por nuestro equipo de investigación. El banner se presenta en la figura 3.

Figura 4.3. Banner insertado.

Fuente: Elaboración propia.

En el banner se puede apreciar el logotipo del Valencia Open 500, así como los logotipos de las redes sociales Facebook y Twitter. El banner también consta de una parte inferior donde se puede leer "Contesta el siguiente cuestionario y gana sorprendentes regalos". Por último, el banner presenta en la parte superior derecha la palabra "Sorteo".

El banner se expuso en la parte superior derecha de la página web del evento y su posición exacta en la página web se muestra en la figura 4.4.

Figura 4.4. Localización del banner insertado.

Una vez que el individuo realizaba un clic en el banner, era redireccionado a una encuesta suministrada bajo la aplicación de código abierto Limesurvey. Dicha encuesta se encontraba alojada en los servidores de la Universidad de Granada. Una vez redireccionado al cuestionario, el sistema le mostraba al encuestado un mensaje de bienvenida, dicho texto se puede leer en las tablas 4.3 y 4.4 para la edición 2011 y 2012 respectivamente.

Tabla 4.3. Mensaje de bienvenida a la encuesta (edición 2011).

VALENCIA OPEN 500

El propósito de este estudio es comparar la eficacia de las actividades de patrocinio. Todas las respuestas son anónimas, y su información personal se mantendrá confidencial. La participación es voluntaria.

Gracias por participar en la investigación.

Tabla 4.4. Mensaje de bienvenida a la encuesta (edición 2012).

¡Gracias por llegar hasta aquí!

A lo largo de los próximos 6-8 minutos te propondremos algunas cuestiones sobre patrocinio, responsabilidad social y el Valencia Open 500. El objetivo es mejorar nuestros servicios para ti. Por favor, te rogamos que contestes a todas las preguntas con la máxima sinceridad posible. Todas las encuestas son anónimas, por lo que no te pediremos tus datos personales, exclusiva y opcionalmente el e-mail para ponernos en contacto contigo en caso de ser ganador. Solo al terminar por completo la encuesta entrarás en el sorteo de fantásticos premios exclusivos del Valencia Open500.

Muchas gracias

La organización puso a disposición de la investigación varios lotes de productos relacionados con el evento que a la finalización del periodo de respuesta fueron sorteados entre los participantes. Dicho lotes consistían en merchandising oficial y productos de los patrocinadores firmados por los jugadores del Valencia Open 500. En concreto, algunos de los premios sorteados fueron: cuatro packs del Open que incluyen un polo, un landyard, dos chapas y una bolsita oficial con varios productos; un polo autografiado por Juan Carlos Ferrer; un pack oficial Quebrantahuesos compuesto por un maillot, un bidón y una bolsa oficial.

El sorteo se realizó asignando el número de participación por orden de realización de la encuesta y generando un número aleatorio mediante una página web creada para tal fin.

4.4.4. La muestra

El universo para esta investigación comprende a todos los usuarios a nivel mundial que sean aficionados al deporte, con la única restricción de que no fueron incluidos menores de 14 años, debido a que se consideró que no eran autónomos para asistir a un evento deportivo de esta índole. Así pues, se consideró que tampoco eran autónomos para consumir el servicio web a través de la red.

En las siguientes dos tablas 4.5 y 4.6 se puede leer la ficha técnica para cada estudio en los años 2011 y 2012. En ambos estudios el ámbito geográfico es internacional, pues cualquier individuo puede tener acceso a través de Internet a la encuesta en línea, y también se considerada que cualquier individuo puede asistir al evento independientemente del lugar donde resida. También en ambos estudios la recolección de datos se realizó en octubre, coincidiendo con la celebración física del evento.

Tabla 4.5. Ficha técnica del estudio 2011.

Ficha técnica del estudio 2011	
Ámbito geográfico poblacional	Internacional, cualquier parte del mundo
Ámbito geográfico muestral	Internacional, cualquier parte del mundo
Universo	Aficionados al tenis mayores de 14 años
Encuestas iniciadas	443
Encuestas completadas	223
Procedimiento de muestreo	No probabilístico, por conveniencia
Error muestral	6,6%, nivel de confianza del 95%*
Varianza máxima admitida para las proporciones	p=q=0,5
Fecha de recolección de datos	29 de octubre al 09 de noviembre de 2011
Método de recogida de la información	Encuesta en línea auto administrada

*Asumiendo los supuestos del muestreo aleatorio simple (M.A.S.)

Tabla 4.6. Ficha técnica del estudio 2012.

Ficha técnica del estudio 2012	
Ámbito geográfico poblacional	Internacional, cualquier parte del mundo
Ámbito geográfico muestral	Internacional, cualquier parte del mundo
Universo	Aficionados al tenis mayores de 14 años
Encuestas iniciadas	301
Encuestas completadas	258
Procedimiento de muestreo	No probabilístico, por conveniencia
Error muestral	6,1%, nivel de confianza del 95%*
Varianza máxima admitida para las proporciones	p=q=0,5
Fecha de recolección de datos	18 al 31 octubre de 2012

Tabla 4.6. (Continuación)

Ficha técnica del estudio 2012	
Método de recogida de la información	Encuesta en línea auto administrada

*Asumiendo los supuestos del M.A.S.

La encuesta se habilitó hasta tres días antes de la celebración del evento y se deshabilitó hasta cuatro días posteriores. La celebración del evento transcurre de lunes a domingo, disputándose las finales oficiales el último domingo de la semana.

4.4.5. Cuestionario

4.4.6. El pretest

Consciente de la importancia de un adecuado instrumento para la recolección de datos, se realizaron dos pretest para cada edición del Valencia Open500. El primer pretest consistió en la realización del cuestionario a un grupo de 30 y 52 estudiantes de la universidad de Jaén para las dos ediciones de los años 2011 y 2012 respectivamente. El objetivo de estas pruebas era encontrar supuestos errores de redacción o de las preguntas, y comprobar que el cuestionario fuese claro y sencillo de comprender.

Posteriormente se realizó un seguimiento de las respuestas durante los primeros días en los que estaba abierto el periodo de respuesta. Dicho seguimiento consistió en la generación de tabulaciones marginales y cruzadas con el objetivo de realizar un control de las respuestas que se iban obteniendo para detectar valores absurdos, raros o extremos y en caso de detectar algún posible error, subsanarlo a tiempo.

4.4.7. Escalas incluidas en el cuestionario

A continuación, se muestran las escalas empleadas para la recolección de la información empleada en el cuestionario. Se han dividido para una mejor comprensión en escalas relativas al patrocinador, escalas relativas al evento, escalas relativas a la web, escalas relativas al deporte y escalas relativas a la intención. Posteriormente también se añade una tabla donde se describen las categorías referentes a las variables sociodemográficas.

Respecto a la métrica utilizada, en el trabajo de campo de 2011 se utilizó una métrica común de 1 a 7 en las escalas tipo Likert, mientras que en el año 2012 la métrica utilizada fue de 1 a 5. Este cambio de métrica se realizó con el fin de no acostumbrar al posible usuario al tipo de escala.

4.4.8. Escalas relativas al patrocinador

Entre las escalas relacionadas en esta sección se encuentran la actitud hacia el patrocinador, el recuerdo de la marca y la congruencia.

Actitud hacia el patrocinador

La escala empleada en ambas ediciones del Valencia Open500 ha sido traducida y adaptada de Dees et al. (2008), la cual previamente había sido adaptada de Quester y Thompson (2001), y usada en la investigación de Kutintara (2009). Se empleó una escala de 1 a 7 puntos para el M2011 y de 1 a 5 puntos para el M2012.

Tabla 4.7. Escala de actitud hacia el patrocinador.

Item	Tipo de escala	Fuente
En general los patrocinadores del Valencia Open 500 me gustan	Likert 7 puntos (M2011) 1= Total desacuerdo 7= Total acuerdo	Dees et al. (2008)
En general los patrocinadores del Valencia Open 500 son marcas de calidad	Likert 5 puntos (M2012) 1= Total desacuerdo,	
En general los patrocinadores del Valencia Open 500 son marcas prestigiosas	5= Total acuerdo	

Recuerdo de marca del patrocinador

Para el recuerdo de marca se habilitó en la encuesta una sección donde el individuo debía escribir el nombre de hasta ocho patrocinadores oficiales del Valencia Open500 de la edición en curso 2011 al igual que hizo Kutintara (2009) en su investigación acerca del evento ESPN Juegos de Invierno. Para ello el sujeto disponía de un tiempo limitado de 17segundos incrementándose gradualmente en 5 segundos más para cada respuesta. Con esta limitación temporal se pretendía que el individuo no pudiese salir de la página donde se mostraba la encuesta, y pudiera consultar/buscar los patrocinadores en Internet o en la página oficial del Valencia Open500.

Congruencia

La congruencia o ajuste entre el patrocinador y el patrocinado ha sido medido mediante la adaptación de dos escalas procedentes de Speed y Thompson (2000), y que posteriormente fueron utilizadas por Roy en el año 2011. Para evitar cualquier identificación con un determinado patrocinador específico, los ítems están redactados en referencia a los patrocinadores de forma genérica.

Tabla 4.8. Escala de congruencia.

Ítem	Tipo de escala	Fuente
La imagen del Valencia Open 500 es congruente con sus patrocinadores	Likert 5 puntos 1= Total desacuerdo	Roy (2011) Speed y Thompson
La imagen de los patrocinadores y del Valencia Open 500 es similar	5= Total acuerdo	(2000)
Los patrocinadores del Valencia Open 500 y el evento persiguen los mismos objetivos y clientes.		

4.4.9. Escalas relativas al evento

En la siguiente sección se relacionan las escalas que se han utilizado en la investigación para captar la información acerca de la actitud hacia el evento y la responsabilidad social corporativa.

Actitud hacia el evento

La escala para medir la actitud hacia el evento de los individuos ha sido adaptada de Speed y Thompson (2000) y empleada en ambas ediciones. Esta escala fue posteriormente utilizada por otros investigadores como por ejemplo Bal, Quester, y Plewa (2008), Martensen, Grønholdt, Bendtsen, y Jensen (2007) o Dhurup y Rabale (2012).

Tabla 4.9. Escala de actitud hacia el evento.

Ítem	Tipo de escala	Fuente
El Valencia Open 500 de tenis me gusta	Likert 7 puntos	Speed y Thompson
El Valencia Open 500 de tenis es entretenido	1= Total desacuerdo 7= Total acuerdo	(2000)
El Valencia Open 500 de tenis es divertido	Likert 5 puntos (M2012) 1= Total desacuerdo 5= Total acuerdo	

En la edición 2012, el número de ítems se redujo a dos en pos de minorar el tamaño del cuestionario, pero asumiendo la pérdida de información. El principal motivo para realizar tal acción se debe a la inclusión de otros ítems necesarios para satisfacer las necesidades de información de la organización del evento, con el consiguiente incremento en el tiempo de respuesta necesario.

Responsabilidad social corporativa

La siguiente escala del M2012 fue diseñada para medir la percepción que tiene el consumidor en referencia a las acciones socialmente responsables que realiza la organización del Valencia Open500. Para tal fin se han adaptado las escalas que han sido utilizadas en varios estudios.

En primer lugar, siguiendo a Lacey et al. (2010) se adaptó un ítem para medir la percepción que el consumidor tiene acerca del compromiso con la Comunidad Valenciana. El resto de la escala ha sido adaptado de Kim et al., (2010) y Mohr y Webb (2005).

Tabla 4.10. Escala de RSC.

Ítem	Tipo de escala	Fuente
El Valencia Open 500 está comprometido con la Comunidad Valenciana	Likert 5 puntos 1= Total desacuerdo	Kim et al. (2010) Lacey et al. (2010)
El Valencia Open 500 está comprometida con las causas sociales	5= Total acuerdo	Mohr y Webb (2005)
El Valencia Open 500 está comprometida con los más desfavorecidos		
El Valencia Open 500 realiza donaciones a los más desfavorecidos		
El Valencia Open 500 ayuda a los más necesitados		
El Valencia Open 500 apoya el deporte entre los discapacitados		

Implicación con el evento

La implicación ha sido entendida en la literatura científica con un distinto carácter según el autor. No obstante, tras una búsqueda especializada en marketing deportivo se optó por emplear y adaptar la escala de Ko et al. (2010) que está basada en la investigación de Laurent y Kapferer (1985) y que cuenta con tres ítems.

Tabla 4.11. Escala de implicación con el evento.

Ítem	Tipo de escala	Fuente
Disfruto con el torneo Valencia Open 500	Likert 5 puntos	Ko et al. (2010)
El Valencia Open 500 es importante para mi	1= Total desacuerdo	
Soy seguidor del evento Valencia Open 500	5= Total acuerdo	

4.4.10. Escalas relativas a la web

A continuación se muestran las escalas construidas para medir la calidad de la
página web del Valencia Open500 y la actitud del consumidor en línea hacia dicha
página web.

Calidad web

Aunque Carlson y O'Cass (2010) construyeron una escala para medir
específicamente la calidad de la página web en un entorno deportivo profesional, y
su posterior influencia en la actitud hacia el sitio en línea, se ha optado en esta
ocasión por usar la escala desarrollada por Suh y Pedersen (2010), basada en las
escalas previamente desarrolladas por Parasuraman, Zeithaml, y Malhotra (2005)
y Zeithaml, Parasuraman, y Malhotra (2002) de medición de la calidad de los
servicios electrónicos en línea. Adicionalmente, Suh y Pedersen (2010) utilizaron
un panel de expertos en el área de la gestión deportiva para depurarlo y mejorarlo,
consiguiendo finalmente aumentar la fiabilidad.

Tabla 4.12. Escala de calidad web.

Ítem	Tipo de escala	Fuente
La página web del ValenciaOpen500 es atractiva.	Likert 7 puntos	Suh y Pedersen (2010)
La web del ValenciaOpen500 es una fuente de información muy útil.	1= Total desacuerdo 7= Total acuerdo	
Me parece fácil de usar el sitio web		
Confío en el sitio web para mantener mi información segura		

Actitud hacia la web

La escala de la actitud hacia la web sí ha sido adaptada del estudio de Carlson y
O'Cass (2010). A su vez, Carlson y O´Cass adaptaron la escala de investigaciones
previas de Bruner y Kumar (2000) y Chen y Wells (1999).

Tabla 4.13. Escala de actitud hacia la web.

Ítem	Tipo de escala	Fuente
Este es un sitio web agradable	Likert 7 puntos	Carlson y O'Cass (2010)
Tengo una opinión favorable de la página web del ValenciaOpen500	1= Total desacuerdo 7= Total acuerdo	
Me gusta el sitio web del ValenciaOpen500		

4.4.12. Escalas relativas al deporte

En este apartado solo se incluye la escala de identificación con el deporte, que se muestra a continuación.

Identificación con el deporte

Para la construcción de esta escala se adaptaron los dos primeros ítem del trabajo de Roy (2011). Los dos ítem restantes proceden del trabajo de Robinson y Trail (2005) referidos específicamente a la disciplina del tenis.

Tabla 4.14. Escala de identificación con el deporte.

Ítem	Tipo de escala	Fuente
Me gusta el deporte	Likert 5 puntos	Roy (2011)
El deporte me ayuda a olvidarme de la rutina diaria	1= Total desacuerdo 5= Total acuerdo	Robinson y Trail (2005)
Estoy al día tanto como puedo de los resultados deportivos		
El tenis es mi deporte favorito		

4.4.13 Escalas relativas a la intención

Entre los aspectos relativos a la intención se han considerado tres escalas, la frecuencia de asistencia, la intención de asistencia al evento y la intención de compra de los productos del patrocinador.

Frecuencia de asistencia

Nicholls, Roslow, y Laskey (1994) usaron una escala para medir la efectividad de la promoción de la marca en un evento deportivo en relación al tiempo de exposición. Para ello preguntaron al individuo el número de veces que había asistido al evento en un total de cuatro categorías siendo la última de ellas cinco ó más veces. En la presente investigación se ha usado una escala con cinco categorías dada la antigüedad del torneo. Previamente se empleó un ítem indicando si anteriormente se había asistido alguna vez al evento, dicho ítem sirvió como filtro.

Tabla 4.15. Escala de frecuencia de asistencia.

Ítem	Tipo de escala	Fuente
¿Cuántas veces has asistido anteriormente al Valencia Open 500?	Ordinal: una, dos, tres, cuatro, cinco ó más	Nicholls et al. (1994)

Intención de asistencia al evento

La escala de intención de asistencia ha sido construida mediante una adaptación y traducción de Kim et al. (2010) quien a su vez adaptó los ítems de Fournier (1998), Garbarino y Johnson (1999), Johnson y Grayson (2005) y finalmente Lacey, Suh, y Morgan (2007). La tabla siguiente 4.16. muestra los ítems utilizados en ambas ediciones. Como anteriormente, la edición 2011 emplea una escala tipo Likert a siete puntos mientras que la edición 2012 a cinco puntos.

Tabla 4.16. Escala de la intención de asistencia al evento.

Ítem	Tipo de escala	Fuente
Tengo intención de asistir al evento Valencia Open 500 de tenis	Likert 7 puntos (M2011)	Kim et al. (2010)
Recomendaré a otros la asistencia al Valencia Open 500	1= Total desacuerdo 7= Total acuerdo	
Tengo intención de asistir todos los años que pueda al Valencia Open 500	Likert 5 puntos (M2012) 1= Total desacuerdo 5= Total acuerdo	

Intención de compra productos del patrocinador

La última escala del modelo fue adaptada de Smith, Graetz, y Westerbeek (2008) y empleada en ambas ediciones del evento. Los autores se basaron en los estudios previos de Speed y Thompson (2000), Richardson y O'Dwyer (2003), así como de Lee, Sandler y Shani (1997) y también de Daneshvary y Schwer (2000).

Por lo tanto, la escala para ambas ediciones cuenta con tres ítems en escalas tipos Likert de siete y cinco puntos respectivamente.

Tabla 4.17. Escala de intención de compra de productos del patrocinador.

Ítem	Tipo de escala	Fuente
Probaría un producto o servicio nuevo de un patrocinador si lo veo en el evento	Likert 7 puntos (M2011)	Smith et al. (2008)
Siempre voy a considerar la compra de los productos y servicios del patrocinador antes de considerar los productos y servicios de no patrocinadores	1= Total desacuerdo 7= Total acuerdo Likert 5 puntos (M2012)	
Mi actitud general hacia la compra de productos / servicios de las empresas que patrocinan este evento es positivo	1= Total desacuerdo 5= Total acuerdo	

4.4.14. Características sociodemográficas del consumidor

Para medir las características sociodemográficas del consumidor se solicitó información acerca de la edad, el estado civil, la educación y el sexo. Para la edad se establecieron siete categorías, para el estado civil cinco, al igual que para la educación.

Tabla 4.18. Escalas utilizadas para medir las características sociodemográficas.

Ítem	Categorías
Edad	14-17
	18-24
	25-34
	35-44
	44-54
	55-64
	65 ó más
Estado civil	Solter@
	Casad@
	Divorciad@
	Viud@
	En pareja
Educación	Sin estudios
	Estudios primarios
	Estudios secundarios
	Formación profesional
	Estudios superiores
Sexo	Hombre
	Mujer

4.6. La Investigación en línea

En este estudio se ha empleado un cuestionario en línea para la obtención de la información del comportamiento del consumidor. Esta técnica presenta sus ventajas y desventajas, tal y como se puede apreciar en la tabla 4.19. Cabe destacar entre las fortalezas la velocidad para la obtención de la información así como la salvedad de problemas de la distancia. Se toma como ejemplo el presente caso en el que un investigador puede dirigir la toma de información desde cientos de kilómetros a distancia. Otra de las ventajas asimiladas consiste en la economía del método, ya que además de ser más flexible, es más barato. No podemos obviar las debilidades que presenta este método entre las que destaca la posible falta de representatividad y la menor tasa de respuesta.

Tabla 4.19. Fortalezas y debilidades de la investigación en línea.

Fortalezas	Debilidades
Método más económico	Falta representatividad
Salva la distancia física	Posible confusión con correo basura
Utilización de material de apoyo	Problemas selección de la muestra
Velocidad	Método impersonal
Menor intrusión para el consumidor	Menor tasa de respuesta
Público ya segmentado	Mayor dificultad para los encuestados
Cuestionario más flexible	Problema de privacidad y seguridad
Mayor calidad de las respuestas	Influencia de la conexión a Internet
Mayor diversidad de preguntas	Problemas de carácter técnico
Control en el orden de respuesta	
Control tasa respuesta	
Fácil aplicación en estudios longitudinales	
Fácil tabulación de los datos	

Fuente: Gunter et al. (2002) y Vázquez, Rodríguez, y Alvarez (2008).

Gunter et al. (2002) opinan que la investigación en línea presenta ciertas peculiaridades con respecto a la recogida y obtención de la información fuera de línea. En primer lugar asumen diferencias en cuanto a la muestra, ya que no toda la población tiene acceso a Internet, y por lo tanto la encuesta en línea no podrá obtener una representación de la población en general. No obstante, los índices de penetración de Internet alcanzan en España al 70% para poblaciones de más de 10.000 habitantes para el caso de Internet en el hogar, y al 63% para el caso de los teléfonos inteligentes con capacidad para conectarse a Internet, según un informe de la CMT (2012).

En segundo lugar, los autores anteriormente citados destacan las diferencias en cuanto al diseño y la planificación de la investigación. Es cierto que las encuestas fuera de línea necesitan de un tratamiento posterior más elaborado y son fuente de errores no muestrales en mayor medida. Además, el diseño de la investigación incide directamente sobre el coste de la investigación, siendo más barata la investigación el línea, por la ausencia de personal de apoyo o personal de campo.

En tercer lugar, la tasa de respuesta es a menuda más baja (Cobanoglu, Warde, y Moreo, 2001; Dommeyer y Moriarty, 2000; Mackety, 2007).

Finalmente, cabe mencionar la calidad de las respuestas en comparación con los métodos tradicionales de recolección de información sobre el consumidor, donde algunos autores afirman que los cuestionarios distribuidos en la red pueden dar lugar a problemas en la calidad de las respuestas (Shermis y Lombard, 1999). Sin embargo, otros estudios más recientes no han encontrado diferencias significativas entre los diferentes métodos en línea y tradicionales (Chiao-Chen y Yang-Chieh, 2011; Deutskens et al., 2006).

4.7. Técnica de análisis utilizada. Mínimos Cuadrados Parciales (PLS)

El método de análisis elegido para esta investigación es el de mínimos cuadrados parciales (PLS). Se trata de un método de modelado de ecuaciones estructurales (SEM) con SmartPLS (Ringle, Wende, y Will, 2005). PLS tiene algunas ventajas sobre otras alternativas de análisis, particularmente en relación a los objetivos particulares de este estudio, la naturaleza de los datos utilizados para el estudio y el número de muestras usadas en la misma.

PLS es la opción sugerida para modelación de ecuaciones estructurales cuando el objetivo es predictivo (Chin, 1998a) o cuando hay poca teoría previa en la literatura existente (Hair, Ringle, y Sarstedt, 2011). PLS es esencialmente un análisis de regresión (Hair et al., 2011) apropiado cuando se examina una serie de construcciones y su relación con las variables dependientes y entre sí (Chin, 1998b). PLS tiene una naturaleza exploratoria y confirmatoria y se puede utilizar en lugar del análisis factorial tradicional para confirmar constructos (Chin, 1998).

Además, PLS es apropiado para esta investigación ya que puede manejar las constructos con solo unos pocos elementos indicadores, tan pocos como dos o incluso uno (Hair et al., 2011). También es menos restrictivo en los supuestos acerca de la distribución normal de los datos (Hair et al., 2011). Además, es más apropiado cuando hay pequeños tamaños muestrales, como en el caso de este estudio (Chin, 2010b). Basándose en estos criterios, PLS fue seleccionado como la elección más apropiada para el análisis.

4.7.1. PLS y los modelos de ecuaciones estructurales basados en la covarianza (CBSEM)

El modelado tradicional de ecuaciones estructurales (SEM), implementado por programas informáticos tales como LISREL o AMOS, se basa esencialmente en un análisis de la covarianza (Hair et al., 2011). Siguiendo a Chin (2010), "*el algoritmo CBSEM intenta proporcionar estimaciones para todos los caminos estructurales abiertos y las cargas de medición, tales que la suma de todas las vías que conectan cualquier resultado con dos elementos en una covarianza implícita es lo más parecido a los obtenidos a partir de los datos de la muestra*" (Chin, 2010b, p. 657). En cambio PLS como afirma Barclay et al. (1995) es: "*una combinación iterativa de análisis de componentes principales que vincula medidas con constructos, y de análisis de caminos que permite la construcción de un sistema de constructos. Las relaciones a hipótesis entre medidas (indicadores) y constructos, y entre constructos y otros constructos son guiadas por la teoría. La estimación de los parámetros que representan a las medidas y a las relaciones de caminos, son llevadas a cabo empleando técnicas de mínimos cuadrados ordinarios (OLS). PLS puede ser entendido con una sólida comprensión de análisis de componentes principales, análisis de caminos y regresión OLS*" (Barclay et al., 1995).

Sin embargo, CBSEM es principalmente de naturaleza confirmatoria y requiere ciertos supuestos, incluida la normalidad de los datos, el tamaño mínimo de la muestra en función del número de constructos y variables latentes y un modelo basado en la hipótesis de la teoría empírica existente (Hair et al., 2011).

PLS es un enfoque basado en componentes promulgado por Herman Wold (1980) como una alternativa a los modelos de ecuaciones estructurales basados en la covarianza (Vinzi, Trinchera, y Amato, 2010). A diferencia de los modelos basados en la covarianza, PLS es un enfoque causal que trata de maximizar la varianza explicada de los constructos latentes dependientes (Hair et al., 2011). Se considera una técnica "softmodeling", ya que ofrece una mayor flexibilidad en el manejo de los problemas que pueden surgir de los "duros" requisitos del CBSEM tradicional, como la normalidad de los datos, el tamaño de la muestra y los actuales modelos teóricos (Vinzi et al., 2011). PLS utiliza dos procedimientos que emplean la estimación de mínimos cuadrados para minimizar la varianza de todas las variables dependientes, teniendo en cuenta tanto las trayectorias internas entre los constructos latentes y las cargas exteriores de los indicadores (Fornell y Bookstein, 1982)

4.7.2. La bondad del ajuste

Mientras CBSEM es ampliamente utilizado y aceptado, gran parte de la validez de CBSEM se basa en la idea de la bondad del ajuste (GoF) del modelo (Chin, 2010b). La bondad del ajuste se define como la medida que demuestra la adecuación de un modelo especificado reproduciendo la matriz de covarianza entre las variables indicadoras (Hair et al, 2010, p. 614). Pero, como Chin (2011) señala, la bondad del ajuste no necesariamente significa la bondad del modelo. Hay otros factores que podrían indicar un mal ajuste en un modelo CBSEM aunque el GoF sea alto, como los coeficientes mínimos cuadrados y las cargas factoriales. Mientras que un alto GFI (Goodness of Fit Index, indicador de bondad de ajuste) indicaría un buen ajuste al modelo, el modelo en sí mismo puede ser débil (Chin, 2010b). El modelo utilizado en CBSEM se basa en la investigación empírica anterior, y el proceso es entonces analizar qué tan bien las construcciones se ajustan al modelo e hipótesis (Chin, 2010b). CBSEM asume la hipótesis de que el modelo es válido y trata de encontrar las estimaciones de los parámetros que mejor se ajustan (Chin, 2010b).

A diferencia de CBSEM, el algoritmo PLS es exploratorio y confirmatorio (Chin, 1998). PLS crea una vía para la construcción de las puntuaciones de la ponderación de las sumas de los elementos para la creación de los constructos latentes (el modelo exterior) y considera su impacto en las rutas entre los constructos latentes (el modelo interno). PLS es esencialmente un análisis de regresión múltiple que puede emplear múltiples variables independientes y dependientes (Hair et al., 2011). PLS calcula las cargas en las variables latentes exógenas sobre la base de su valor predictivo en los constructos endógenos, a diferencia de la varianza compartida entre los indicadores para una construcción particular (Hair et al., 2011).

4.7.3. La normalidad de los datos

CBSEM utiliza una función de probabilidad máxima para minimizar la diferencia entre la covarianza de la muestra y los predichos por el modelo de (Fornell, Lorange, y Roos, 1990). Para que esta función trabaje correctamente es de suponer que las variables observadas (variables indicadoras) siguen una distribución normal. Dado que el algoritmo PLS minimiza la varianza en lugar de tratar de explicar la covarianza, los datos no tienen por qué seguir una distribución normal (Chin, 1995). En base a este atributo, y los datos utilizados en este estudio, PLS se considera la elección más apropiada para este análisis.

4.7.4. Complejidad del modelo y tamaño de la muestra

Debido a la naturaleza del algoritmo de CBSEM, puede encontrarse dificultades para usar CBSEM cuando se trabaja con modelos con un gran número de ítems y variables latentes (Chin, 2010b). Además, CBSEM es restrictivo en el número mínimo de muestras necesarias para que el algoritmo resulte ser fiable (Hair et al., 2011).

El algoritmo PLS, basado en la varianza, puede manejar modelos mucho más complejos (Chin, 2010b). Además, PLS es capaz de trabajar eficazmente con un número menor de muestras (Hair et al., 2011). Chin (2010b) recomienda tamaños muestrales por lo menos diez veces el número máximo de rutas estructurales dirigidas a cualquier latente en particular del modelo. La muestra mínima necesaria para la realización del análisis coincide con la regresión múltiple más compleja incluida en el modelo (Barclay et al., 1995).

4.7.5. Estimación de los parámetros

Una de las ventajas del algoritmo PLS es que puede ser utilizado en un sentido exploratorio para determinar la conveniencia de un bloque de indicadores para una construcción particular y en un sentido predictivo para explorar las posibles relaciones entre los constructos (Chin, 2010b). El análisis factorial generalmente se considera un primer paso apropiado para reducir el número de variables y determinar su relación entre sí a efectos de desarrollo de los constructos latentes (Hair et al., 2010). El algoritmo PLS ofrece una alternativa válida para el análisis factorial y proporciona una medición precisa de parámetros para la presentación de informes (Chin, 2010b).

4.7.6. Variables formativas y reflexivas

Una de las ventajas de PLS es su capacidad para trabajar, ya sea con variables reflexivas, o formativa (Chin, 2010b;. Hair et al, 2011). Los constructos reflexivos se basan en la idea de que los constructos latentes dan lugar a los indicadores (Hair et al, 2010). En las constructos formativos los indicadores dan lugar a la variable, es decir, los indicadores formativos describen y definen el constructo (Hair et al, 2010).

4.7.7. Relevancia predictiva

CBSEM analiza el ajuste de un modelo teórico que a veces puede conducir a modelos buenos con poca capacidad predictiva (Chin, 2010b). El algoritmo PLS, con su enfoque en la varianza explicada, considera los indicadores en una construcción matemática lineal junto con otros constructos destinados al análisis causal predictivo en situaciones donde hay poca teoría existente (Castro, Carrión, y Salgueiro, 2007). Debido a estos atributos, PLS se considera el método preferido cuando los modelos predictivos son objetivos de la investigación (Hair et al 2011;. Chin, 2011b).

4.7.8. Especificación del modelo

Otra ventaja adicional de PLS sobre CBSEM es la flexibilidad y la facilidad de especificación del modelo (Chin, 2010b). CBSEM requiere una base teórica existente para un modelo para luego determinar en el análisis la bondad del ajuste de los datos al modelo. PLS, como un algoritmo basado en componentes, calcula las rutas basadas en los pesos del indicador, y posteriormente el investigador puede especificar los constructos y las rutas entre todas las variables latentes (Chin, 2010b). Chin (2011) argumenta que la resolución PLS es también más fácil de entender y de interpretar ya que está estrechamente relacionada con el análisis de regresión múltiple. La ventaja de PLS, especialmente en la conceptualización de un modelo, es que las rutas pueden ser trazadas basándose en la teoría y luego revisadas basándose en los resultados (Hair et al., 2011). Además, las variables mediadoras pueden ser determinadas y analizados más fácilmente.

La presente investigación, en resumen, emplea PLS para el análisis de los datos por las distintas características de los datos muestrales y su distribución. Las características básicas de ambos modelos se encuentran resumidas en la tabla 4.20 que se presenta a continuación. En ella se muestran también las características básicas de los modelos CBSEM.

Tabla 4.20. Características básicas de los modelos PLS y CBSEM.

Criterio	PLS	CBSEM
Objetivo	Orientado a la predicción	Orientado a la estimación de parámetros
Enfoque	Basado en la varianza	Basado en covarianzas
Suposiciones	Especificación del predictor (no paramétrica)	Habitualmente distribución normal multivariada y observaciones independientes (paramétrica)
Estimación de parámetros	Consistente a medida que se incrementa el número de indicadores y aumenta la muestra (*consistency at large*)	Consistente
Puntuación de las variables latentes	Estimadas explícitamente	Indeterminada
Relaciones epistémicas entre las variables latentes y sus medidas	Pueden ser modeladas tanto en forma reflectiva como formativa	Habitualmente sólo con indicadores reflectivos
Implicaciones	Óptimo para precisión de predicción	Óptimo para precisión de parámetros
Complejidad de modelos	Gran complejidad. P.ej. 100 constructos y 1.000 indicadores.	Complejidad pequeña a moderada. P.ej. menos de 100 indicadores.
Tamaño de la muestra	Análisis de poder basado en la porción del modelo con el número mayor de predictores. Las recomendaciones mínimas están entre 30 y 100 casos.	Basada idealmente en el poder de análisis de un modelo específico. Recomendaciones mínimas entre 200 y 800 casos

Fuente: Castro et al. (2007).

En el capítulo siguiente se analiza la estructura de los datos y su no normalidad. Como se ha expuesto, PLS es la técnica apropiada para el análisis debido no solo a la distribución de los datos y el tamaño muestral, también el tipo de investigación, orientado a desarrollar la teoría y predecir las variables o constructos desarrollados teóricamente.

Capítulo 5. Resultados

5.1. Introducción

Hasta ahora se ha repasado la literatura sobre marketing deportivo y patrocinio más relevante, se han establecido los métodos de obtención y tratamiento de la información para a continuación procesar la información y obtener los resultados. En este capítulo se procede a realizar los análisis que permitan dar respuesta a los objetivos planteados. En primer lugar, se procede a comprobar la idoneidad de las escalas para medir lo que se pretende medir, y su fiabilidad para hacerlo correctamente. En segundo lugar, se procede a evaluar el modelo en su conjunto en términos de predicción de las variables dependientes, con el objetivo de testar las diferentes hipótesis presentadas en capítulos anteriores. Finalmente, y en pos de contrastar todas las hipótesis, se mediará el modelo según la implicación hacia el evento, dividiendo la muestra en diferentes segmentos en función de su implicación con el evento.

5.2. Tratamiento de valores perdidos y datos atípicos

Existen un variado elenco de métodos para el tratamiento de los valores perdidos. De forma general, tal y como afirma Sande (1982) se pueden enumerar los siguientes:

- Prescindir de todos aquellos casos en los que haya al menos un caso ausente.

- Introducir una nueva categoría denominada "no respuesta" en las variables y casos con falta de información.

- Ponderar la variable ignorando los datos faltantes.

- Imputar los datos ausentes.

Los métodos de imputación asignan un valor válido a un dato perdido según un procedimiento específico. En la tabla 5.1 se comentan cuatro métodos de imputación comunes, sus características y recomendaciones.

Tabla 5.1. Métodos de imputación de datos.

Tradicionales	Consiste en...	Hipótesis básica	Inconvenientes	Recomendaciones
Eliminación completa del caso (listwise)	Eliminar los individuos que no respondieron alguna de las preguntas	MCAR*	Puede reducirse mucho el tamaño de la muestra (contrastes poco potentes y errores estándar elevado)	No utilizar, salvo que se asegure MCAR y no se eliminen muchos casos
Eliminación por parejas (pairwise)	Usar individuos que sí respondieron a las dos variables en cuestión	MCAR	No existe un tamaño de muestra único (los errores estándar no serán adecuados. Es frecuente que las matrices no sean definidas positivas)	No utilizar, salvo que se asegure MCAR y no se eliminen muchos casos
Sustitución por la media	Reemplazar datos ausentes por la media de los individuos que si contestaron	MCAR	Se sesgan las varianzas y covarianzas	No utilizar
Métodos de imputación				
Regresión lineal	Para cada dato ausente se ajusta un modelo de regresión con las restantes variables como predictoras		Es un método no demasiado eficiente, pudiendo complicarse con patrones arbitrarios de valores perdidos	No utilizar
Donación (hot deck)	El valor ausente se sustituye por el de otro individuo que muestre valores muy similares en las variables en las que se dispone información		Varios estudios demuestran que este tipo de imputación en el contexto SEM puede implicar estimaciones sesgadas incluso bajo la hipótesis MCAR	PRELIS implementa un método mejorado (similar response pattern imputation-SRPI) que funciona correctamente bajo MCAR, pero no suponiendo MAR**
Método de esperanza-maximización (imputación múltiple)	Calcular la matriz de varianzas-covarianzas por máxima verosimilitud en dos etapas	MAR; Normalidad de las variables	Los errores estándar son desconocidos. No es fácil determinar cuál es el tamaño muestral correcto	Comprobar que se cumplen hipótesis de partida (normalidad)
Método de máxima verosimilitud directa	Calcular la matriz de varianzas-covarianzas por máxima verosimilitud en una etapa	MAR; Normalidad de las variables	Consistente, eficiente y conduce a inferencias correctas sólo si se cumplen las dos hipótesis básicas	Comprobar que se cumplen hipótesis de partida (normalidad)

* MCAR (Missing Completely at Random), completamente al azar
** MAR (Missing at Random), al azar

Fuente: Adaptado de Cordón (2011)

Para la presente investigación se ha decidido emplear el método de análisis de casos completos o "listwise" por los motivos que se exponen a continuación. En primer lugar, por las características de la muestra. En el estudio del año 2011, aunque hubo un total de 442 personas que comenzaron el cuestionario, tan solo 251 contestaron a las dos primeras preguntas, es decir, 191 individuos accedieron al cuestionario pero no sobrepasaron el seis por ciento del cuestionario. Se debe añadir que 155 individuos ni tan siquiera sobrepasaron la primera pregunta. Para la investigación realizada durante la edición 2012, hubo un total de 301 personas que comenzaron el cuestionario, pero de ellas 35 no sobrepasaron la pregunta número 15 situada en la segunda página.

En segundo lugar, estos datos denotan que de elegir un método de imputación se deberían suplir más de un 80%, incluso en algunos casos un 94% de los ítems de un solo individuo, lo que podría conllevar a aumentar el sesgo, subestimar o sobrestimar la varianza, imputar datos inconsistentes y no confiables que en definitiva podrían conducir a una interpretación errónea de los resultados (Useche y Mesa, 2006). Además, como se demuestra más adelante, no se puede asumir la normalidad ni la normalidad multivariante de los datos.

El método listwise es la opción por defecto que incluyen los paquetes estadísticos y consiste en eliminar los casos que contengan un valor perdido en alguna de las variables seleccionadas (Little y Rubin, 1987). Algunas de las ventajas de este método son su fácil implementación y la confección de estimadores válidos, siempre y cuando la presencia o ausencia de valores en una variable X sea independiente, tanto de los valores de otras variables como de sus propios valores (véase tabla 5.2). En caso contrario, el tamaño del sesgo dependería del grado de asociación entre la variable ausente y el resto de variables de la investigación, de la cantidad de datos perdidos y de las características intrínsecas del análisis que en ese momento se esté realizando (Cabrera, Santana, y Costas, 1997). La desventaja del método suele achacarse a la cantidad de información perdida. Los citados autores recomiendan solucionar la perdida de información eliminando solo aquellas variables con mayor porcentaje de valores ausentes.

Tabla 5.2. Mecanismos que explican la existencia de datos ausentes.

Mecanismo de ausencia	Definición
Completamente al azar (MCAR-missing completely at random):	Cuando la presencia o ausencia de valores en una variable X es independiente tanto de los valores de otras variables como de sus propios valores
Al azar (MAR –missing at random)	Si la presencia o ausencia de valores en X está relacionada con otra u otras variables del modelo, pero es independiente de los propios valores de X
No al azar (MNAR-missing not at random)	Si la presencia o ausencia de valores de la variable X depende de los propios valores de X

Fuente: Cordón (2011).

Los valores atípicos, o en terminología anglosajona "outliers" son observaciones anómalas peculiares con una combinación de características muy diferenciada de las restantes observaciones. Han sido definidos como una observación (o subconjunto de observaciones) que parece ser incompatible con el resto del conjunto de datos (Barnett y Lewis, 1994). Los valores atípicos pueden influir en el análisis de datos, por ello es importante asegurarse que las conclusiones no se basan en una o más observaciones extremas. La existencia y la inclusión de uno o más valores atípicos pueden poner en peligro los resultados y conclusiones de un análisis (Wefald, Katz, Downey, y Rust, 2010). Los efectos adversos de los valores atípicos, por lo general, sirven para aumentar la varianza de error y reducir la potencia de las pruebas estadísticas (Zimmerman, 1994). Si no son distribuidos al azar pueden disminuir la normalidad, y en los análisis multivariados, violan los supuestos de normalidad multivariada y de esfericidad (Simar, 2003). Pueden alterar las probabilidades de cometer los errores tipo I y tipo II (Baker y Jackson, 2008) y pueden sesgar las estimaciones (Zimmerman, 1994).

Los valores atípicos suelen provenir de dos fuentes: (a) errores en los datos, y (b) debido a la variabilidad inherente en los datos (Wefald et al., 2010). Sin embargo, no todos los valores atípicos son adversos y, a veces, los valores extremos no son valores atípicos. Los valores extremos pueden conducir a tasas de error alteradas y distorsiones de las estimaciones paramétricas o estadística para pruebas paramétricas y no paramétricas (Osborne y Overbay, 2004).

Para detectarlos y analizarlos se han seguido procedimientos univariantes y multivariantes. En primer lugar, se utilizó el programa SPSS (SPSS Inc, 2011) para realizar un exploración inicial por medio de diagramas de cajas y bigotes (box-plot). Posteriormente, se realizó una regresión lineal con el objetivo de efectuar un análisis de valores atípicos de Mahalanobis (1936), consiste en calcular la distancia de Mahalanobis (DM), a partir de la varianza de cada punto. La distancia de Mahalanobis es cero cuando un punto se encuentra en el centro de masa con respecto a cada punto y mayor a cero cuando se encuentra distante del mismo.

En consecuencia, lejos del centro de masa se localizan los valores considerados atípicos. Esta técnica sigue, al contrario que el análisis gráfico de caja y bigotes, un enfoque multivariante y una distribución chi-cuadrado con grados de libertad igual al número de variables incluidas en el cálculo.

Como consecuencia, se identificaron los casos donde las repuestas habían sido todas marcadas como 7 (totalmente de acuerdo) o 1 (totalmente en desacuerdo). Estos casos se eliminaron, con lo que finalmente las muestras resultantes alcanzaron un total de 213 casos válidos para la edición 2011. Para la edición 2012, finalmente hubo 259 casos que se consideraron válidos.

El tamaño muestral ciertamente influye en la robustez de los test estadísticos (Cohen, 1988) y de ahí su importancia. Como se apuntaba en Capítulo 4, el método utilizado para el análisis en la presente investigación está basado en mínimos cuadrado parciales (en adelante PLS). Para que la muestra sea adecuada, ésta debería ser un múltiplo grande del número de constructos del modelo, al estar basada en la regresión lineal (Gefen, Straub, y Boudreau, 2000). Algunos autores recomiendan que cuando se utilice PLS el tamaño muestral debería ser como mínimo diez veces más grande en términos de número de casos que el número de ítems que miden el constructo más complejo del modelo (Barclay, Higgins, y Thompson, 1995). En ambas muestran se cumplen los requisitos mínimos establecidos.

5.3. Características de la muestra de la edición 2011

En las siguientes secciones se procede a examinar los datos demográficos de la muestra exponiendo las frecuencias de la edad, el sexo, el lugar de residencia y el caso especial del recuerdo del patrocinador

5.3.1. Edad

La mayoría de la población muestral de la edición 2011 presenta una edad comprendida entre 18 y 54 años, siendo la franja de edad 18 a 24 años la que presenta un mayor número de repeticiones. Concretamente la franja de edad entre 18 y 24 contiene 53 individuos, la franja de 25 a 34, 48 individuos y la franja entre 35 y 44 contiene 52 individuos.

Tabla 5.3. Distribución de frecuencias de la edad (edición 2011).

Estadístico	Valor	Porcentaje
14-17	12	5,6
18-24	53	24,9
25-34	48	22,5
35-44	52	24,4
44-54	39	18,3
55-64	9	4,2
65 ó más	0	0
N	213	100

5.3.2. Sexo

En referencia al sexo de la muestra, los valores denotan una mayor presencia de hombres (59,2%), si bien el número de mujeres que finalmente participaron en el estudio no es desdeñable (40,8%), y ello pese a que tradicionalmente las mujeres han tenido una menor predisposición al consumo de eventos deportivos.

Tabla 5.4. Distribución de frecuencias del sexo (edición 2011).

Sexo	Frecuencia	Porcentaje
Hombre	126	59,2
Mujer	87	40,8
Total	213	100

5.3.3. Recuerdo

La variable recuerdo pretende medir el recuerdo no sugerido del patrocinador del evento Valencia Open 500 en la edición 2011. Para ello se instó al individuo a escribir los nombres de los patrocinadores que pudiesen recordar en ocho casillas habilitadas para tal efecto, haciendo notar en este punto que en total más de 32 empresas privadas y fundaciones actuaron como patrocinadores del evento.

En la figura 5.1 se muestran de uno a ocho el número total de aciertos de lo individuos de la muestra. Solamente hubo 11 personas que lograron recordar a uno de los patrocinadores. Dos aciertos tuvieron 14 personas mientras que tres aciertos para 30 personas. El resto de respuestas desde tres hasta siete aciertos tuvieron una frecuencia de entre 25 y 21 individuos.

Con un acierto del total de ocho respuestas correctas hubo 21 individuos, es decir, un total del 9% de la muestra recordaron con acierto ocho de los más de 30 patrocinadores. Finalmente, 44 personas no recordaron ninguno de los patrocinadores el evento.

Figura 5.1. Recuento del recuerdo.

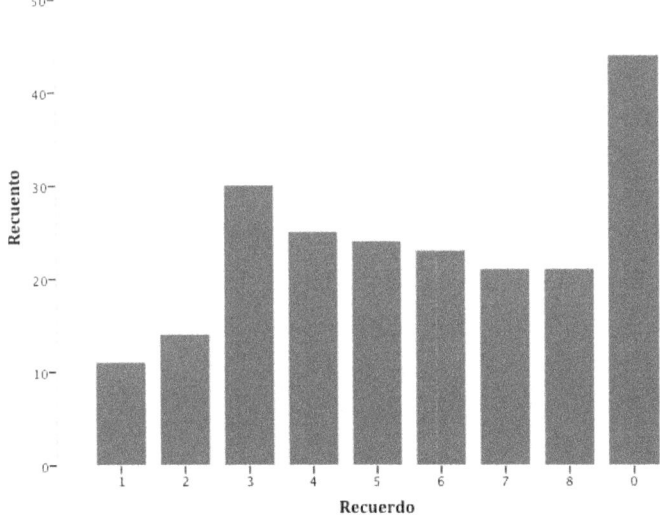

5.3.4. Lugar de residencia

La distribución del lugar de residencia de la muestra está divida en dos grandes grupos: Los residentes en la Comunidad Valenciana (75%) y los residentes en el resto de España (23%). El número de residentes en el extranjero es marginal (2%).

Figura 5.2. Distribución de frecuencias del lugar de residencia (edición 2011).

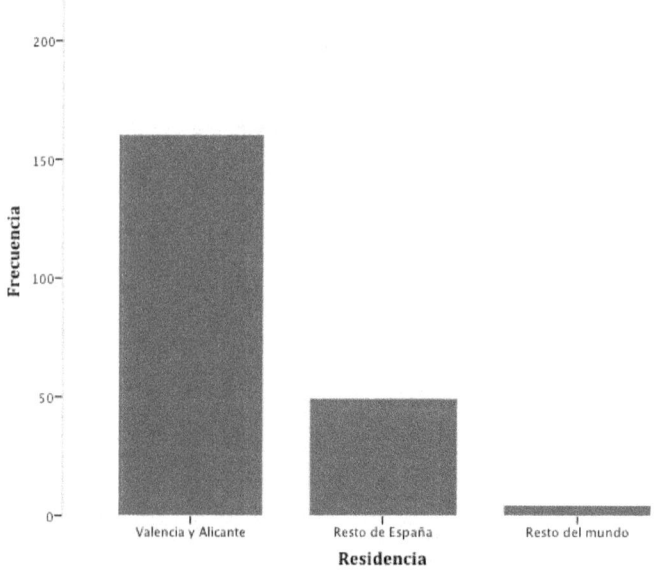

5.4. Análisis descriptivos de los constructos de la muestra de la edición 2011

En esta sección se procede a examinar las escalas de medida relativas a los constructos incluidos en el modelo y en concreto se relacionan las pruebas de normalidad, la media y la desviación típica tanto del constructo como de los ítems.

5.4.1. Normalidad

Todos los test para todos los ítems son significativos por lo que se puede asumir la no normalidad de los ítems que componen la escala (tabla 5.5). Por lo tanto, no es necesario contrastar la normalidad multivariante de la variables en consideración.

Tabla 5.5. Normalidad de los ítems edición 2011.

Ítem	Asimetría	Curtosis	Asimetría y curtosis	Prueba de Kolmogorov-Smirnov
ACTPAT1	-0,820	0,086	p-valor = 0,000	p-valor = 0,000
ACTPAT2	-0,729	0,106	p-valor = 0,000	p-valor = 0,000
ACTPAT3	-0,990	0,583	p-valor = 0,000	p-valor = 0,000
INTCOM1	-0,735	-0,108	p-valor = 0,000	p-valor = 0,000
INTCOM2	-0,439	-0,371	p-valor = 0,000	p-valor = 0,000
INTCOM3	-0,793	0,365	p-valor = 0,000	p-valor = 0,000
ACTWEB1	-0,941	0,145	p-valor = 0,000	p-valor = 0,000
ACTWEB2	-1,000	0,431	p-valor = 0,000	p-valor = 0,000
ACTWEB3	-0,916	0,104	p-valor = 0,000	p-valor = 0,000
ACTEVE1	-1,199	0,800	p-valor = 0,000	p-valor = 0,000
ACTEVE2	-1,490	1,575	p-valor = 0,000	p-valor = 0,000
ACTEVE3	-1,251	1,046	p-valor = 0,000	p-valor = 0,000
INTASI1	-1,430	1,169	p-valor = 0,000	p-valor = 0,000
INTASI2	-1,795	2,620	p-valor = 0,000	p-valor = 0,000
INTASI3	-1,672	2,080	p-valor = 0,000	p-valor = 0,000
CALWEB1	-0,903	0,002	p-valor = 0,000	p-valor = 0,000
CALWEB2	-1,103	0,649	p-valor = 0,000	p-valor = 0,000
CALWEB3	-0,931	0,501	p-valor = 0,000	p-valor = 0,000
CALWEB4	-1,186	0,899	p-valor = 0,000	p-valor = 0,000
INTCOM1	-0,735	-0,108	p-valor = 0,000	p-valor = 0,000
INTCOM2	-0,439	-0,371	p-valor = 0,000	p-valor = 0,000
INTCOM3	-0,793	0,365	p-valor = 0,000	p-valor = 0,000

5.4.2. Descriptivos de ítems y constructos incluidos en el estudio

La tabla que a continuación se muestra (tabla 5.6) examina la media y la desviación típica tanto de los ítems como de los constructos.

Para el cálculo del constructo se realizó una media ponderada de los ítems de cada uno de los constructos.

Tabla 5.6. Análisis descriptivo de los ítems y constructos (edición 2011).

Constructo	Media	Desviación estándar	Media del constructo	Desviación est. del constructo
Actitud hacia el patrocinador			5,675	1,314
ACTPAT1	5,72	1,355		
ACTPAT2	5,54	1,308		
ACTPAT3	5,77	1,282		

Tabla 5.6. (Continuación)

Constructo	Media	Desviación estándar	Media del constructo	Desviación est. del constructo
Intención de compra			4,986	1,514
INTCOM1	5,28	1,477		
INTCOM2	4,5	1,667		
INTCOM3	5,26	1,42		
Actitud hacia la web			5,729	1,291
ACTWEB1	5,75	1,285		
ACTWEB2	5,73	1,289		
ACTWEB3	5,71	1,299		
Actitud hacia el evento			5,975	1,306
ACTEVE1	5,9	1,354		
ACTEVE2	6,12	1,245		
ACTEVE3	5,91	1,325		
Intención de asistencia			5,905	1,619
INTASI1	5,79	1,684		
INTASI2	5,98	1,579		
INTASI3	5,95	1,598		
Calidad web			5,649	1,332
CALWEB1	5,44	1,441		
CALWEB2	5,77	1,307		
CALWEB3	5,77	1,316		
CALWEB4	5,63	1,277		

5.5. Características de la muestra de la edición 2012

A continuación se examinan los datos demográficos de la muestra concerniente a la edición 2012 del Open Valencia, en cuanto a la edad, el sexo, el lugar de residencia, y en este caso de añade un análisis de frecuencias de la asistencia al evento.

5.5.1. Edad

El intervalo de edad que presenta una mayor frecuencia es el comprendido entre 35 y 44 años, a diferencia de la muestra de la edición 2011, cuando el intervalo con más repetición era el comprendido entre 18 y 24 años.

En la tabla 5.7 se muestran los valores relativos a la edad para la edición 2012. Se observa que en este caso, el segundo bloque de intervalo más grande es el que comprende la edad de 25 a 34 seguido por igual de los bloques de 18 a 24 y de 44 a 54, el cual, en el caso de este último, en la edición anterior constituía un porcentaje de 18,3.

Tabla 5.7. Distribución de frecuencias de la edad (edición 2012).

Edad	N	Porcentaje
14-17	10	3,9
18-24	42	16,2
25-34	72	27,8
35-44	75	29
44-54	42	16,2
55-64	10	3,9
65 ó más	5	1,9
N	259	100

5.5.2. Sexo

En relación al sexo, se observa que continúa la disparidad entre hombres y mujeres, no obstante y en relación con la muestra obtenida en la edición 2011, se observa como la diferencia se ha reducido, representando en 2012 las mujeres un porcentaje del 43,2% de la muestra (40,8% en la muestra de 2011)

Tabla 5.8. Distribución de frecuencias del sexo (edición 2012).

Sexo	Frecuencia	Porcentaje
Hombre	144	55,6
Mujer	112	43,2
Total	259	100

5.5.3. Lugar de residencia

Las frecuencias del lugar de residencia de los elementos muestrales se encuentran recogidos en la figura 5.3. Como puede observarse, y como también sucedía en la edición 2011, la mayor parte de la muestra, concretamente el 79% en 2012, procede de la Comunidad Valenciana. El porcentaje de residentes españoles asciende al 17%, es decir, 44 individuos. Por último, un 2,3% de la muestra procede de fuera de España.

Figura 5.3. Distribución de frecuencias del lugar de residencia (edición 2012).

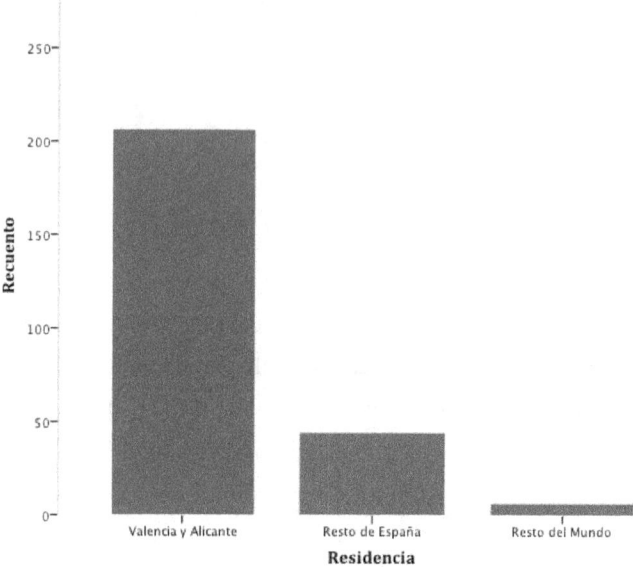

5.5.4. Asistencia al evento

En esta edición se incorporó un ítem para obtener información sobre la asistencia a ediciones pasadas del evento Valencia Open 500. A todos aquellos individuos que en la pregunta filtro precedente contestaron que sí habían asistido alguna vez al evento, se les propuso que indicaran el número de veces que anteriormente habían asistido al evento. La figura 5.4 muestra el total de consumidores que nunca o alguna vez habían asistido al evento y cuantas veces. Un total del 11% de los individuos habían asistido en cinco ocasiones o más. Lo que puede considerarse como consumidores habituales en un evento anual. Un total del 20,4% de la muestra no habían asistido nunca a dicho evento mientras que el 52% de la muestra había asistido una o dos veces en total.

Figura 5.4. Distribución de frecuencias del número de asistencias al evento

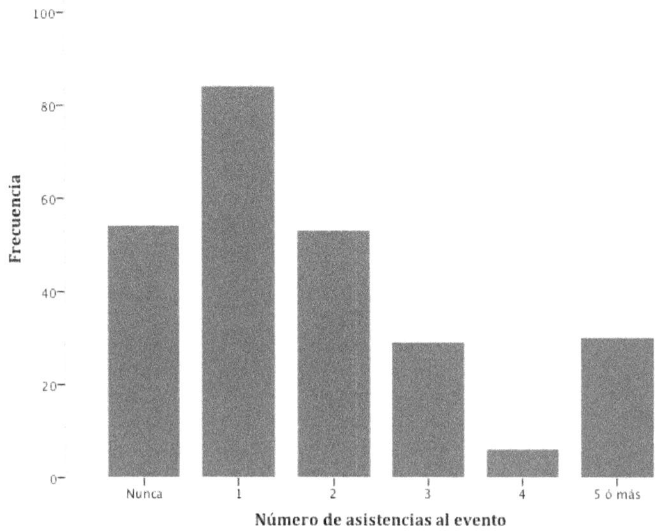

5.6. Análisis descriptivos de los constructos de la muestra de la edición 2012

A continuación se muestran los datos descriptivos de la muestra para la edición 2012

5.6.1. Normalidad

La tabla 5.9. muestra la asimetría, la curtosis y el contraste que proporciona una evaluación de la asimetría y curtosis de las variables consideradas. Se añade igualmente la prueba de Kolmogorov-Smirnov.

Así, se muestra que los ítems no siguen una distribución normal.

Tabla 5.9. Normalidad de los ítems edición 2012.

Ítem	Asimetría	Curtosis	Asimetría y curtosis	Prueba de Kolmogorov-Smirnov
ACTEVE1	-1,191	1,371	p-valor = 0,000	p-valor = 0,000
ACTEVE2	-1,486	2,799	p-valor = 0,000	p-valor = 0,000
ACTPAT1	-0,376	-,470	p-valor = 0,000	p-valor = 0,000

Tabla 5.9. (Continuación)

Ítem	Asimetría	Curtosis	Asimetría y curtosis	Prueba de Kolmogorov-Smirnov
ACTPAT2	-0,952	1,180	p-valor = 0,000	p-valor = 0,000
ACTPAT3	-0,674	,046	p-valor = 0,000	p-valor = 0,000
CONGRU1	-0,764	0,749	p-valor = 0,000	p-valor = 0,000
CONGRU2	-0,576	0,449	p-valor = 0,000	p-valor = 0,000
CONGRU3	-0,390	-0,082	p-valor = 0,000	p-valor = 0,000
FREASI	-0,868	-0,168	p-valor = 0,000	p-valor = 0,000
IDEDEP1	-2,184	4,566	p-valor = 0,000	p-valor = 0,000
IDEDEP2	-1,214	1,217	p-valor = 0,000	p-valor = 0,000
IDEDEP3	-1,193	1,198	p-valor = 0,000	p-valor = 0,000
IDEDEP4	-1,019	0,084	p-valor = 0,000	p-valor = 0,000
INTASI1	-1,608	1,713	p-valor = 0,000	p-valor = 0,000
INTASI2	-1,261	1,160	p-valor = 0,000	p-valor = 0,000
INTASI3	-1,415	1,047	p-valor = 0,000	p-valor = 0,000
INTCOM1	-0,656	0,027	p-valor = 0,000	p-valor = 0,000
INTCOM2	-0,571	-0,032	p-valor = 0,000	p-valor = 0,000
INTCOM3	-0,618	0,010	p-valor = 0,000	p-valor = 0,000
RSC1	-1,140	1,062	p-valor = 0,000	p-valor = 0,000
RSC2	-0,473	-0,554	p-valor = 0,000	p-valor = 0,000
RSC3	-0,314	-0,773	p-valor = 0,000	p-valor = 0,000
RSC4	-0,388	-0,591	p-valor = 0,000	p-valor = 0,000
RSC5	-0,119	-0,846	p-valor = 0,000	p-valor = 0,000
RSC6	-0,946	-0,086	p-valor = 0,000	p-valor = 0,000
IMPEVE1	-1,801	3,417	p-valor = 0,000	p-valor = 0,000
IMPEVE2	-0,738	-0,154	p-valor = 0,000	p-valor = 0,000
IMPEVE3	-1,315	1,079	p-valor = 0,000	p-valor = 0,000

5.6.2. Descriptivos de ítems y constructos incluidos en el estudio

La tabla 5.10 exhibe la media y la desviación típica tanto de los ítems como de los constructos utilizados en el estudio. Para la estimación de los valores de los constructos se utilizaron variable suma.

Tabla 5.10. Análisis descriptivo de los ítems y constructos (edición 2012).

Constructo	Media	Desviación estándar	Media del constructo	Desviación est. del constructo
Actitud hacia el evento			4,329	4,329
ACTEVE1	4,28	0,863		
ACTEVE2	4,38	0,8		
Actitud hacia el patrocinador			4,112	4,112
ACTPAT1	4,02	0,826		
ACTPAT2	4,17	0,829		
ACTPAT3	4,15	0,814		
Congruencia			3,965	3,961
CONGRU1	4,08	0,836		
CONGRU2	3,96	0,813		
CONGRU3	3,85	0,855		

Tabla 5.10. (Continuación)

Constructo	Media	Desviación estándar	Media del constructo	Desviación est. del constructo
Identificación con el deporte			4,327	0,841
IDEDEP1	4,7	0,618		
IDEDEP2	4,31	0,875		
IDEDEP3	4,19	0,963		
IDEDEP4	4,15	1,048		
Intención de asistencia			4,306	4,306
INTASI1	4,34	1,064		
INTASI2	4,33	0,875		
INTASI3	4,25	1,121		
Intención de compra			3,763	3,763
INTCOM1	3,85	0,977		
INTCOM2	3,62	1,036		
INTCOM3	3,83	0,971		
RSC			3,751	1,038
RSC1	4,19	0,944		
RSC2	3,81	1,006		
RSC3	3,53	1,156		
RSC4	3,55	1,11		
RSC5	3,39	1,134		
RSC6	4,2	0,928		
Implicación con el evento			4,249	4,24
IMPEVE1	4,57	0,714		
IMPEVE2	3,92	1,065		
IMPEVE3	4,31	0,929		

5.7. Metodología de análisis de datos causal

Para proceder a analizar los datos recabados mediante el procedimiento de encuesta en línea anteriormente descrita se utilizó la técnica estadística conocida como PLS (partial least squares en su terminología anglosajona o mínimos cuadrados parciales en castellano). En general, las pruebas realizadas tuvieron como objetivo acreditar la validez de medida y estructural del modelo para con ello justificar el grado de cumplimiento de las hipótesis planteadas. Para tal fin se describe en la figura 5.5 el modelo de análisis de la presente investigación.

Figura 5.5. Metodología de análisis PLS.

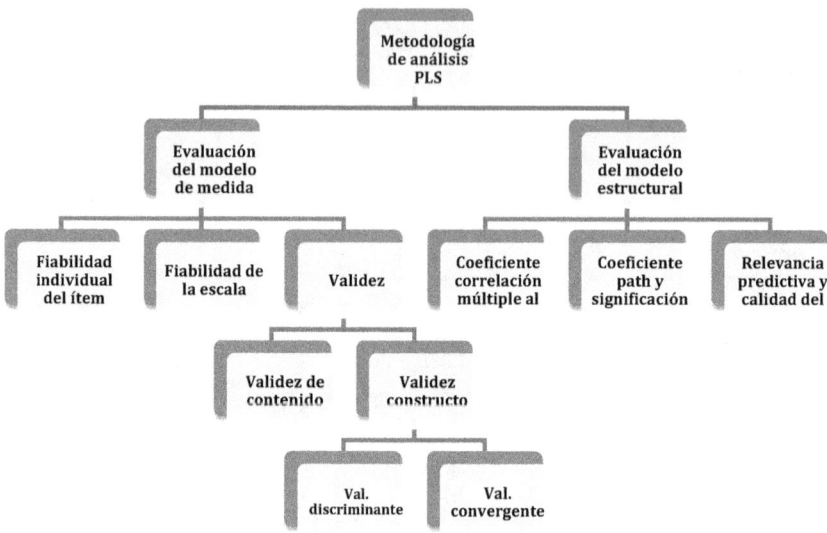

Fuente: Elaboración propia.

5.7.1. Evaluación del modelo de medida

Mediante la evaluación del modelo de medida se trata de determinar si éste refleja correctamente los conceptos teóricos y constructos utilizados, a través de los datos procedentes de las observaciones. Es decir, se estudia tanto la validez de la medida que indica el grado en que se corresponde exactamente con el fenómeno que se desea medir como su fiabilidad, que indica la precisión con la que un instrumento de medida arroja puntuaciones exentas de errores aleatorios. Dicha fiabilidad es una condición necesaria para que la medición sea válida (Peterson, 1994).

Por su parte, la validez se refiere al grado en que se mide lo que se pretende medir. Malhotra (2004) define la validez como el grado en que las puntuaciones obtenidas con la escala reflejan las diferencias reales entre los objetos con respecto de la característica que se mide. Existen diferentes dimensiones para evaluar la validez:

- La validez de contenido se refiere al grado en que los elementos de una medida representa el cuerpo completo del contenido a medir, e implica que una escala deber ser representativa del concepto que mide (Lawshe, 1975).

A día de hoy no existe un criterio para valorar el grado de la validez de contenido que esté comúnmente aceptado. Se trata de un criterio subjetivo que por sí solo no es suficiente para validar una escala, puesto que depende en gran medida del criterio del investigador. En este sentido, la presente investigación ha empleado una profunda revisión de la literatura que ha permitido desarrollar la definición teórica de los constructos, lo cual debe haber contribuido positivamente a la validez de contenido de las escalas utilizadas.

- La validez de constructo es una medida objetiva, al contrario que la validez de contenido. Su objetivo es garantizar que los constructos miden realmente lo que la teoría dice que deben de medir. En otras palabras, la validez de constructo debe entenderse como el grado en que un instrumento mide la característica que se está investigando, o el grado en que las definiciones conceptuales se ajustan con las definiciones operativas. Debido a su complejidad, su asunción implica aceptar a su vez dos subtipos de validez: validez discriminante y validez convergente (ambos criterios de validez serán ampliados más adelante).

Siguiendo las recomendaciones de Chin (1998a), Castro, Carrión y Salgueiro (2007) y Straub (2005) el análisis del modelo de medida comprende el análisis de la fiabilidad, la validez convergente y la validez discriminante.

5.7.2. Fiabilidad individual del ítem

La fiabilidad de una medida se refiere a grado en que esta se halla libre de errores aleatorios y, por lo tanto, proporciona resultados consistentes (Sánchez, 1999).

En un modelo PLS, la fiabilidad individual del ítem se valora examinando las cargas (λ), o correlaciones simples, de las medidas o indicadores con su respectivo constructo (Castro et al., 2007a). Para ello, como citan Carmines y Zeller (1979), se recomienda que un indicador que forma parte de un constructo ha de poseer un carga igual o superior a 0,707 lo que implica que la varianza compartida entre el constructo y sus indicadores es mayor que la varianza del error. Otros autores discrepan sobre esta regla tan rígida y opinan que en etapas iniciales de desarrollo no debe ser tan exhaustiva (Barclay et al., 1995; Chin, Marcolin, y Newsted, 2003).

5.7.3. Fiabilidad de la escala

La fiabilidad de la escala o constructo evalúa la rigurosidad con la que los indicadores están midiendo la misma variable latente, o lo que es lo mismo, comprueba la consistencia interna de todos los indicadores al medir el concepto .

Uno de los índices más comúnmente aceptados, que permite estimar la homogeneidad de los ítems de medida, es el coeficiente alpha de Cronbach, que está basado en el promedio de los coeficientes de correlación de Pearson (r) entre todos los ítems de la escala si las puntuaciones de los mismos están estandarizadas, o como promedio de las varianzas si no lo están (Cronbach, 1951).

La fiabilidad compuesta mide la validez de los indicadores para medir el concepto objeto de estudio (Del Barrio y Luque, 2012), y es similar al alfa de Cronbach como medida de consistencia interna. Nunnally (1978) sugiere 0,7 como nivel para una fiabilidad aceptable en etapas tempranas de investigación, y un más estricto 0,8 para investigación básica.

5.7.4. Validez convergente

Se refiere al grado en que dos medidas de constructos que teóricamente deberían estar relacionados, están de hecho relacionados. La validez convergente se puede establecer si dos construcciones similares se corresponden la una con la otra.

El procedimiento PLS, respecto a la validez convergente, asume que los ítems que realmente miden el mismo constructo tendrán un ajuste significativo y estarán altamente correlacionados (Hulland, 1999) y por lo tanto, que nos permite evaluar el grado en que los ítems de una dimensión explican realmente la misma idea subyacente. Se empleará el análisis de la varianza extraída (average variance extracted en su siglas AVE) para evaluar la validez convergente (Fornell y Larcker, 1981), lo que nos permitirá estimar la cantidad de varianza que un constructo obtiene de sus indicadores, con relación a la cantidad de varianza debida al error de medida. Según Fornell y Larcker (1981) el valor de AVE debería superar el 0,5. De esta manera, más del 50% de la varianza del constructo sería debida a los indicadores.

5.7.5. Validez discriminante

La validez discriminante evalúa el grado en que dos constructos diferentes se diferencian ciertamente, es decir, en qué medida un constructo dado es diferente de otros constructos. Para valorar la validez discriminante, Fornell y Larcker (1981) recomiendan el uso de la varianza extraída. Esta medida debería ser mayor que la varianza compartida entre el constructo con los otros constructos del modelo (la correlación al cuadrado entre dos constructos). Una elevada validez discriminante implica que la medida no está contaminada por otros conceptos (Heeler y Ray, 1972).

Para evaluar la validez discriminante mediante PLS existen dos métodos: (a) comparar que la varianza media compartida entre un constructo y sus medidas es mayor que la varianza que dicho constructo comparte con los otros constructos del modelo (Barclay et al., 1995) y (b) evaluar que las correlaciones entre los constructos son más bajas que la raíz cuadrada de la varianza extraída (Fornell y Larcker, 1981)

5.8. Evaluación del modelo estructural

Según Falk y Miller (1992) para una adecuada interpretación del modelo interno o estructural en un entorno PLS se deben responder a dos cuestiones: (a) ¿Qué cantidad de la varianza de las variables endógenas es explicada por los constructos que las predicen? y (b) ¿En qué medida las variables predictoras contribuyen a la varianza explicada de las variables endógenas?. Al obtener respuesta a ambas cuestiones podremos estimar los parámetros de ajuste del modelo estructural e informar sobre el grado de cumplimiento de las hipótesis y la validez predictiva del modelo. Para ello se utilizarán dos índices básicos, como son el coeficiente de correlación múltiple al cuadrado (R^2) y los coeficientes path estandarizados (β).

5.8.1. Varianza explicada de las variables endógenas (R^2)

Para cada variable latente endógena, el coeficiente de correlación múltiple al cuadrado (R^2), informa de la cantidad de varianza del factor endógeno que es explicada por el modelo, y es interpretado de la misma forma que los obtenidos en un análisis de regresión múltiple (Castro et al., 2007a). La varianza explicada de las variables endógenas debería ser superior a 0,1, tal y como señalan Falk y Miller (1992). Los citados autores añaden que los valores de R^2 menores de 0,1 pueden ser estadísticamente significativos pero proporcionan poca información, y en ese caso las relaciones desde y hasta esta variable latente tienen un nivel predictivo bajo. Entonces, ¿de qué forma podemos conocer la medida en que las variables predictoras contribuyen a la varianza explicada de las variables endógenas?.

5.8.2. Coeficientes path (Pesos de regresión estandarizados)

Para responder a esta segunda cuestión se acude a los pesos de regresión estandarizados (coeficientes path) que nos permiten conocer en qué medida las variables predictoras o exógenas contribuyen a la varianza explicada de las variables endógenas. Según Chin (1998b) los coeficientes path estandarizados se consideran significativos si adquieren cuanto menos un valor de 0,2, pero deberían alcanzar al menos un valor de 0,3. Sin embargo, Falk y Miller (1992, p. 80) proponen una guía menos exhaustiva y plantean un coeficiente de correlación de 0,15, por lo que la variable predictora explicaría al menos un 1,5 por ciento de la varianza de una variable predicha. Chin (1998) también considera que valores entre 0,1 y 0,2 podrían considerarse como de influencia moderada.

5.8.3. Bootstrapping

Bootstrap es una técnica no paramétrica de remuestreo para estimar la precisión de las estimaciones PLS. El conjunto de datos original del investigador es tratado como si fuera la población mediante este procedimiento (Castro et al., 2007a). A partir de la población total se crean n conjunto de muestras con el fin de obtener n estimaciones de cada parámetro en el modelo PLS. En concreto, bootstrapping es un método para asignar valores con precisión a las estimaciones de la muestra.

Según Pratyush y Kevin (2012), bootstrapping es un método estadístico para estimar la distribución muestral de un estimador con reemplazo de la muestra original, con el propósito de derivar estimaciones robustas de errores estándar e intervalos de confianza de un parámetro de la población, como la media, la mediana, la proporción, el coeficiente de correlación o el coeficiente de regresión. También puede ser utilizado para la construcción de las pruebas de hipótesis.

A menudo se utiliza la técnica bootstrapping como una alternativa sólida a la inferencia paramétrica, cuando los supuestos para llevar a cabo ésta están en duda, o cuando la inferencia paramétrica es imposible o muy complicada para el cálculo de los errores estándar. Bootstrapping no hace ninguna hipótesis de distribución de los parámetros, como sí la hacen los métodos tradicionales. Saca conclusiones acerca de las características de una población desde la muestra en cuestión, en lugar de hacer suposiciones poco realistas sobre la población. Es decir, dada la ausencia de información sobre la población, la muestra se supone que es la mejor estimación de la población. Por lo tanto, bootstrapping tiene ventajas en situaciones donde hay poca o ninguna teoría estadística acerca de la distribución de un parámetro, o bien cuando los supuestos subyacentes de distribución necesarios para la inferencia paramétrica son violados.

En modelos de ecuaciones estructurales, bootstrapping permite la posibilidad de realizar pruebas de significación de un estadístico (θ), como un camino o un factor de carga. Estas pruebas de significación analizan la probabilidad de observar una estadístico de ese tamaño o mayor cuando la hipótesis nula H0: $\theta = 0$, es cierta. Por lo tanto el procedimiento bootstrap vinculado al algoritmo PLS asigna valores t de Student a los parámetros de regresión estimados, guiando la identificación de relaciones significativas de predicción entre variables.

5.8.4. Evaluación del modelo estructural

Q^2 es el estimador proporcionado por el test de Stone-Geisser, el cual se emplea como criterio para analizar la capacidad predictiva de los constructos dependientes y las variables endógenas. Un modelo de prueba tiene más relevancia predictiva cuanto mayor es Q^2, por tanto las modificaciones de un modelo se pueden evaluar mediante la comparación de los valores de Q^2. El umbral propuesto para el valor de Q^2 es 0, por lo tanto, por regla general se considera que la relación tiene naturaleza predictiva si el valor del parámetro Q^2 es positivo.

5.8.5. Bondad de ajuste

Como se mencionó anteriormente, no existe un índice de ajuste global en PLS. Sin embargo, un criterio global de bondad de ajuste ha sido propuesto por Tenenhaus, Esposito, Chatelin, y Lauro (2005), y se trata del índice de bondad de ajuste (GoF). Este índice se ha desarrollado con el objetivo de proporcionar un índice del rendimiento del modelo, tanto en la medición como en el modelo estructural, y así proporcionar una medida única para la predicción del rendimiento global del modelo.

Como se basa en parte en la comunalidad, el índice GoF es conceptualmente adecuado cuando los modelos de medición son reflectivos. Sin embargo, la comunalidad puede ser también calculada e interpretada en el caso de los modelos formativos, pero teniendo en cuenta que se esperan menores comunalidades, aunque mayores R^2 en comparación con modelos reflectivos. Por lo tanto, a efectos prácticos, el índice GoF puede interpretarse también en modelos formativos, proporcionando una medida de ajuste global válida (Vinzi, Trinchera, y Amato, 2010). El GoF se define como la raíz cuadrada de la media geométrica del resultado del producto de la comunalidad y los coeficientes de correlación al cuadrado.

Como resultado, el GoF varía entre 0 y 1. Como no se han definido valores umbrales para este estadístico no es posible indicar un valor para un mejor o peor modelo en términos de calidad, pero sí es útil a la hora de comparar modelos.

5.8.6. Cálculo del efecto

En los modelos PLS el investigador también puede evaluar la magnitud del efecto de cada ruta en el modelo de ecuación estructural por medio del estadístico f^2 de Cohen (Cohen, 1988). El tamaño del efecto mide si una variable latente independiente tiene un impacto sustancial en una variable latente dependiente. Se calcula como el aumento de la R^2 de la variable latente a la que está conectada en relación a la proporción de varianza no explicada de la variable latente (Chin 1998). Los valores de f² entre 0,02 y 0,15, entre 0,15 y 0,35, y 0,35 ó superior indican que una variable latente exógena tiene un efecto pequeño, mediano o grande respectivamente, sobre una variable latente endógena (Chin 1998b; Gefen et al. 2000).

A modo de resumen de los procedimientos a llevar a cabo en la evaluación de los modelos de medida y estructural, se presenta la tabla 5.11. En ella se puede leer el tipo de evaluación que se procederá a realizar, así como los valores estándares de referencia.

Tabla 5.11. Resumen de procedimientos de evaluación de los modelos de medida y estructural.

Tipo de evaluación	Objetivo	Técnica	Valores	Referencia
Evaluación del modelo de medida	Fiabilidad individual	Análisis de coeficientes	Carga estándar >= 0,707	Carmines y Zeller (1979)
	Fiabilidad individual del constructo	Análisis de fiabilidad compuesta	FC >0,7	Nunnally (1978)
	Fiabilidad individual del constructo	Alfa de Cronbach	entre 0,80 y 0,90	(Cronbach, 1951)
	Validez convergente	Análisis de la varianza extraída	AVE >0.5	Fornell y Larcker (1981)
	Validez discriminante	Tabla de correlaciones Análisis de la varianza extraída	(a) Comparar que la varianza media compartida entre un constructo y sus medidas es mayor que la varianza que dicho constructo comparte con los otros constructos del modelo. (b) Evaluar que las correlaciones entre los constructos son más bajas que la raíz cuadrada de la varianza extraída	Gefen et al. (2000)

Tabla 5.11. (Continuación)

Tipo de evaluación	Objetivo	Técnica	Valores	Referencia
	Interpretación del modelo estructura	Coeficiente de correlación múltiple al cuadrado	$R^2 >=0.1$ (débil) $R^2 >=0.33$ (moderado) $R^2 >=0.67$ (alto)	Falk y Miller (1992)
	Interpretación del modelo estructura	Coeficiente path estandarizado	> a 0.3, 0.2 límite mínimo	Chin (1998b)
Evaluación del modelo estructural	Significación (t-estadísticos) de los coeficientes path	Procedimiento bootstrap	t-Student una cola: *p<0.05; **p<0.01; ***p<0.001 (sentido relación definido) t-Student dos colas: p<0.1; *p<0.05; **p<0.01; ***p<0.001 (sentido de la relación no definido)	
	Relevancia predictiva	Test Q^2	Realización de test de Stone-Geisser (Q2) Q2>0	Stone (1974) y Geisser (1975)
	Calidad del modelo y modelo estructural	Test GoF	Valor entre 0 y 1 (mejor cuanto más alto)	Tenenhaus et al. (2005)
	Importancia del efecto	f^2 de Cohen	0,02 y 0,15 efecto pequeño. 0,15 y 0,35 efecto mediano. > 0,35 efecto amplio	Chin (1998b) y Gefen et al. (2000).

Fuente: Elaboración propia.

5.9. Análisis de datos y evaluación de los modelos mediante PLS

A continuación se procede a presentar las diferentes fases que se han realizado en el análisis para posteriormente interpretar los resultados. Como entrada al análisis se han empleado los elementos descritos en capítulos anteriores.

El análisis PLS requiere en primer lugar estimar los parámetros del modelo, para posteriormente comprobar que el tamaño muestral es adecuado. En segundo lugar, se procede a emplear las dos etapas de análisis recomendadas por Anderson y Gerbing (1988), es decir, en la primera etapa se analizan las escalas de medida para seguidamente evaluar el modelo estructural.

5.9.1. Estimación de los parámetros

Según Barclay et al. (1995), el método PLS estima de forma simultánea e iterativa el modelo usando Mínimos Cuadrados Ordinarios (OLS) y regresiones simples y múltiples, de forma que sigue el proceso posteriormente descrito.

En primer lugar, se obtiene un valor inicial para el constructo endógeno resultado de las suma de los valores de medida y fijando las cargas asociadas a un valor unitario.

En segundo lugar, en caso de existir indicadores formativos, se estiman los pesos a través de una regresión, con el constructo endógeno actuando de variable dependiente y como variables independientes las medidas del constructo formativo.

Posteriormente se usan como ponderaciones o pesos las estimaciones del proceso anterior para obtener un valor inicial del constructo exógeno.

En cuarto lugar, si procede, se estiman los indicadores reflectivos mediante regresiones simples de las medidas de dichos indicadores sobre el constructo exógeno.

En penúltimo lugar, se establece una combinación lineal de las medidas de los indicadores reflectivos, usando las cargas estimadas transformadas en pesos, generando de esta forma una estimación de la dimensión endógena.

Ya por último, y hasta que la iteración sea considerablemente pequeña, se procede a transformar las cargas estimadas anteriormente, resultando las puntuaciones del constructo exógeno y endógeno mediante el cálculo del coeficiente de regresión.

El conjunto de regresiones simples y múltiples se estiman desarrollando un algoritmo y aplicándolo por segmentos, lo que da como resultado la habilidad del método para trabajar con muestras pequeñas.

5.9.2. Cálculo de la muestra requerida

Tras conocer los pasos a seguir para evaluar el modelo estructural y de medida se requiere conocer el tamaño de la muestra requerido para proceder con el análisis. Como se han comentado anteriormente, una de las ventajas del método basado en PLS es que requiere de muestras más pequeñas para determinar un resultado óptimo (Barclay et al., 1995) debido a la segmentación que desarrolla para llevar a cabo la debidas regresiones simples y múltiples. Para determinar el tamaño mínimo de la muestra se han desarrollado dos reglas básicas (Hair, Ringle, y Sarstedt, 2011) seguidamente descritas. El tamaño mínimo de la muestra debe ser igual al mayor de los siguientes supuestos: (1) diez veces mayor al número de indicadores formativos utilizados para medir un constructo, o (2) diez veces mayor que el mayor número de caminos estructurales dirigidos a un constructo latente en particular integrado en el modelo estructural.

En nuestro modelo, el número de indicadores formativos y el número de caminos utilizados en ambos modelos de ambas ediciones, así como el tamaño de la muestra, en ambos casos superior a 200 observaciones, es suficiente para continuar con el análisis.

5.10. Validación del modelo de medida de la edición 2011

El análisis del modelo de medida comprende tres sub-etapas que examinarán y evaluarán la fiabilidad del instrumento para comprobar que realmente los constructos e ítems empleados cumplen con los requisitos mínimos anteriormente fijados. Para ello, y en el caso de la actual investigación que no presenta indicadores formativos, se evaluarán los siguientes parámetros: (a) la fiabilidad individual del ítem y constructo, (b) el análisis de la varianza extraída para comprobar la validez convergente y (c) la validez discriminante.

5.10.1. Fiabilidad individual de los ítems

Para evaluar la fiabilidad individual se procede a examinar las cargas o correlaciones simples de las medidas o indicadores sobre sus respectivas dimensiones. Como se apuntó anteriormente, la carga estandarizada debe ser superior a 0,707, lo que indicaría que la varianza compartida entre el constructo y sus indicadores es mayor que la varianza del error (Carmines y Zeller, 1979). Este nivel mínimo en las correlaciones simples señala que más del 50% de la varianza del parámetro observado es compartida con la variable (Bollen, 1989).

La tabla 5.12 muestra las correlaciones simples para los ítems de la primera edición del estudio en 2011. La correlación inferior tiene un valor de 0,755, lo que supera al límite inferior más restrictivo, puesto que otros autores como (Barclay et al., 1995) han relajado este valor hasta incluso 0,6.

Tabla 5.12. Correlaciones simples de los ítems (edición 2011).

Constructo	Correlaciones simples
Actitud hacia el patrocinador	
ACTPAT1	0,908
ACTPAT2	0,920
ACTPAT3	0,864
Intención de compra	
INTCOM1	0,875
INTCOM2	0,746
INTCOM3	0,884
Actitud hacia la web	
ACTWEB1	0,927
ACTWEB2	0,967
ACTWEB3	0,964
Actitud hacia el evento	
ACTEVE1	0,939
ACTEVE2	0,944
ACTEVE3	0,921
Intención de asistencia	
INTASI1	0,927
INTASI2	0,959
INTASI3	0,957
Calidad web	
CALWEB1	0,802
CALWEB2	0,847
CALWEB3	0,870
CALWEB4	0,859

5.10.2. Fiabilidad individual del constructo

En esta sección se procede al análisis de la fiabilidad individual del constructo, para lo que se emplea el análisis de fiabilidad compuesta, o en su terminología anglosajona composite reliability (CR) (Werts, Linn, y Joreskog, 1974). También se ha incluido en el análisis el valor de alfa de Cronbach. Ambos valores determinarán la rigurosidad con la que los indicadores están midiendo una misma variable latente.

Para la fiabilidad compuesta Nunnally (1978) sugiere que los valores no sean inferiores a 0,7, en cambio, Lévy, Mallou y González (2003) proponen un valor no menor a 0,8 para la evaluación del alfa de Cronbach.

Tabla 5.13. Análisis de fiabilidad del constructo (edición 2011).

Constructo	CR	Alfa de Cronbach
Actitud hacia el evento	0,954	0,930
Actitud hacia el patrocinador	0,925	0,879
Actitud hacia la web	0,967	0,949
Calidad web	0,909	0,866
Intención de asistencia	0,963	0,943
Intención de compra	0,875	0,789

Para todos los constructos del modelo se superan los valores mínimos sugeridos para la fiabilidad compuesta. Para el alfa de Cronbach también se superan de forma estricta los valores mínimos requeridos, excepto para la variable intención de compra que se queda muy cerca de dicho límite, con un valor de 0,789 (tabla 5.13).

5.10.3. Validez convergente

Para examinar la validez convergente se ha empleado la varianza extraída de los constructos. El AVE proporciona la cantidad de varianza que un constructo obtiene de sus indicadores con relación a la cantidad de varianza debida al error de medida (Fornell y Larcker, 1981). Los citados autores recomiendan que el valor del AVE sea superior a 0,5, significando que más de la mitad de la varianza del constructo es debida a sus indicadores. Para el cálculo de la varianza extraída se han seguido las indicaciones de Chin (1998a) y aplicado la siguiente fórmula:

Fórmula 5.1. Análisis de la varianza extraída.

$$AVE = \frac{(\sum \lambda_i^2)}{((\sum \lambda_i^2) + (\sum_i 1 - \lambda_i^2))}$$

donde la λ_i es igual a la carga estandarizada de cada unos de los indicadores sobre el constructo correspondiente. En la tabla 5.14 se muestran los valores de la varianza extraída para los constructos.

Tabla 5.14. Análisis de la varianza extraída de los constructos (edición 2011).

Constructo	AVE
Actitud hacia el evento	0,874
Actitud hacia el patrocinador	0,805
Actitud hacia la web	0,908
Calidad web	0,714
Intención de asistencia	0,898
Intención de compra	0,701

Como se puede observar, todos los constructos cumplen con el valor mínimo esperado de 0,5, lo que significa que más del 50% de la varianza de la variable latente es debida a sus indicadores.

5.10.4. Validez discriminante

La validez discriminante nos señalará en que grado un constructo difiere del resto de constructos del modelo. La validez discriminante, por tanto, nos señala hasta que punto una medida está contaminada por otros conceptos (Heeler y Ray, 1972).

La validez discriminante se puede evaluar de dos formas. En primer lugar se toma la varianza media compartida entre un constructo y sus medidas, y se comprueba que es mayor que la varianza que dicho constructo comparte con los demás constructos del modelo.

En segundo lugar, se puede comparar las correlaciones entre los constructos y comprobar que son más bajas que la raíz cuadrada de la varianza extraída.

En esta investigación se han realizado los dos procedimientos. Para la primera comprobación se han tomado las correlaciones cruzadas y se han comprobado que no son significativas en relación con las cargas (Chin, 1998). Examinando la tabla 5.15 se comprueba que ninguna medida carga en otros constructos en mayor medida que el propio suyo. Las correlaciones entre las puntuaciones de un constructo y sus propios ítems son las cargas. Las correlaciones entre las puntuaciones de un constructo y las de los ítems que pertenecen a otros constructos son los cross-loadings (cargas cruzadas).

Se comprueba que ningún ítem carga más fuerte en otros constructos que en el suyo propio, por lo que se demuestra la validez discriminante de la escala.

Tabla 5.15. Tabla de correlaciones cruzadas de los constructos (edición 2011).

	ACTEVE	ACTPAT	ACTWEB	CALWEB	INTASI	INTCOM	RECPAT
ACTEVE1	**0,9394**	0,5207	0,5990	0,5743	0,5298	0,4349	0,1608
ACTEVE2	**0,9441**	0,4998	0,5934	0,5242	0,5775	0,3715	0,1490
ACTEVE3	**0,9214**	0,5019	0,6161	0,5626	0,4751	0,3781	0,1200
ACTPAT1	0,5349	**0,9196**	0,4876	0,5517	0,4708	0,5666	0,2903
ACTPAT2	0,4796	**0,8642**	0,5165	0,5474	0,4218	0,6278	0,2595
ACTPAT3	0,4450	**0,9079**	0,5036	0,5570	0,2898	0,5805	0,2600
ACTWEB1	0,5967	0,5518	**0,9269**	0,7831	0,3208	0,4402	0,1211
ACTWEB2	0,6236	0,5289	**0,9668**	0,7882	0,4045	0,4051	0,2124
ACTWEB3	0,6216	0,5195	**0,9644**	0,7841	0,3853	0,4183	0,2028
CALWEB1	0,5148	0,5189	0,6863	**0,8025**	0,3317	0,4287	0,1184
CALWEB2	0,5335	0,5200	0,7173	**0,8469**	0,3438	0,4507	0,1370
CALWEB3	0,5080	0,5203	0,6464	**0,8699**	0,3024	0,3712	0,1509
CALWEB4	0,4440	0,5190	0,7331	**0,8590**	0,2559	0,3939	0,1985
INTASI1	0,5167	0,3786	0,3631	0,3175	**0,9268**	0,3338	0,1463
INTASI2	0,5581	0,4529	0,3795	0,3810	**0,9589**	0,4181	0,2180
INTASI3	0,5296	0,4210	0,3624	0,3381	**0,9567**	0,3858	0,2307
INTCOM1	0,3788	0,5865	0,3496	0,3974	0,4012	**0,8748**	0,2545
INTCOM2	0,1953	0,3914	0,2395	0,2509	0,2086	**0,7457**	0,1861
INTCOM3	0,4417	0,6383	0,4785	0,5265	0,3705	**0,8841**	0,2096
RECPAT	0,1535	0,3008	0,1880	0,1787	0,2100	0,2586	**1,0000**

Para el segundo método de análisis de la validez discriminante se ha comparado la raíz cuadrada de las AVE (los valores de la diagonal de la tabla 5.16) con las correlaciones de las variables latentes (parámetros por debajo de la diagonal). Todos los constructos reflectivos se relacionan en mayor medida con sus propias medidas que con otros constructos.

Tabla 5.16. Evaluación de la validez discriminante (edición 2011).

	ACTEVE	ACTPAT	ACTWEB	CALWEB	INTASI	INTCOM	RECPAT
ACTEVE	**0,934**						
ACTPAT	0,542	**0,934**					
ACTWEB	0,644	0,559	**0,952**				
CALWEB	0,592	0,614	0,824	**0,844**			
INTASI	0,564	0,441	0,388	0,365	**0,947**		
INTCOM	0,422	0,659	0,441	0,487	0,401	**0,837**	
RECPAT	0,153	0,300	0,188	0,178	0,210	0,258	1

De nuevo se observa y se demuestra la validez discriminante de la escala, por lo que se procede al análisis del modelo estructural.

5.11. Estimación del modelo estructural de la edición 2011

Para examinar el modelo estructural responderemos a las dos cuestiones planteadas anteriormente por Falk y Miller (1992): (a) ¿qué cantidad de la varianza de las variables endógenas es explicada por los constructos que las predicen?, y (b), ¿en qué medida las variables predictoras contribuyen a la varianza explicada de las variables endógenas?. El objetivo es evaluar la relevancia y magnitud de las relaciones planteadas entre las distintas variables latentes.

Para ello nos valdremos de los parámetros R^2 o varianza explicada de las variables endógenas, los pesos de regresión estandarizados y los niveles de significación de los mismo pesos.

5.11.1. Varianza explicada de las variables endógenas

En este primer paso para evaluar el modelo estructural se analizará el parámetro R^2, que indica el grado en que las variables antecedentes son capaces de explicar la variable latente considerada. En la tabla 5.17 se expresan los valores obtenidos para el coeficiente R^2 y la redundancia.

Tabla 5.17. Valores de la varianza explicada (edición 2011).

Constructo	R^2	Redundancia media
Actitud hacia el evento	0,427	0,342
Actitud hacia el patrocinador	0,571	0,139
Actitud hacia la web	0,679	0,616
Intención de asistencia	0,319	0,286
Intención de compra	0,437	0,297

En primer lugar, señalar que la R^2 se interpreta igual que los R^2 obtenidos en un análisis de regresión múltiple. Es decir, esta medida nos indica la cantidad de varianza del constructo que es explicada por el modelo. Falk y Miller (1992) señalan que la varianza explicada de las variables endógenas (las variables exógenas no se muestran en la tabla 5.17 por el mismo motivo) debería ser mayor o igual a 0,1. Como se puede observar todos los coeficientes superan los valores mínimos recomendados. El valor menor triplica el menor valor recomendado.

Con respecto a la redundancia, se trata de un índice de calidad de las medidas para el modelo estructural (Tenenhaus et al., 2005; Vinzi et al., 2010). En concreto mide el porcentaje de variación en los indicadores del factor dependiente explicado por los factores exógenos. Según los estudios de Fornell y Larcker (1981) se establecen los siguientes valores para los coeficientes de redundancia: (a) coeficiente pequeño, 0,125. (b) Coeficiente medio, 0,25 y (c) coeficiente grande 0,375. Para el modelo en cuestión todos los coeficientes superan el límite inferior de 0,125, y no llegan al 0,375, excepto la actitud hacia la web que lo supera.

5.11.2. Pesos de regresión estandarizados

Tras el estudio de la varianza explicada se procede al estudio de los pesos de regresión estandarizados que nos mostrarán el peso relativo de los factores en la variables endógenas. En la tabla 5.18 se observan los pesos de regresión estandarizados.

Según Chin (1998b) se aconsejan valores superior a 0,3, sin embargo, se admiten valores superiores a 0,2 en estudios exploratorios o cuando se aplican a diferentes sectores. No obstante, los únicos valores que presentan coeficientes inferiores son los referentes a las relaciones CALWEB->ACTEVE con un valor de 0,189 inferior a 0,2 y RECPAT->ACTPAC con un valor de 0,223.

Tabla 5.18. Pesos de regresión estandarizados (edición 2011).

Relación	Coeficientes path
ACTEVE -> ACTPAT	0,195
ACTEVE -> INTASI	0,564
ACTPAT -> INTCOM	0,661
ACTWEB -> ACTEVE	0,488
CALWEB -> ACTEVE	0,190
CALWEB -> ACTWEB	0,824
RECPAT -> ACTPAT	0,118

En la Figura 5.6 se pueden observar con mayor detalle y claridad las relaciones estructurales para el presente modelo así como las correlaciones simples entre los constructos y los correspondientes ítems.

Figura 5.6. Modelo 2011 con pesos de regresión estandarizados y correlaciones simples.

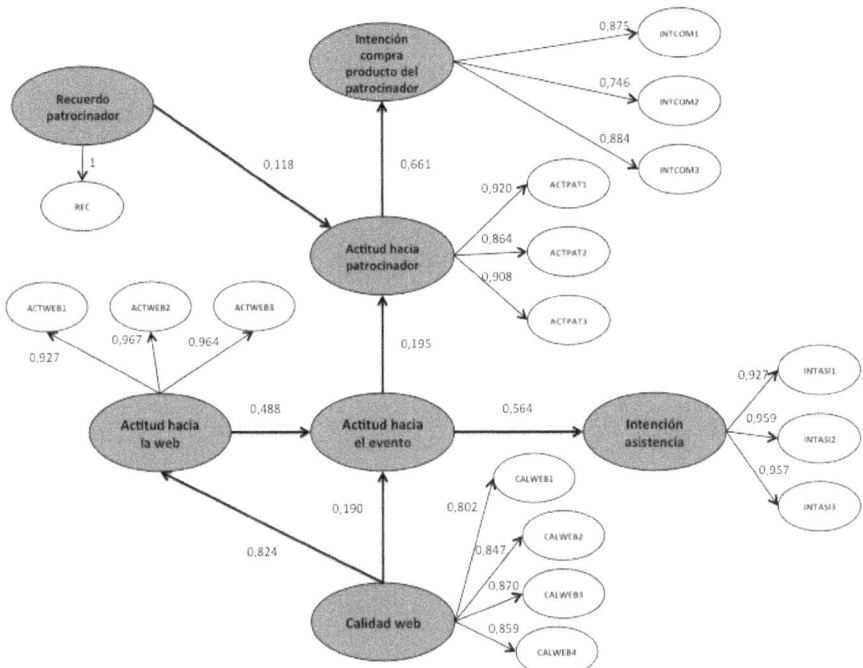

Seguidamente se procede a evaluar la significación de dichos coeficientes mediante la técnica de bootstrapping.

5.11.3. Niveles de significación de los coeficientes

Para realizar el siguiente análisis se recurre a la técnica bootstrapping. El bootstrap es una técnica no paramétrica que consiste en la extracción de muestras con reemplazamiento de los datos originales o de un modelo apropiado. Generalmente se usa para propósitos inferenciales acerca de cómo se comportan las muestras cuando se extraen de una población.

Henseler, Ringle, y Sinkovics (2009) sugirió que el número de casos para ejecutar un análisis bootstrap en PLS debe ser igual al número real de observaciones. Por otra parte, el número de re-muestras debe ser suficientemente grande (por ejemplo, 5000) para generar estimaciones estables. Comparten la misma opinión otros autores como Hair et al. (2011) o Chin en Vinzi et al. (2010). De esta manera se procede a realizar un remuestreo mediante la técnica de bootstrapping de 213 casos y 5000 muestras como recomiendan los citados autores.

La tabla 5.19 muestran los valores resultantes del procedimiento, donde se observan todos los coeficientes para las relaciones estructurales propuestas en el modelo.

Tabla 5.19. Coeficientes de significación de los caminos estructurales (edición 2011).

Relación	Coeficientes de significación
ACTEVE -> ACTPAT	3,417
ACTEVE -> INTASI	8,234
ACTPAT -> INTCOM	14,11
ACTWEB -> ACTEVE	5,259
CALWEB -> ACTEVE	2,224
CALWEB -> ACTWEB	31,45
RECPAT -> ACTPAT	2,484

La interpretación es la siguiente. Se establecen tres niveles de significación: (a) valores superiores a 3,106 correspondientes a un p-valor menor a 0,001. (b) Los valores superiores a 2,576 pero menores a 3,106 suponen un p-valor menor a 0,01 y (c) los valores mayores a 1,96 pero menores a 2,576 revelan un p-valor inferior a 0,05.

En la siguiente figura 5.7 se resumen los valores de los coeficientes para el modelo de la edición 2011.

Figura 5.7. Resultado del contraste de hipótesis para el M2011.

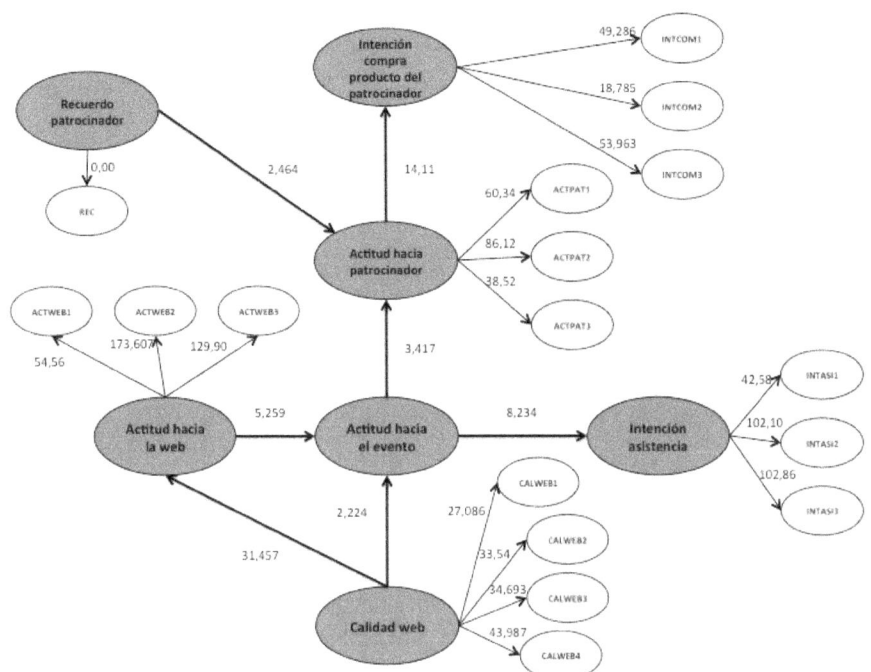

Los p-valores se muestran ordenados y resumidos en la tabla 5.20. Como se puede observar, todas las relaciones planteadas han resultado significativas al 99% de nivel de confianza, salvo dos de ellas que lo son al 95%.

Tabla 5.20. Contraste de hipótesis (edición 2011).

Camino estructural	p-valor
ACTEVE -> ACTPAT	p<0,001
ACTEVE -> INTASI	p<0,001
ACTPAT -> INTCOM	p<0,001
ACTWEB -> ACTEVE	p<0,001
CALWEB -> ACTEVE	p<0,05
CALWEB -> ACTWEB	p<0,001
RECPAT -> ACTPAT	p<0,05

5.11.4. Relevancia predictiva

A continuación y una vez examinadas las relaciones estructurales y la significación de las relaciones causales, se plantea el análisis de la relevancia predictiva. Se usará el test de Stone-Geisser, cuyo estadístico es el coeficiente Q^2.

Según Chin (1998a) y Tenenhaus et al. (2005), para que un modelo tenga relevancia predictiva, el coeficiente del parámetro Q^2 debe tener un valor positivo.

Para poder obtener dicho parámetro deberemos acudir al procedimiento blindfolding. Este procedimiento omite parte de los datos para un determinado constructo durante la estimación de parámetros, con el objetivo de intentar estimar lo que se ha omitido usando los parámetros estimados (Chin, 1998). El citado autor recomienda para ello aplicar una distancia de omisión entre 5 y 10, y siempre menos de las relaciones estructurales que una sola variable disponga. En esta investigación y siguiendo la recomendación de Chin se emplea una distancia de omisión igual a 5. Los datos se muestran en la tabla 5.21. Blindfolding solo es aplicable a indicadores reflectivos de variables latentes.

Tabla 5.21. Valores de los coeficientes Q^2 (edición 2011).

Constructo	Q^2
Actitud hacia el evento	0,366
Actitud hacia el patrocinador	0,449
Actitud hacia la web	0,616
Intención de asistencia	0,266
Intención de compra	0,283

Los resultados del test de Stone-Geisser muestran que las relaciones ciertamente tienen carácter predictivo pues todos los constructos tienen un valor positivo.

5.11.5. Bondad de ajuste

Como anteriormente se indicó, PLS no muestra coeficientes de bondad de ajuste como hacen los modelos de ecuaciones estructurales basados en la covarianza, básicamente porque los modelos PLS no presuponen una distribución normal de los datos. Pero, Tenenhaus et al. (2005) sugieren un criterio normalizado de evaluación para medir la calidad del modelo. GoF es la media geométrica de la comunalidad media y la media de R^2 para los constructos endógenos. La fórmula es la siguiente:

Fórmula 5.2. Fórmula del coeficiente GoF.

$$GoF = \sqrt{\overline{AVE} * \overline{R^2}}$$

El índice GoF toma la media de los AVE de las variables latentes con indicadores reflectivos y la calidad del modelo estructural por medio de la media de los R^2 de las variables endógenas para valorar la calidad del modelo de medida. Este parámetro varía entre 0 y 1 y se emplea para comparar modelos alternativos. Se considera mejor el modelo con mayor valor del índice GoF. En la tabla 5.22 se muestra el valor que toma el índice de bondad de ajuste para el modelo de la edición 2011.

Tabla 5.22. Cálculo del índice de ajuste del modelo (edición 2011).

Constructo		R^2	AVE
Actitud hacia el evento		0,427	0,874
Actitud hacia el patrocinador		0,571	0,806
Actitud hacia la web		0,679	0,908
Intención de asistencia		0,319	0,898
Intención de compra		0,437	0,701
Media		0,486	0,837
GoF	0,638		

El coeficiente del índice arroja un valor de 0,638, positivo.

Aunque no existe un umbral de calidad para este índice, por ejemplo Wetzels, Bennett, y Van Oppen (2009) sugieren que un coeficiente de 0,1 es bajo, un coeficiente de 0,25 es medio y un coeficiente de 0,36 es alto. Por lo tanto, para el modelo de la edición 2011 el coeficiente de bondad de ajuste es alto.

5.11.6. Efectos directos y totales en la edición 2011

En los modelos estructurales existen varios tipos de relaciones entre las variables. Por un lado nos encontramos con un efecto directo entre una variable dependiente y otra independiente que constituyen las hipótesis del modelo. Su valor es igual a los coeficientes de regresión estandarizados. Por otra lado, se produce un efecto indirecto entre la variable dependiente y la independiente a través de una variable intermedia. Su valor es igual al producto del coeficiente del peso de regresión estandarizado entre las variables dependiente e intermedia, y la independiente y la intermedia. El efecto espurio se produce cuando una tercera variable influye sobre otras dos variables simultáneamente conectadas entre sí. Y por último el efecto total se obtiene de la suma de los efectos indirectos, directos y espurios.

La tabla 5.23 contiene una relación de efectos directos y totales de todas las relaciones que se producen en el modelo. Como se puede observar todas las variables latentes tienen un efecto significativo sobre las variables dependientes y endógenas, explicando al menos un 3,54% de la varianza. Es de especial interés el porcentaje del 43% de la varianza de la intención de compra que es explicado por la variable actitud hacia el patrocinador.

Tabla 5.23. Efectos directos, indirectos y totales del M2011.

Relación	Efecto directo		Efecto total		t
	Coef.	Varianza explicada	Coef.	Varianza explicada	
ACTEVE -> ACTPAT	0,1947	10,57%			3,417
ACTEVE -> INTASI	0,5644	31,85%			8,234
ACTEVE -> INTCOM			0,1287	5,47%	3,228
ACTPAT -> INTCOM	0,661	43,7%			14,11
ACTWEB -> ACTEVE	0,4879	31,45%			5,259
ACTWEB -> ACTPAT			0,095	5,32%	3,001
ACTWEB -> INTASI			0,2753	10,69%	4,290
ACTWEB -> INTCOM			0,0628	2,78%	2,883
CALWEB -> ACTEVE	0,1902	11,25%	0,5922	35,05%	2,224
CALWEB -> ACTPAT			0,1153	7,07%	2,948
CALWEB -> ACTWEB	0,824	67,89%			31,45
CALWEB -> INTASI			0,3343	12,21%	6,072
CALWEB -> INTCOM			0,0762	3,7%	2,812
RECPAT -> ACTPAT	0,118	3,54%			2,484
RECPAT -> INTCOM			0,078	2,03%	2,435

5.11.7. Tamaño del efecto de la variable calidad web

Los resultados del modelo de la edición 2011 mostraban que la variable calidad web tenía un peso de regresión de 0,19, que resume el grado en que la variable predictora calidad web contribuyen a la varianza explicada de la variable endógena actitud hacia el evento. Chin (1998b) afirma que se debe considerar como umbral mínimo para el coeficiente de regresión estandarizado el valor 0,2.

Sin embargo, la variable mostraba un adecuado valor del coeficiente AVE y CR. Por lo tanto, se pretende ahora explorar los cambios en el indicador R^2 para determinar si la influencia de una variable latente particular (en esta caso la ACTWEB) sobre un constructo dependiente (ACTEVE) tiene un impacto sustantivo (Chin, 1998, p. 317). Para comprobar la importancia del efecto (f^2) se emplea la siguiente fórmula (Chin, 1998):

Fórmula 5.3. Cálculo de coeficiente f².

$$f^2 = \frac{R_{incluida}^2 - R_{excluida}^2}{1 - R_{incluida}^2}$$

La fórmula 5.3 incluye los índices R^2 incluida y R^2 excluida, que representan la varianza explicada de las variables dependientes cuando la variable predictora es incluida o excluida de la ecuación. Un nivel de f^2 de 0,02 puede ser interpretado como pequeño, mientras que un nivel de 0,15 como medio y, por último, un coeficiente del tamaño del efecto de 0,35 puede ser interpretado como amplio. Los resultados del análisis del tamaño del efecto de la variable calidad web sobre la actitud hacia el patrocinador se muestran en la tabla 5.24.

Tabla 5.24. Tamaño del efecto para la relación CALWEB->ACTPAT.

Relación	R² incluida	R² excluida	f²
CALWEB -> ACTPAT	0,427	0,415	0,021

El resultado muestra un coeficiente de f^2 de 0,021. Dicho valor implica que la relación entre los constructos calidad web y actitud hacia el evento es significativa. El coeficiente del peso de regresión mostraba que el peso relativo de la variable ACTWEB sobre ACTEVE era bajo, y el tamaño del efecto corrobora que el efecto que provoca la calidad web sobre la actitud hacia el evento es también bajo.

5.11.8. Tamaño del efecto de la actitud hacia el evento

De igual forma se comprueba el tamaño del efecto que presenta la actitud hacia el evento sobre la actitud hacia el patrocinador. Aunque al igual que sucedía con la relación entre la calidad web y la actitud hacia el patrocinador, las escalas presentan una buena fiabilidad y validez, se pretende constatar el tamaño del efecto de dicha relación.

La tabla 5.25 muestra que el tamaño del efecto no es elevado. Sin embargo, se recuerda que la actitud hacia el evento es responsable del 10,57% de la variabilidad del constructo actitud hacia el patrocinador, y que tal relación es significativa con un p-valor inferior a 0,001.

Tabla 5.25. Tamaño del efecto para la relación ACTEVE->ACTPAT.

Variable	R^2 incluida	R^2 excluida	f^2
ACTEVE -> ACTPAT	0,571	0,545	0,059

5.11.9. Tamaño del efecto del recuerdo del patrocinador

También se ha decidido comprobar el tamaño del efecto del recuerdo del patrocinador sobre la actitud hacia el patrocinador. Se trata como anteriormente de una relación significativa pero con un tamaño del efecto bajo. Y sin embargo, explica el 3,54% de la variabilidad de la actitud hacia el patrocinador, siendo un constructo válido y fiable.

Tabla 5.26. Tamaño del efecto para la relación RECPAT->ACTPAT.

Variable	R^2 incluida	R^2 excluida	f^2
RECPAT -> ACTPAT	0,571	0,558	0,031

5.12. Validación del modelo de medida de la edición 2012

Al igual que en el modelo de la edición 2011, en primer lugar se realiza un examen de los ítems en cuanto a su fiabilidad individual, para luego comprobar la fiabilidad de la escala. Posteriormente se realiza un análisis de la validez convergente y discriminante de las escalas y se finaliza estimando el modelo estructural en su conjunto realizando un estudio de la varianza explicada, los pesos de regresión estandarizados, la significación, la relevancia predictiva y la bondad del ajuste.

5.12.1 Fiabilidad individual de los ítems

Para evaluar la fiabilidad individual se procede de nuevo a examinar las cargas o correlaciones simples. Como se apuntó anteriormente, la carga estandarizada debe ser superior a 0,707 que indicaría que la varianza compartida entre el constructo y sus indicadores es mayor que la varianza del error (Carmines y Zeller, 1979).

La tabla 5.27 muestra las correlaciones simples para los ítems de la edición 2012. La correlación inferior tiene un valor de 0,617. Salvo este coeficiente, el resto muestra un valor superior al límite inferior más restrictivo. Es decir, el resto de ítems muestran un valor superior a 0,707.

También se comentó anteriormente que otros autores (Barclay et al., 1995) han relajado este valor hasta el 0,6. El coeficiente que presenta el valor más bajo es el ítem uno de la responsabilidad social corporativa.

Como vimos en el apartado descriptivo de las variables de la muestra, este valor tenía una media superior al resto. Este puede ser el motivo por el que presenta una menor correlación con el resto de ítems de la escala.

Tabla 5.27. Correlaciones simples de los ítems (edición 2012).

Constructo	Correlaciones simples
Actitud hacia el evento	
ACTEVE1	0,930
ACTEVE2	0,940
Actitud hacia el patrocinador	
ACTPAT1	0,890
ACTPAT2	0,929
ACTPAT3	0,904
Congruencia	
CONGRU1	0,926
CONGRU2	0,921
CONGRU3	0,893
FREASI	1
Identificación con el deporte	
IDEDEP1	0,751
IDEDEP2	0,759
IDEDEP3	0,738
IDEDEP4	0,736
Intención de asistencia	
INTASI1	0,825
INTASI2	0,895
INTASI3	0,918
Intención de compra	
INTCOM1	0,843
INTCOM2	0,851
INTCOM3	0,905

Tabla 5.27. (Continuación)

Constructo	Correlaciones simples
RSC	
RSC1	0,617
RSC2	0,867
RSC3	0,874
RSC4	0,865
RSC5	0,852
RSC6	0,729

5.12.2. Fiabilidad individual del constructo

De nuevo se procede al análisis de la fiabilidad individual de la medida del constructo, para lo que se emplea el análisis de fiabilidad compuesta (Werts et al., 1974). La tabla 5.28 muestra los coeficientes de fiabilidad compuesta (CR) y el alfa de Cronbach. Todos los valores cumplen los requisitos mínimos establecidos en 0,7 para la fiabilidad compuesta (Nunnally, 1978) y 0,8 para el alfa de Cronbach (Lévy, Mallou y González, 2003).

Tabla 5.28. Análisis de fiabilidad del constructo (edición 2012).

Constructo	CR	Alfa de Cronbach
Actitud hacia el evento	0,933	0,857
Actitud hacia el patrocinador	0,933	0,893
Congruencia	0,938	0,901
Frecuencia de asistencia	1,000	1,000
Identificación con el deporte	0,834	0,743
Intención de asistencia	0,911	0,856
Intención de compra	0,900	0,834
RSC	0,917	0,889

Queda demostrada por tanto la fiabilidad individual de los constructos. Así pues se procede a evaluar la validez convergente y discriminante.

5.12.3. Validez convergente

La tabla 5.29 muestra la varianza extraída de los constructos que se ha empleado para analizar la validez convergente. Se recomienda un valor no menor a 0,5 (Fornell y Larcker, 1981).

Tabla 5.29. Análisis de la varianza extraída de los constructos (edición 2012).

Constructo	AVE
Actitud hacia el evento	0,875
Actitud hacia el patrocinador	0,824
Congruencia	0,834
Frecuencia de asistencia	1,000
Identificación con el deporte	0,557
Intención de asistencia	0,775
Intención de compra	0,751
RSC	0,650

El constructo que presenta menor valor es la identificación con el deporte, con un coeficiente de 0,557, pero mayor que 0,5. Por lo tanto, se comprueba la validez convergente de la escala y se procede a evaluar la validez discriminante.

5.12.4. Validez discriminante

Al igual que con el modelo correspondiente a la edición 2011, se evalúa la validez discriminante mediante la dos formas recomendadas en la teoría. Para ello, en primer lugar, se han tomado las correlaciones cruzadas y se ha comprobado que no son significativas en relación con las cargas (Chin, 1998).

La tabla 5.30 muestra que ningún ítem carga más fuerte en otros constructos que en el suyo propio, por lo que se demuestra la validez discriminante de la escala mediante el primer método.

Tabla 5.30. Tabla de correlaciones cruzadas de los constructos (edición 2012).

	ACTEVE	ACTPAT	CONGRU	FREASI	IDEDEP	INTASI	INTCOM	RSC
ACTEVE1	**0,930**	0,508	0,439	0,196	0,538	0,531	0,366	0,411
ACTEVE2	**0,940**	0,525	0,508	0,238	0,551	0,577	0,428	0,458
ACTPAT1	0,501	**0,890**	0,683	0,111	0,417	0,384	0,613	0,429
ACTPAT2	0,513	**0,929**	0,704	0,128	0,457	0,441	0,592	0,464
ACTPAT3	0,488	**0,904**	0,688	0,135	0,448	0,433	0,536	0,459
CONGR1	0,459	0,738	**0,926**	0,128	0,448	0,412	0,548	0,447
CONGR2	0,479	0,678	**0,921**	0,180	0,442	0,444	0,494	0,439
CONGR3	0,454	0,671	**0,893**	0,154	0,456	0,433	0,529	0,439
FREASI	0,233	0,138	0,168	**1,000**	0,194	0,347	0,093	0,166
IDEDEP1	0,449	0,350	0,346	0,063	**0,751**	0,409	0,338	0,206
IDEDEP2	0,384	0,348	0,333	0,099	**0,759**	0,371	0,347	0,265
IDEDEP3	0,341	0,358	0,369	0,144	**0,738**	0,328	0,391	0,213
IDEDEP4	0,509	0,382	0,400	0,235	**0,736**	0,566	0,374	0,348

Tabla 5.30. (Continuación)

	ACTEVE	ACTPAT	CONGRU	FREASI	IDEDEP	INTASI	INTCOM	RSC
INTASI1	0,333	0,292	0,313	0,256	0,412	**0,825**	0,217	0,297
INTASI2	0,581	0,483	0,497	0,301	0,532	**0,895**	0,431	0,389
INTASI3	0,598	0,416	0,407	0,348	0,581	**0,918**	0,391	0,398
INTCOM1	0,364	0,571	0,533	0,096	0,437	0,386	**0,843**	0,362
INTCOM2	0,323	0,490	0,471	0,076	0,363	0,293	**0,851**	0,268
INTCOM3	0,412	0,595	0,487	0,069	0,456	0,374	**0,905**	0,334
RSC1	0,358	0,442	0,351	0,193	0,309	0,309	**0,342**	0,617
RSC2	0,414	0,414	0,376	0,072	0,282	0,282	**0,321**	0,867
RSC3	0,342	0,352	0,382	0,081	0,253	0,284	**0,252**	0,874
RSC4	0,319	0,351	0,361	0,146	0,240	0,301	**0,261**	0,865
RSC5	0,309	0,355	0,388	0,105	0,228	0,271	**0,272**	0,852
RSC6	0,439	0,427	0,432	0,174	0,368	0,487	**0,314**	0,729

En la tabla 5.31, se analiza la raíz cuadrada de las AVE en relación a las correlaciones de las variables latentes. Todos los constructos reflectivos se relacionan en mayor medida con sus propias medidas que con otros constructos.

De nuevo se observa y se demuestra la validez discriminante de la escala, por lo que se procede al análisis del modelo estructural.

Tabla 5.31. Evaluación de la validez discriminante (edición 2012).

	ACTEVE	ACTPAT	CONGRU	FREASI	IDEDEP	INTASI	INTCOM	RSC
ACTEVE	**0,935**							
ACTPAT	0,552	**0,907**						
CONGRU	0,507	0,763	**0,913**					
FREASI	0,233	0,138	0,168	**1,000**				
IDEDEP	0,582	0,486	0,491	0,194	**0,746**			
INTASI	0,593	0,462	0,470	0,347	0,588	**0,880**		
INTCOMP	0,426	0,641	0,574	0,093	0,486	0,408	**0,867**	
RSC	0,465	0,497	0,483	0,166	0,360	0,417	0,374	**0,836**

5.13. Estimación del modelo estructural de la edición 2012

5.13.1. Varianza explicada de las variables endógenas

La varianza explicada se ha examinado en la tabla 5.32. El R^2 debería ser igual o mayor a 0,1 (Falk y Miller, 1992) para mostrar un poder predictivo cuanto menos aceptable.

Tabla 5.32. Valores de la varianza explicada (edición 2012).

Constructo	R^2	Redundancia
Actitud hacia el evento	0,241	0,043
Actitud hacia el patrocinador	0,628	0,146
Congruencia	0,054	0,024
Intención de asistencia	0,456	0,209
Intención de compra	0,410	0,305

En virtud de los datos obtenidos, se encuentra que el constructo congruencia muestra un R^2 inferior a 0,1 por lo que la capacidad predictiva queda en entredicho, lo que denota un bajo poder predictivo de la variable frecuencia de asistencia sobre la variable congruencia (Hinkle, Wiersma, y Jurs, 1998; Pett, Lackey, y Sullivan, 2003; Pett, 1997). Aunque en términos generales se debe considerar que la variable no tiene capacidad predictiva, es aconsejable consultar los pesos de regresión, los niveles de significación y la bondad de ajuste del modelo.

El resto de variables superan el umbral de 0,1, por lo que se deduce que las variables que inciden sobre la actitud hacia el patrocinador permiten explicar el 62% de su varianza.

5.13.2. Pesos de regresión estandarizados

Los pesos de regresión estandarizados o coeficientes path se relacionan en la tabla 5.33. Como se puede observar, los coeficientes varían desde 0,005 a 0,64. El peso de regresión representan la medida en que cada variable predictora contribuye a la varianza explicada de las variables endógenas. Como se señalaba anteriormente, los coeficientes deberían tener un valor mínimo de 0,2 para considerarse predictores. Sin embargo, Chin (1998) razona que un valor entre 0,1 y 0,2 podría considerarse como influencia moderada. En virtud de los resultados, las relaciones entre la actitud hacia el evento y la actitud hacia el patrocinador, la frecuencia de asistencia y la actitud hacia el evento, la frecuencia de asistencia y la actitud hacia el evento, la frecuencia de asistencia y la congruencia, la RSC y la actitud hacia el patrocinador, y por último, la RSC y la intención de asistencia podrían considerarse como de influencia moderada.

Tabla 5.33. Pesos de regresión estandarizados (edición 2012).

Relación	Coeficientes path
ACTEVE -> ACTPAT	*0,195*
ACTEVE -> INTASI	0,325
ACTPAT -> INTCOM	0,640
CONGRU -> ACTPAT	0,614
FREASI -> CONGRU	*0,168*
FREASI -> ACTEVE	*0,160*
FREASI -> ACTPAT	*-0,030*
RSC -> ACTPAT	*0,114*
RSC -> INTASI	*0,141*

En cambio, la frecuencia de asistencia se considera que no contribuye a explicar la varianza de la intención de compra.

A continuación se presenta el modelo analizado en el que se resumen los pesos de regresión entre las variables predictoras, así como las correlaciones simples entre los ítems y sus respectivos constructos.

Figura 5.8. M2012 con pesos de regresión estandarizados y correlaciones simples.

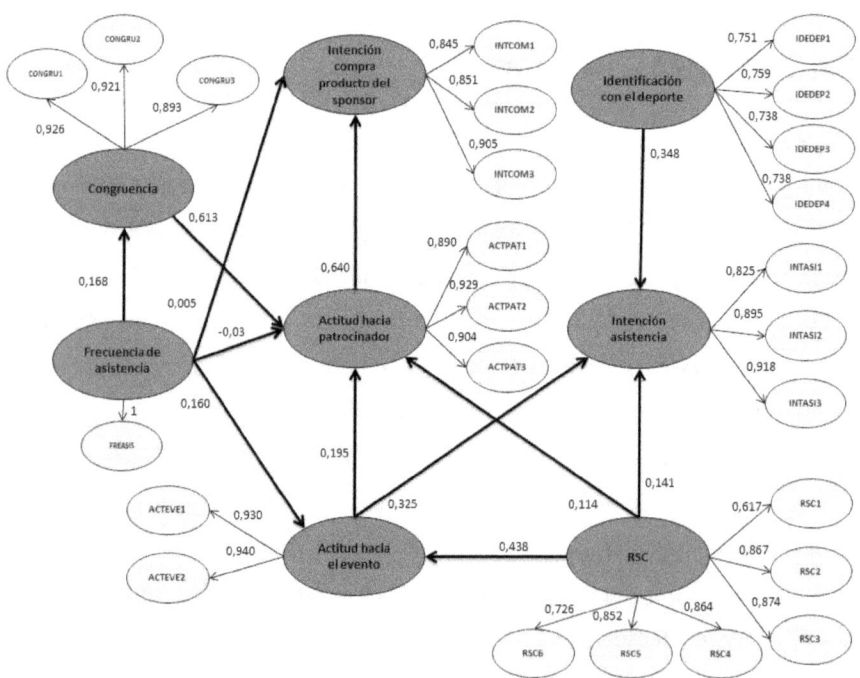

5.13.3. Niveles de significación de los coeficientes

Al igual que en la edición de 2011 se presentan los resultados procedentes del remuestreo gracias a la técnica bootstrapping. Como anteriormente y en función de las sugerencias de los autores (Hair et al., 2011; Henseler et al., 2009; Vinzi et al., 2010) se ejecutó bootstrapping con un total de 259 casos y 5000 muestras. Los coeficientes de significación de los caminos estructurales, así como el p-valor se muestran en las tablas 5.34 y 5.35.

Tabla 5.34. Coeficientes de significación de los caminos estructurales (edición 2012).

Constructo	Coeficientes de significación
ACTEVE -> ACTPAT	4,097
ACTEVE -> INTASI	4,937
ACTPAT -> INTCOM	14,925
CONGRU -> ACTPAT	11,389
FREASI -> ACTEVE	3,472
FREASI -> ACTPAT	*1,001*
FREASI -> CONGRU	3,058
FREASI -> INTCOM	*0,166*
IDEDEP -> INTASI	5,868
RSC -> ACTEVE	9,340
RSC -> ACTPAT	2,644
RSC -> INTASI	2,554

Tabla 5.35. Contraste de hipótesis (edición 2012).

Constructo	p-valor
ACTEVE -> ACTPAT	p<0,001
ACTEVE -> INTASI	p<0,001
ACTPAT -> INTCOM	p<0,001
CONGRU -> ACTPAT	p<0,001
FREASI -> ACTEVE	p<0,01
FREASI -> ACTPAT	*p>0,05*
FREASI -> CONGRU	p<0,01
FREASI -> INTCOM	*p>0,05*
IDEDEP -> INTASI	p<0,001
RSC -> ACTEVE	p<0,001
RSC -> ACTPAT	p<0,05
RSC -> INTASI	p<0,05

Se observa que dos relaciones del modelo estructural presentan los niveles de significación por debajo de 1,96, lo que indica que el p-valor es superior a 0,05 y por lo tanto no significativa. Por lo tanto, para un nivel de confianza del 95% las relaciones entre la frecuencia de asistencia y la actitud hacia el patrocinador y la intención de compra no resultan significativas.

La figura siguiente resumen de forma ilustrativa las relaciones entre los constructos del modelo a análisis. Se presentan los niveles de significación entre las variables así como entre los ítems.

Figura 5.9. Resultado del contraste de hipótesis para el M2012.

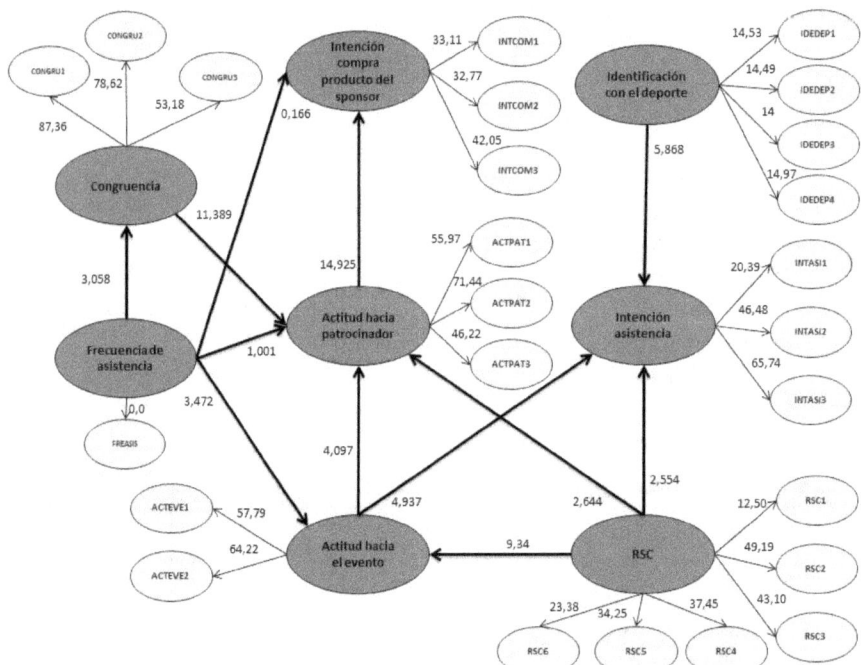

5.13.4. Relevancia predictiva

Para la obtención del estadístico Q^2 se ha procedido a realizar el test de Stone-Geisser para examinar el grado en que los coeficientes de las variables endógenas son reproducidos a partir de los valores de sus respectivos constructos en la muestra a partir de los coeficientes ajustados (Tenenhaus et al., 2005). Para ello se utiliza de nuevo el procedimiento blindfolding. Como se hizo para el M2011, se aplica una distancia de omisión igual a 5. El resultado puede consultarse en la tabla 5.36.

Tabla 5.36. Valores de los coeficientes Q^2 (edición 2012).

Constructo	Q^2
Actitud hacia el evento	0,203
Actitud hacia el patrocinador	0,504
Congruencia	0,024
Intención de asistencia	0,335
Intención de compra	0,281

Todos los constructos tienen un valor superior a 0, por lo que se deduce que los constructos sí tienen relevancia predictiva. También muestra relevancia predictiva la congruencia, que tiene un valor superior a 0,024, aunque anteriormente la R^2 arrojase un valor inferior a 0,1.

5.13.5. Bondad de ajuste

La bondad de ajuste del modelo se vuelve a calcular según la fórmula descrita para la edición 2011, y teniendo en cuenta la R^2 y la AVE. Los resultados se aprecian en la tabla 5.37.

El índice de bondad de ajuste del modelo es 0,374. El GoF del anterior modelo era de 0,638. Aunque según Wetzels et al. (2009) el coeficiente de bondad de ajuste es alto, pues supera el valor de 0,36, es inferior al del M2011. Esto denota que el modelo de la edición 2012 se ajusta peor que el modelo de la edición 2011.

Tabla 5.37. Cálculo del índice de ajuste del modelo (edición 2012).

Constructo	R^2	AVE
Actitud hacia el evento	0,241	0,875
Actitud hacia el patrocinador	0,628	0,824
Congruencia	0,054	0,834
Intención de asistencia	0,456	0,775
Intención de compra	0,41	0,751
Media	0,173	0,809
GoF	0,374	

5.13.6. Efectos directos y totales edición 2012

Al igual que en la edición 2011, para esta edición se muestran los efectos directos y totales de todas las relaciones descritas en el modelo, así como la varianza explicada por las mismas. Como se puede apreciar en la tabla 5.38, y según el criterio establecido por Falk y Miller (1992), dos relaciones no llegan a explicar un porcentaje lo suficientemente elevado de la varianza del constructo dependiente endógeno. Se trata de la frecuencia de asistencia sobre la actitud hacia el patrocinador y la frecuencia de asistencia sobre la intención de compra. Ambas no superan el 1,5% de la explicación de la varianza. Como era de esperar ambas variables no tuvieron una carga significativa sobre sus respectivos constructos, alcanzando un p-valor superior a 0,05.

Presentan un valor de la varianza explicada relativamente alto las relaciones que soportan la estructura vertebral del modelo de transmisión de imagen, es decir, la relaciones entre la actitud hacia el evento y la actitud hacia el patrocinador, y, a su vez, la relación entre la actitud hacia el patrocinador y la intención de compra.

Tabla 5.38. Efectos directos, indirectos y totales del modelo 2012.

Relación	Efecto directo		Efecto total		t
	Coef.	Varianza explicada	Coef.	Varianza explicada	
ACTEVE -> ACTPAT	0,194	10,74%			4,097
ACTEVE -> INTASI	0,324	19,23%			4,937
ACTEVE -> INTCOM			0,124	5,3%	3,984
ACTPAT -> INTCOM	0,639	40,95%			14,925
CONGRU -> ACTPAT	0,613	46,77%			11,389
CONGRU -> INTCOM			0,392	22,52%	8,554
FREASI -> ACTEVE	0,160	3,73%			3,472
FREASI -> ACTPAT	-0,03	1,44%	0,104	1,43%	1,001
FREASI -> CONGRU	0,168	2,82%			3,058
FREASI -> INTASI			0,052	1,78%	2,583
FREASI -> INTCOM	0,005	0,04%	0,071	0,66%	0,166
IDEDEP -> INTASI			0,347	20,38%	5,868
RSC -> ACTEVE	0,438	20,36%			9,340
RSC -> ACTPAT	0,114	5,66%	0,199	9,88%	2,644
RSC -> INTASI	0,141	5,87%	0,282	11,75%	2,554
RSC -> INTCOM			0,127	4,74%	4,018

5.14.7. Tamaño del efecto de la frecuencia de asistencia

En el modelo de la edición 2012, al igual que ocurría en el modelo de la edición 2011, un constructo carga sobre una variable con un coeficiente del peso estandarizado menor al recomendado. En este caso es la frecuencia de asistencia sobre la congruencia. Además la congruencia presenta un R^2 menor al recomendado, siendo la única variable que carga sobre ella la frecuencia de asistencia. Por ello, se vuelve a calcular el tamaño del efecto en pos de arrojar luz sobre la relación presentada en el modelo estructural.

Tabla 5.39. Tamaño del efecto para la relación FREASI->ACTEVE y CONGRU.

Relación	R^2 incluida	R^2 excluida	f^2
FREASI -> ACTEVE	0,241	0,216	0,032
FREASI -> CONGRU	0,054	0,000	0,057

El tamaño del efecto se considera bajo. Por lo tanto, y aunque la relación era considerada como significativa, el tamaño del efecto de la frecuencia de asistencia sobre la congruencia es bajo y la medida en que contribuye a la varianza explicada de las variable también es débil, como mostraba el coeficiente path. Sin embargo, se trata de un constructo válido y fiable que explica más del 2,5% de la varianza de los constructos actitud hacia el evento y congruencia.

5.14.8. Tamaño del efecto de la actitud hacia el evento (Edición 2012)

En la tabla 5.40 se muestra el resultado del tamaño del efecto para una de las relaciones estructurales vertebrales de la transmisión de los efectos del patrocinio. Se tata de una variable valida y fiable, que presenta un peso de regresión estandarizado de 0,195, lo que representa un valor relativamente bajo en comparación con los valores sugeridos de 0,2 y 0,3.

No obstante, la actitud hacia el evento explica un 10,74% de la varianza de la actitud hacia el patrocinador, y se ha comprobado que se trata de una relación significativa con un p-valor menor a 0,001.

Tabla 5.40. Tamaño del efecto para la relación ACTEVE -> ACTPAT.

Variable	R^2 incluida	R^2 excluida	f^2
ACTEVE -> ACTPAT	0,628	0,602	0,069

5.14.9. Tamaño del efecto de la RSC

La tabla 5.41 presenta el tamaño del efecto de las relaciones estructurales de la RSC en relación con la intención de asistencia y la actitud hacia el patrocinador. Ambas relaciones tiene un tamaño del efecto débil, pero son significativas, válidas y fiables. Además explica un 5,87% y 5,66% de la varianza sobre sus respectivos constructos.

Tabla 5.41. Tamaño del efecto para la relación RSC -> INTASI y ACTPAT.

Variable	R^2 incluida	R^2 excluida	f^2
RSC -> INTASI	0,456	0,441	0,027
RSC -> ACTPAT	0,628	0,618	0,026

5.15. Relación resumen de hipótesis soportadas y no soportadas para ambos modelos

En la tabla 5.42 se presentan todas las hipótesis planteadas para ambos modelos, junto con una indicación sobre si han sido o no soportadas. En conclusión se han soportado 18 de las 20 relaciones propuestas en los dos modelos, sin olvidar que aún se debe analizar la hipótesis número 17 sobre la moderación de la implicación con el evento sobre el efecto de transmisión de imagen.

Dos hipótesis no han sido soportadas, ambas relacionadas con la frecuencia de asistencia al evento deportivo. En concreto, la relación entre la frecuencia de asistencia y la actitud hacia el patrocinador y la relación con la intención de compra.

Tabla 5.42. Resumen de las hipótesis planteadas.

Hipótesis	Descripción	Soportada
H_1	La percepción de calidad de un sitio web tiene una influencia positiva en la actitud de los consumidores hacia el sitio web.	✓
H_2	La percepción de calidad de un sitio web tiene una influencia positiva en la actitud de los consumidores hacia la marca patrocinadora.	✓
H_3	El desarrollo de una actitud positiva hacia la página web influye en el desarrollo de una actitud positiva hacia la marca del evento.	✓
H_{4a}	La actitud hacia el evento (el patrocinado) ejerce una influencia positiva en la actitud hacia el patrocinador en el modelo 2011.	✓
H_{4b}	La actitud hacia el evento (el patrocinado) ejerce una influencia positiva en la actitud hacia el patrocinador en el modelo 2012.	✓
H_{5a}	La actitud hacia el patrocinador influye positivamente en la intención de compra de productos del patrocinador en el modelo 2011.	✓
H_{5b}	La actitud hacia el patrocinador influye positivamente en la intención de compra de productos del patrocinador en el modelo 2012.	✓
H_{6a}	La actitud hacia el evento influye positivamente en la intención de asistencia al evento en el modelo 2011.	✓
H_{6b}	La actitud hacia el evento influye positivamente en la intención de asistencia al evento en el modelo 2012.	✓

Tabla 5.42. (Continuación)

Hipótesis	Descripción	Soportada
H_7	El grado de recuerdo que el consumidor tenga de la marcas patrocinadoras del evento influye en la actitud hacia el patrocinador.	✓
H_8	La frecuencia de asistencia tiene una influencia directa y positiva sobre la actitud hacia la marca patrocinadora.	✗
H_9	La frecuencia de asistencia tiene una influencia directa y positiva sobre la actitud mostrada por el consumidor hacia el evento.	✓
H_{10}	La frecuencia de asistencia tiene una influencia directa y positiva sobre la intención de compra de los productos del patrocinador del evento.	✗
H_{11}	El ajuste percibido por parte del consumidor entre el patrocinador y el patrocinado tiene una influencia positiva en la actitud hacia el patrocinador.	✓
H_{12}	La frecuencia de asistencia influye de forma positiva y directa sobre la percepción que el consumidor tenga del ajuste entre patrocinado y el patrocinador.	✓
H_{13}	El grado de identificación con el deporte que muestre un consumidor influye directa y positivamente en la intención de asistencia al evento deportivo en el modelo 2012.	✓
H_{14}	El grado en que los consumidores valoran la RSC desarrollada por la entidad organizadora del evento está positiva y directamente relacionada con la actitud hacia el evento.	✓
H_{15}	El grado en que los consumidores valoran la RSC desarrollada por la entidad organizadora del evento está positiva y directamente relacionada con la actitud hacia el patrocinador del evento.	✓
H_{16}	El grado en que los consumidores valoran la RSC desarrollada por la entidad organizadora del evento está positiva y directamente relacionada con la intención de asistencia.	✓

5.16. Análisis multigrupo del modelo edición 2012

La última hipótesis de la investigación deduce que la implicación con el evento ejercerá una influencia significativa como variable moderadora en el proceso de transmisión de imagen en el ejercicio del patrocinio. Así pues, los consumidores más involucrados procesarán mejor el mensaje que los individuos menos implicados.

A la hora de trabajar con los diferentes grupos muestrales, tradicionalmente los modelos de ecuaciones estructurales han tenido en cuenta la heterogeneidad de las observaciones, y que éstas pueden ser asignadas a los segmentos a priori, por ejemplo, rasgos geográficos y demográficos (Wedel y Kamakura, 2000)..

Para dividir la muestra en segmentos se han propuesto procesos secuenciales en los que se aplica un algoritmo de agrupamiento como el de k-medias, en las puntuaciones de variables manifiestas o latentes. Sin embargo, los algoritmos de agrupamiento diferentes dan resultados diferentes y, hasta la fecha, hay poca orientación sobre cómo elegir el mejor procedimiento (Jedidi, Jagpal, y DeSarbo, 1997).

Los estudios empíricos y experimentos numéricos muestran que estos procedimientos secuenciales no son robustos y desarrollan un mal desempeño en términos de recuperación de parámetros (Marko Sarstedt y Ringle, 2010). Por lo tanto, si los investigadores no tienen una justificación a priori para distinguir los subgrupos dentro de una población, los enfoques que permiten la identificación y el tratamiento de la heterogeneidad no observada parecen ser la mejor opción.

Por ello, para medir el efecto moderador se ha procedido a realizar una segmentación con el objeto de dividir la muestra en diferentes subgrupos, según la implicación mostrada con el evento. Para ello se emplean dos instrumentos: un análisis Clúster y una segmentación FIMIX-PLS (finite mixture partial least squares).

En primer lugar se procede a realizar un análisis clúster según el método de Ward para identificar los consumidores de deporte con diferentes niveles de vinculación con el evento. El análisis clúster es una herramienta de análisis de datos que clasifica los objetos en diferentes grupos, de manera que el grado de asociación entre dos objetos es máximo si pertenecen al mismo grupo y mínimo de otra manera (Brusco y Steinley, 2006; Dolnicar y Leisch, 2004; Huang, Tzeng, y Ong, 2007; Ja-Shen, Ching, y Yi-Shen, 2004; Steinley y Brusco, 2011).

5.16.1. División de la muestra

Siguiendo el método empleado anteriormente por Llorens (2011) y Alexandris y Tsiotsou (2012), se han obtenido dos submuestras en base a la puntuación media de los elementos en la implicación con el evento, las cuales se han identificado como grupo1 y grupo2. El grupo1 ha sido descrito como "individuos con baja implicación", mientras que el grupo2 ha sido caracterizado como "individuos con una media y alta implicación".

Posteriormente se ha realizado un análisis de la varianza (ANOVA) con el fin de comprobar que existen ciertamente diferencias significativas entre ambos grupos.

El nivel de significación para la diferencia de medias obtenido mediante ANOVA no superó en ningún momento el valor 0,000, lo que corrobora la existencia de diferencias significativas entre ambos grupos para el nivel de implicación.

El grupo1 alcanzó un total de 45 individuos, o lo que es lo mismo, el 17% de la muestra, mientras que el grupo2 agrupaba un total de 214 individuos (82%) de la muestra total.

5.16.2. FIMIX-PLS

Hahn, Johnson, Herrmann, y Huber (2002) introdujeron la técnica FIMIX-PLS para la detección de segmentos latentes. La técnica fue más tarde desarrollada por Ringle, Sarstedt y Mooi (2010) e implementada en el software SmartPLS (Ringle, Wende, y Will, 2005). El método identifica las clases latentes en el modelo sin establecer una clasificación a priori. Es decir, parte de la idea de que la población total está dividida en submuestras.

Los estudios de simulación (Marko Sarstedt y Ringle, 2010) subrayan la capacidad favorable de este enfoque en comparación con los métodos de segmentación alternativos. Además, los estudios empíricos (Hahn, 2002) también revelan que FIMIX-PLS tiene características ventajosas para diferenciar, especificar e interpretar los resultados de los análisis de modelos PLS.

La metodología sigue un proceso iterativo de la siguiente forma:

- En primer lugar se calcula la solución para un determinado número de segmentos.
- Después se comparan los resultados para clasificar los segmentos. Es usual en esta etapa seleccionar los criterios para determinar el número de segmentos. Para tal fin se recomiendan (Sarstedt, Becker, Ringle, y Schwaiger, 2011) los índices Akaike (AIC3) (Akaike, 1973), AIC consistente (CAIC) (Bozdogan, 1987) y entropía normada (EN) (Ramaswamy, DeSarbo, Reibstein, y Robinson, 1993).

- Por último se evalúan los segmentos de forma separada y se selecciona el resultado que a juicio del investigador emplea un menor número de segmentos con el mayor índice de probabilidad de ajuste.

La tabla 5.43 muestra el número de segmentos empleados en la división de la muestra y el valor del coeficiente EN. Dicho coeficiente alcanza el mayor valor cuando la muestra está divida en dos segmentos, resultado que confirma lo obtenido mediante el método Clúster. A continuación se procede al análisis descriptivo de ambos grupos.

Tabla 5.43. Segmentación de la muestra.

Número de segmentos	EN
K=2	0,830
K=3	0,787
K=4	0,596

5.16.3. Análisis descriptivo de los grupos

La tabla 5.44 muestra los dos grupos resultantes descritos según la frecuencia pasada de asistencia al evento. Como era previsible, los individuos más implicados son los individuos que más veces han asistido al evento.

Tabla 5.44. Descripción de la muestra segmentada en función de la frecuencia de asistencia.

Frecuencia de asistencia	Baja implicación	Media y alta implicación	Total
Nunca	26	31	57
Porcentaje	45,60%	54,40%	100,00%
% del total	10,00%	12,00%	22,00%
Una vez	15	69	84
Porcentaje	17,90%	82,10%	100,00%
% del total	5,80%	26,60%	32,40%
Dos veces	3	50	53
Porcentaje	5,70%	94,30%	100,00%
% del total	1,20%	19,30%	20,50%
Tres veces	1	28	29
Porcentaje	3,40%	96,60%	100,00%
% del total	0,40%	10,80%	11,20%
Cuatro veces	0	6	6
Porcentaje	0,00%	100,00%	100,00%
% del total	0,00%	2,30%	2,30%

Tabla 5.44. (Continuación)

Frecuencia de asistencia	Baja implicación	Media y alta implicación	Total
Cinco veces ó más	0	30	30
Porcentaje	0,00%	100,00%	100,00%
% del total	0,00%	11,60%	11,60%
Total	45	214	259
Porcentaje	17,40%	82,60%	100,00%
% del total	17,40%	82,60%	100,00%

En consonancia con la descripción de la muestra de los dos subgrupos, en la tabla 5.45 se observan ambos grupos caracterizados en función del sexo. Se observa que en función de la implicación el sexo está distribuido equitativamente. Así pues, la prueba de la Ji-Cuadrado revela un significancia mayor que 0,05 que constata que no existen diferencias significativas entre las frecuencias.

Tabla 5.45. Descripción de la muestra en función del sexo.

Sexo		Baja implicación	Media y alta implicación	Total
Femenino	Recuento	19	93	112
	Porcentaje	17,00%	83,00%	100,00%
	% del total	7,30%	35,90%	43,20%
Masculino	Recuento	23	121	144
	Porcentaje	16,00%	84,00%	100,00%
	% del total	8,90%	46,70%	55,60%
	Total	45	214	259
	Porcentaje	17,40%	82,60%	100,00%
	% del total	17,40%	82,60%	100,00%

En la tabla 5.46 se muestran las medias y nivel de significación para cada ítem del modelo. Se comprueba que existen claramente dos grupos diferenciados, es decir, el grupo de consumidores alta y medianamente implicados con el evento y los consumidores con una implicación baja.

Tabla 5.46. Media y nivel de significación para la prueba ANOVA de la muestra segmentada.

Ítem	Grupo	Media	Sig. ANOVA
IMPEVE1	Grupo1	3,56	0,000
	Grupo2	4,79	0,000
IMPEVE2	Grupo1	2,31	0,000
	Grupo2	4,26	0,000

Tabla 5.46. (Continuación)

Ítem	Grupo	Media	Sig. ANOVA
IMPEVE3	Grupo1	2,76	0,000
	Grupo2	4,63	0,000
RSC1	Grupo1	3,53	0,000
	Grupo2	4,33	0,000
RSC2	Grupo1	3,2	0,000
	Grupo2	3,94	0,000
RSC3	Grupo1	2,91	0,000
	Grupo2	3,66	0,000
RSC4	Grupo1	2,93	0,000
	Grupo2	3,68	0,000
RSC5	Grupo1	2,67	0,000
	Grupo2	3,54	0,000
RSC6	Grupo1	3,58	0,000
	Grupo2	4,34	0,000
IDEDEP1	Grupo1	4,31	0,000
	Grupo2	4,78	0,000
IDEDEP2	Grupo1	3,76	0,000
	Grupo2	4,43	0,000
IDEDEP3	Grupo1	3,62	0,000
	Grupo2	4,3	0,000
IDEDEP4	Grupo1	3,04	0,000
	Grupo2	4,38	0,000
ACTEVE1	Grupo1	3,2	0,000
	Grupo2	4,5	0,000
ACTEVE2	Grupo1	3,42	0,000
	Grupo2	4,58	0,000
INTASI1	Grupo1	3,47	0,000
	Grupo2	4,52	0,000
INTASI2	Grupo1	3,24	0,000
	Grupo2	4,56	0,000

5.17. Contraste del modelo

En los modelos PLS la modelización en múltiples grupos es un campo novedoso de investigación, con un desarrollo continuo. La primera aproximación fue desarrollada por Keil et al. (2000) con el objetivo de averiguar si un determinado parámetro de la población difiere en dos subpoblaciones en función de los valores culturales.

5.17.1 Suposición paramétrica

En el análisis de multi-grupo, la hipótesis es que un determinado parámetro de la difiere en dos o más subpoblaciones. Tradicionalmente un análisis multi-grupo consta de dos pasos. En una primera etapa, se analiza una muestra de cada subpoblación y en un segundo paso, se evalúa la significación de las diferencias entre los grupos.

Chin (2000), así como Keil et al. (2000), proponen utilizar t-test para muestras no pareadas con el fin de comprobar si hay una diferencia significativa entre los dos parámetros específicos de grupo, sugiriendo la comparación de la estimación de los parámetros del primer grupo con la estimación de los parámetros del segundo grupo. La fórmula es la siguiente:

Fórmula 5.4. T-test para muestras no pareadas.

$$t = \frac{b^{(1)} - b^{(2)}}{\sqrt{\dfrac{n^{(1)} - 1}{n^{(1)}}se(b^{(1)})^2 + \dfrac{n^{(2)} - 1}{n^{(2)}}se(b^{(2)})^2}}$$

$b^{(1)}$ $b^{(2)}$ denotan los parámetros estimados de los coeficientes de la relación en la submuestra uno y dos respectivamente, $n^{(1)}$ y $n^{(2)}$ el número de observaciones en la submuestra uno y dos respectivamente, y $se(b^{(1)})$ $se(b^{(2)})$, el error estándar del coeficiente de la relación.

5.17.2. Suposición no paramétrica

Los procedimientos de asignación aleatoria o de permutación son los métodos más usuales en pruebas de significación para datos no normales entre grupos. Estas técnicas no requieren supuestos paramétricos, por lo que son más acordes con los modelos PLS. Dado que estos métodos no requieren supuestos específicos relativos a la distribución de la muestra (con la importante excepción de la hipótesis de observaciones independientes), las pruebas de permutación se aplican cada vez más (Chin y Dibbern, 2010). Una prueba de permutación basada en la asignación al azar es válida para cualquier tipo de muestra, independientemente de cómo se selecciona la muestra.

Una prueba de permutación puede evaluar si la clasificación específica de los individuos de los grupos diseñados es significativamente mejor que cualquier otra clasificación al azar en grupos arbitrarios. A medida que los grupos se forman de una manera aleatoria, se supone que no existe diferencia entre ellos (Golland, Liang, Mukherjee, y Panchenko, 2005).

5.17.3. Análisis multi-grupo

Una vez obtenidos los grupos de consumidores según su implicación con el evento, se procede a realizar un análisis multi-grupo mediante el procedimiento de asignación aleatoria o permutación (Chin y Dibbern, 2010).

La tabla 5.47 muestra las relaciones estructurales propuestas en el modelo así como el contraste de los pesos de regresión estandarizados entre los grupos uno y dos. Además se muestra el p-valor y el resultado de la significancia en el contraste.

Tabla 5.47. Contraste de hipótesis en análisis multi-grupo.

Variables latentes	Diferencia	P	Significativo
ACTEVE -> ACTPAT	0,251	0,010	Si
ACTEVE -> INTASI	0,216	0,089	No
ACTPAT -> INTCOM	0,165	0,040	Si
CONGRU -> ACTPAT	0,106	0,099	No
FREASI -> ACTEVE	0,148	0,277	No
FREASI -> ACTPAT	0,288	0,010	Si
FREASI -> CONGRU	0,225	0,099	No
FREASI -> INTCOM	0,362	0,010	Si
IDEDEP -> INTASI	0,064	0,614	No
RSC -> ACTEVE	0,020	0,881	No
RSC -> ACTPAT	0,028	0,614	No
RSC -> INTASI	0,011	0,931	No

Como se observa en la tabla, los pesos de regresión estandarizados, resultan significativamente diferentes en cuatro relaciones: la relación entre la actitud hacia el evento y la actitud hacia el patrocinador, entre la actitud hacia el patrocinador y la intención de compra, entre la frecuencia de asistencia y la actitud hacia el patrocinador y, por último, entre la frecuencia de asistencia y la intención de compra.

Como se sometió a hipótesis, los consumidores no procesan de la misma forma el efecto del patrocinio según su implicación con el evento. En este sentido, es factible pensar que los individuos más implicados procesan la transmisión de imagen del patrocinado al patrocinador, y en cambio, los individuos menos implicados no lo hacen.

En cuanto a la relaciones procedentes e influidas por la frecuencia de asistencia, se detecta igualmente una diferencia significativa en el contraste de la varianza explicada. No obstante, aunque existe una diferencia significativa, ambas relaciones no fueron soportadas tras la estimación del modelo estructural del evento 2012.

El siguiente paso consiste en realizar un análisis individual de ambos segmentos, en las mismas condiciones que el realizado previamente, pero para los grupos definidos en función de la implicación con el evento. Dicho análisis nos permitirá evaluar los niveles de significación de los coeficientes.

La tabla 5.48 muestra los índices de significación para los coeficientes de las relaciones que mostraban diferencias significativas en su pesos de regresión estandarizados.

Para el principal efecto de la transmisión de imagen en el patrocinio queda demostrado que en el grupo de los consumidores menos implicados no se produce dicha transmisión, pues el coeficiente de significación es menor a 1,96 y por lo tanto no significativo.

Para los consumidores más implicados sí se produce dicha transmisión de imagen desde el evento al patrocinador, pues el coeficiente de significación es mayor a 1,96, y por lo tanto queda soportada dicha relación con un nivel de confianza del 95%.

Tabla 5.48. Índices de significación para las relaciones significativas.

Variables latentes	Grupo 1	Grupo 2
ACTEVE -> ACTPAT	1,605	3,445
ACTPAT -> INTCOM	7,346	12,595
FREASI -> ACTPAT	2,624	0,844
FREASI -> INTCOM	0,466	0,449

La relación entre la actitud hacia el patrocinador y la intención de compra resulta significativa para ambos grupos, por lo que la actitud hacia el patrocinador influye positivamente en la intención de compra independientemente del nivel de implicación con el evento. No obstante, el coeficiente de regresión sí resulta significativamente diferente para ambos grupos, por lo que se puede concluir que el efecto es más potente en los individuos de mayor implicación.

La relación entre la frecuencia de asistencia y la intención de compra no resulta significativa en ambas muestras.

Finalmente, resulta de especial interés examinar la relación entre la frecuencia de asistencia y la actitud hacia el patrocinador. Como se puede observar, la frecuencia de asistencia no influye positivamente en la intención de compra para los consumidores implicados, pero sí para los consumidores no implicados. Se recuerda que los consumidores no implicados asistían menos al evento pues mostraban una menor frecuencia de asistencia. Por lo tanto, queda soportada la hipótesis H17.

Tabla 5.49. Soporte hipótesis 17.

Hipótesis	Descripción	Soportada
H_{17}	La implicación con el evento ejercerá una influencia significativa como variable moderadora en el proceso de transmisión de imagen en el ejercicio del patrocinio. Así pues, los consumidores más involucrados se verán más afectados por el mensaje de patrocinio.	✓

5.18. Resumen de los resultados

Este apartado resumen pretende ser una sinopsis del trabajo estadístico realizado en el tratamiento de los datos y sus posteriores resultados, antes de exponer de forma sintetizada las conclusiones que se puedan extraer en el siguiente capítulo.

El proceso de análisis comenzó depurando la base de datos, analizando los datos perdidos, ausentes y valores atípicos. Se consideró emplear el método de análisis listwise por las características de la muestra, y dado que el grado de acabado de los cuestionarios que así lo recomendaba. Posteriormente se examinaron los datos descriptivos de la muestra, así como de las variables utilizadas en el análisis para seguidamente comprobar la estructura de distribución de los datos.

Debido a la no normalidad de los datos de empleó un análisis PLS para estudiar y evaluar el modelo de medida y el modelo estructural. Para acreditar que los constructos y los ítems empleados eran válidos y fiables se procedió al análisis de los datos mediante el programa informático SmartPLS. Ambas bases de datos correspondientes a dos ediciones del Valencia Open 500 fueron evaluadas mediante un estudio de fiabilidad individual y del constructo, junto con un chequeo de la validez convergente y discriminante. Posteriormente se procedió a resolver el modelo de medida mediante el examen de la varianza explicada de las variables endógenas, utilizando para ello el estadístico R^2. Los pesos de regresión estandarizados revelaron las cargas de los constructos sobre las variables explicadas. Subsiguientemente, los procedimientos bootstrapping y blindfolding nos permitieron evaluar el modelo estructural mediante el estudio de los niveles de significación, la relevancia predictiva y la bondad de ajuste.

Se desvelaron los efectos directos e indirectos de las relaciones descritas en el modelo, para ulteriormente estudiar el tamaño del efecto de las relaciones que se mostraron más conflictivas.

Se soportaron todas las hipótesis planteadas menos dos de ellas relacionadas con la frecuencia de asistencia. Finalmente, para comprobar el efecto moderador de la implicación con el evento, se dividió la muestra en dos segmentos, permitiendo el análisis multi-grupo corroborar dicho efecto moderador de la implicación.

Capítulo 6. Conclusiones

6.1. Introducción

El presente capítulo de conclusiones tiene el objetivo de describir y examinar los resultados de la investigación. Se propondrán un conjunto de recomendaciones, tanto generales como específicas, destinadas a facilitar la tarea de implementación de un modelo de comunicación de un evento deportivo y de sus correspondientes patrocinadores. Para terminar, se comentarán las principales limitaciones del presente trabajo, así como las futuras líneas de investigación que se vislumbran tras la presentación del presente trabajo.

El principal objetivo de esta investigación era conocer y medir el proceso de transmisión de imagen derivado del desarrollo de un proyecto de patrocinio de un evento deportivo. Para ello se plantearon dos modelos en sendas convocatorias del mismo evento en dos años sucesivos. Este planteamiento permitió comprobar la estabilidad de las conclusiones alcanzadas en relación con el mecanismo de transmisión de imagen desde el patrocinador al patrocinado. Además, esta metodología permitió probar el efecto adicional de diferentes variables determinantes de la intención.

Por tanto, ambos modelos muestran una estructura vertebral común que define el proceso de transmisión de imagen establecido por Gwinner (1997), y que más tarde fue empleado por otros autores como Cianfrone y Zhang (2006) o Roy y Cornwell (2003). Ambos modelos establecen un proceso de transmisión de imagen del patrocinado al patrocinador. Este efecto de transmisión afectiva es evaluado mediante la actitud. Para medir la eficacia del patrocinio ambos modelos evalúan la intención de compra como resultado final del ejercicio del patrocinio.

Este capítulo de conclusiones mostrará pues, en primer lugar, las principales conclusiones teóricas sobre patrocinio y patrocinio deportivo. Posteriormente, se comentarán las conclusiones empíricas resultado del proceso de análisis de los datos. A continuación se propondrán algunas recomendaciones para implementar los modelos de gestión de las entidades deportivas y no deportivas interesadas en patrocinio para finalmente discutir las limitaciones y las futuras líneas de investigación.

6.2. Conclusiones teóricas

6.2.1. Los productos y eventos deportivos

El diseño estructural de la tesis permitió en primer lugar realizar una aproximación a las características de un evento deportivo y su importancia en el mercado de ocio concluyendo lo siguiente:

- Las entidades deportivas obtienen un volumen de ingresos indirectos mayores a los ingresos directos. Lo que significa que los ingresos por patrocinio y venta de derechos de imagen superan los ingresos por venta de abonos y entradas al evento.

- Los eventos deportivos tienen una gran repercusión social a nivel internacional, un amplio número de asistentes y presencia en los medios de comunicación (Añó Sanz, 2003).

- Los eventos deportivos tienen un gran impacto en la sociedad y específicamente en la ciudad organizadora del evento. Entre los agentes involucrados en el flujo económico se encuentran las familias, los comercios, el sector exterior, el sector público y la industria.

- El evento deportivo puede influir en la probabilidad de que el espectador o visitante pueda reelegir el destino en una ocasión posterior (Bigné, Sánchez, y Sánchez, 2001) y estimular el impacto económico de la comunidad o ciudad de acogida (Gratton, Shilbi, y Coleman, 2005).

- Internet se ha convertido en un medio masivo de comunicación mediante el cual un evento deportivo puede darse a conocer y atraer consumidores. Mediante un sitio web en línea el evento deportivo puede alcanzar un mayor mercado en todo el mundo. Por esto, Internet se ha convertido en un medio esencial de comunicación para cualquier entidad organizadora de un evento deportivo específicamente, y en general para cualquier empresa de ocio deportivo.

- La página web aumenta la lealtad del cliente y el posicionamiento de la marca (Brown, 1998). Además permite comercializar no solo el evento principal, sino también merchandising y otros productos relacionados.

- Uno de los aportes teóricos más interesantes en este apartado ha consistido en agrupar las principales líneas de investigación sobre comercialización en línea de servicios deportivos en seis categorías: (1) Estudios sobre la importancia y la función de Internet y los sitios web deportivos; (2) estudios sobre el contenido web de páginas deportivas orientadas a la gestión de marketing; (3) oportunidades de comercialización de sitios web deportivos; (4) estudio de los usuarios, sus motivaciones y sobre las oportunidades de comercialización y características de los deportes de fantasía en línea; (5) estudios relacionados con la comunicación de eventos deportivos a través de Internet y (6) comportamiento de los usuarios o funciones específicas de los sitios web deportivos.

6.2.2. Definición e importancia del patrocinio

El segundo capítulo de la presente tesis se introdujo el concepto de patrocinio con el objetivo de ajustar y definir el ámbito de conocimiento de estudio. Para ello se propuso una definición y se realizó una descripción, tanto de los objetivos del patrocinio, como de sus riesgos y de los efectos derivados de su aplicación, además de incorporar una extensa revisión de las teorías desde las que se ha estudiado la influencia del patrocinio en el comportamiento del consumidor. En referencia al concepto de patrocinio y su tipología se pueden extraer las siguientes conclusiones, son:

- El patrocinio se ha convertido en una de las herramientas más importantes en la comercialización de productos y servicios (Chao, 2011).

- Actualmente es una de las estrategias de marketing más comúnmente utilizadas (Maxwell y Lough, 2009) y de mayor importancia respecto a otras técnicas de comunicación.

- El patrocinio deportivo es considerado el patrocinio más relevante (Olson, 2010), pues dos tercios del gasto en patrocinio está dedicado a equipos deportivos, eventos y jugadores (Chao, 2011; Crompton, 2004; Verity, 2002).

- Según se pudo contrastar, la inversión en patrocinio y patrocinio deportivo son importantes y significativas. El gasto en ambas partidas resultó realmente elevado en empresas punteras internacionales.

- Además, según el Marketing Science Institute, la evaluación de la eficacia de la inversión en patrocinio resultó ser una de las claves de estudio desde el 2008 hasta el 2010. No obstante, de la revisión de las cifras de gasto en patrocinio de las empresas se concluyó que dicha evaluación merece de una mayor atención en el área de investigación de marketing.

- De la revisión de patrocinio en la literatura de marketing se concluyó que no existía una única definición de patrocinio. Desde 1981 hasta 2011 se han propuesto múltiples definiciones sin llegar a un consenso entre los autores. En pos de fijar el concepto de patrocinio sobre el que se ha trabajado en la presente investigación, se adaptó de Barreda (2009), Cornwell y Maignan (1998), Mullin et al. (2007), y por último de Kim (2010) la siguiente definición: "En una relación de patrocinio existen tres actores. En primer lugar, el patrocinador, quien contra presta la relación de patrocinio en términos económicos, físicos, fiscales o humanos (Barreda, 2009) y que recibe el derecho a vincularse a la actividad, evento, individuo o grupo para lograr unos fines de marketing y comerciales (Cornwell y Maignan, 1998). En segundo lugar, la actividad, evento, individuo o grupo que recibe la contraprestación para que el primer actor pueda afiliarse o asociarse (Mullin et al., 2007). Y en tercer lugar, se encuentra el consumidor, pues el patrocinador tiene como objetivo alcanzar un retorno de su inversión en términos corporativos, de marketing, de comunicación, de objetivos sociales o de recursos humanos cuando su patrocinio influya en la percepción del consumidor y en su comportamiento de una manera positiva. Por lo tanto, sin la presencia de los consumidores, el patrocinio no se producirá (Kim, 2010).

6.2.3. Objetivos del patrocinio deportivo

Respecto a los objetivos del patrocinio, la revisión de la literatura de marketing concluyó que no existe un consenso sobre los mismos. Diversos autores propusieron diferentes objetivos siendo las propuestas más destacables las siguientes:

- Fullerton (2006) propuso cinco objetivos de patrocinio deportivo: (1) impulsar las ventas, (2) mejorar la imagen, (3) crear una mayor conciencia de marca, (4) ofrecer oportunidades de hospitalidad, y (5) mejorar la moral de los empleados.

- Según Choi y Yoh (2011), los objetivos de patrocinio deportivo han variado según los casos, pero analizando la literatura existente, se concluye que la mayoría de los patrocinadores de las entidades deportivas han participado en acuerdos de patrocinio deportivo para aumentar las ventas a través de la penetración y el crecimiento en cuota de mercado

- Así pues, del contraste de propuestas de los diferentes autores se deduce que entre los objetivos más frecuentes se encuentran: (1) mejorar la notoriedad de marca, (2) aumentar las ventas y (3) mejorar la imagen de marca.

- Una vez definidos los objetivos más comunes por los que las empresas deciden invertir en patrocinio se procedió a examinar los riesgos inherentes a la actividad de patrocinio a los que se deben enfrentar las entidades. Entre ellos se encuentran los relacionados con la saturación publicitaria (Frosdick y Walley, 1997), la calidad de las instalaciones (Getz, 2005) o el clima (Chappelet, 2001).

6.2.4. Medición de los efectos del patrocinio y su influencia en el consumidor

La medición de los efectos del patrocinio es uno de los aspectos claves en el estudio de los efectos de la transmisión de imagen. Cómo influye en el consumidor y qué efectos causa ha sido por lo tanto objeto de estudio y revisión en capítulos anteriores. Las principales conclusiones que se extraen son las siguientes:

- A lo largo del tiempo se han sucedido varias etapas de investigación en el campo del patrocinio deportivo (Meenaghan, 2001) identificadas por (1) categorizar las actividades de patrocinio, (2) medir los efectos del patrocinio, (3) comprender la respuesta del consumidor en función de variables sociodemográficas y psicográficas tales como la edad, el género o la participación deportiva, y, (4) estudiar los procesos cognitivos y afectivos que se producen en la mente del consumidor.

- Para abordar esta última categoría, los autores se han basado en teorías que explican el proceso de transmisión de imagen (Boluda et al., 2009). Entre las teorías analizadas se encuentran las siguientes: teoría de la merca exposición (Tom et al., 2007), teoría del equilibrio (Heider, 1958), modelo de la transferencia afectiva (Pracejus, 2004), modelo de la transferencia de imagen (Gwinner, 1997), la teoría de la señal (Kim y Choi, 2007), teoría de la atribución (Rifon et al., 2004), teoría de la alianza social (Madrigal, 2001), teoría de la comparación social (Abrahams y Hogg, 2012), el modelo de condicionamiento psicológico (Tribou, 2011), el modelo de probabilidad de elaboración (Petty et al., 1983) y el modelo de actitud multi-atributos (Bettman et al., 1975).

- De la revisión de la literatura sobre patrocinio y patrocinio deportivo se ha extraído la conclusión de que no existe un método consensuado para medir la eficacia del ejercicio de patrocinio. Algunos autores como por ejemplo Cornwell y Maignan (1998) o Kutintara (2009) han propuesto diversos métodos de medición de la eficacia del patrocinio, entre los que se citan el nivel de cobertura en los medios de comunicación, la conciencia de marca, la intención de compra o la actitud.

- Con respecto a la respuesta cognitiva, considerada como el primer paso en los modelos jerárquicos de patrocinio, un numeroso grupo de autores han incluido el reconocimiento de marca como una dimensión para medir los niveles de conciencia de marca del consumidor (Choi y Yuh, 2011). Son tres los enfoques que se han utilizado para medir la dimensión cognitiva del patrocinio: (1) identificar los factores que influyen en el recuerdo del patrocinador (2) analizar los procesos internos relacionados con el recuerdo que tiene lugar en la mente de los espectadores y (3) medir el recuerdo de los patrocinadores.

- En virtud de la respuesta afectiva, normalmente los estudios han ido encaminados a la mejora de la imagen corporativa y de marca, medido en este caso mediante la actitud hacia el patrocinio (Cianfrone y Zhang, 2006). Algunos autores como Bennet et al. (2006) o Koo et al. (2005) han intentado relacionar la actitud hacia el patrocinador con la intención de compra de los productos del mismo patrocinador. También se concluyó que el ajuste entre patrocinador y patrocinado conlleva una mejora de la transmisión de la actitud desde el patrocinado hacia el patrocinador (Meenaghan, 2001b), por lo que los directivos y gerentes profesionales deberían elegir un evento o entidad deportiva que defienda y transmita valores similares a los suyos.

- La respuesta conativa ha tenido como principal factor de medición la intención de compra (Choi y Yoh, 2011; Crompton, 2004; Dees et al., 2008; Gwinner y Bennett, 2008; Koo et al., 2005; Pitts y Slattery, 2004; Pitts, 1998).

- Por último, se evaluaron los procesos de transmisión de imagen concluyendo que son dos modelos, jerárquicos y no jerárquicos, los que se han utilizado para examinar el proceso de transmisión de imagen. Por un lado, los modelos jerárquicos asumen un proceso de transición en cuatro etapas (etapa cognitiva, afectiva, conativa, y de comportamiento). En cambio, los modelos no jerárquicos sugieren que al menos una de las etapas

está influenciada por la comercialización. Por lo tanto, en dichos modelos,
rara vez se han evaluado todas las etapas (Cianfrone, 2007).

- La conclusión a la que se ha llegado es que un modelo de transmisión de
imagen debe presentar las tres etapas: cognitivas, afectiva y conativa. Y así
se han planteado los modelos a contrastar.

6.2.5. Variables de influencia en el proceso de transmisión de imagen

En capítulos anteriores se llegó a la conclusión de que hay diversas variables que
afectan al proceso de transmisión de imagen en el ejercicio del patrocinio. Los
autores que defienden un modelo jerárquico proponen que en primer lugar se
produce un efecto cognitivo de reconocimiento de la marca patrocinadora,
posteriormente un proceso afectivo medido por la actitud, y en último lugar, un
efecto conativo medido por la intención de compra que debería concluir en un
comportamiento de compra. Sin embargo, este último concepto no es posible
abordarlo debido al problema inherente de medición de la compra de los
productos de los patrocinadores (fuera de las posibilidades de esta investigación).

No obstante, como resultado de la revisión de la literatura se ha llegado a la
conclusión de que las siguientes variables influirán en el proceso de transmisión
de imagen:

- En una primera etapa cognitiva, el recuerdo se ha utilizado como variable
explicativa para los efecto del patrocinio (Javalgi et al., 1994; Lardinoit y
Quester, 2001; Pope y Voges, 1999; Ruth y Simonin, 2003; Speed y
Thompson, 2000; Stipp y Schiavone, 1996). Los autores citados han
empleado el recuerdo del patrocinador como variable explicativa de los
efectos del patrocinio.

- La frecuencia de exposición al patrocinador del evento deportivo, también
como variable cognitiva, ha sido una de las variables explicativas más
empleadas en la teoría de la mera exposición (Maxwell y Lough, 2009). Se
llega a la conclusión que la frecuencia de asistencia afecta positivamente a
la siguiente etapa del proceso de transmisión de imagen.

- La congruencia ha sido utilizada también como variable cognitiva. Por ejemplo, Poon y Prendergast (2006), sugirieron que el ajuste percibido entre el patrocinador y el patrocinado incide sobre las variables afectivas del proceso de transmisión de imagen. Cornwell et al. (2006) aseguran que los patrocinios congruentes tienen una ventaja natural sobre la memoria.

- Al comienzo de los primeros capítulos se contempló el potencial que Internet puede aportar al proceso de comunicación de las entidades deportivas. También se observó una mayor tendencia a la explotación de este medio por parte de las organizaciones. Por ello, se ha concluido que era posible que la calidad percibida de la página web del evento deportivo, único escaparate para los usuarios, influyera en el proceso de transmisión de imagen, y por lo tanto, en su eficacia.

- La etapa afectiva en el modelo jerárquico está representada por la actitud y representa la columna vertebral del proceso de transmisión de imagen en la medida en que la actitud hacia el evento se transmite hacia la actitud hacia el patrocinador. Este proceso de transmisión comienza en el primer modelo presentado con la transmisión afectiva desde la página web de evento, a su vez determinada por la calidad de la misma.

- Durante la revisión de la literatura se reconoció que la identificación es un constructo a tener en cuenta a la hora de estudiar el proceso de transmisión de imagen porque influye sobre la intención de asistencia al evento deportivo y por lo tanto sobre la exposición al patrocinador. Se caracterizó como el proceso mediante el cual una persona se identifica con un deporte, el equipo o la organización. También aprendimos que había sido reconocido como un indicador clave en la conducta de consumo (Sloan, 1989). De su estudio, se halló que los autores proponían que tiene una relación directa con la intención de asistencia a un evento deportivo.

- El tramo conativo está representado en ambos modelos por la intención de asistencia al evento y la intención de compra. Respecto a la intención de asistencia, y aunque este constructo directamente no mide la eficacia del patrocinio, sí influye en el proceso pues la mera presencia del consumidor en el evento puede sugestionar de nuevo al consumidor a formar una actitud hacia el evento y hacia el patrocinador, y forzar una retroalimentación del modelo puesto que visiona de nuevo el ejercicio del patrocinio y entra en contacto directo con él.

- Por último, la intención de compra, es considerado el indicador apropiado para medir la eficacia del patrocinio (Ko, et al., 2008), y además se ha reconocido la influencia que la actitud causa sobre la intención (Kim et al., 2011) concibiéndose así como la etapa final del proceso de transmisión de imagen.

- La implicación ha sido el constructo que se ha empleado para dividir la muestra en diversos segmentos. Se ha tratado de explicar cómo afecta el proceso de transmisión de imagen a los consumidores en función de su implicación con el evento. Durante la revisión de la literatura se concluyó que diversos autores asumían que la implicación era un concepto útil para explicar la incidencia del patrocinio en la formación de actitudes (Stevens y Rosenberg, 2012), en la elaboración cognitiva, en la lealtad y el compromiso con la marca (Alexandris y Tsiotsou, 2012).

6.3. Resultados del patrocinio a nivel cognitivo

6.3.1. Recuerdo

El constructo recuerdo permitió medir el grado en que el consumidor era capaz de proporcionar sin ayuda los nombres de ocho de los patrocinadores del evento. Un análisis de frecuencias permitió comprobar que más de la mitad de los consumidores eran capaces de recordar hasta cinco patrocinadores de los más de 30 que patrocinan el evento.

La hipótesis que postulaba que el recuerdo que el consumidor tenía acerca de la marca del patrocinador influía en la actitud hacia el patrocinador quedó soportada. Por lo tanto, sí existe una relación positiva y significativa entre ambas variables. Otros estudios tuvieron los mismos resultados (Bennett, 1999; Crimmins y Horn,

1996). Lo anterior implica que los consumidores que recuerdan las marcas desarrollan actitudes positivas hacia ellas. La organización, por lo tanto, estaría interesada en exponer en mayor medida al consumidor al efecto del patrocinio para aumentar su recuerdo y de esta manera desarrollar actitudes positivas. Téngase en cuenta que el recuerdo era responsable directo de un 3,54% de la varianza de la actitud hacia el patrocinador y de un 2,03% de la intención de asistencia, con coeficientes en ambos casos significativos.

6.3.2. Frecuencia de asistencia

La teoría de la mera exposición (Zajonc y Hazel, 1982) postulaba que el consumidor tenía una actitud más favorable hacia un estímulo que veía con más frecuencia y que los efectos de exposición eran únicos, ya que no requerían de un proceso cognitivo para crear una actitud favorable hacia el estímulo. Debido a que el patrocinio deportivo se ha considerado un estímulo subliminal (Kinney et al., 2008; Lardinoit y Derbaix, 2001) la teoría de la mera exposición podría explicar cómo los efectos de patrocinio deportivo desarrollan la actitud hacia la marca patrocinadora y organizadora del evento.

Se ha comprobado que existe una relación positiva y significativa entre la frecuencia de asistencia y la intención de asistencia. La conclusión que se puede extraer es que el evento Valencia Open 500 es percibido como un evento de cierta calidad y que la asistencia al mismo satisface al usuario. Es posible que el evento tenga una buena reputación en la Comunidad Valenciana y se haya trasladado hacia la actitud al mismo.

De forma contraria, no se encontró una relación significativa entre la asistencia al evento y la actitud hacia la marca patrocinadora. Esto quiere decir que la frecuencia de asistencia por sí misma no desarrolla una actitud hacia el patrocinador. De forma similar, la frecuencia de asistencia tampoco mostró una relación significativa con la intención de compra de los productos del patrocinador del evento. En línea con los resultados de esta investigación, Lacey et al. (2007) tuvieron resultados contradictorios, pues aunque los espectadores que habían estado en el evento más de tres veces sí mostraban una mayor intención de compra, el resto de espectadores no. Este resultado puede deberse a que el consumidor necesita de un número de asistencias predeterminado para formar una vinculación con el patrocinador, y por esta misma causa, la actitud hacia el patrocinador tampoco resultó significativa. Una segunda causa puede deberse al nivel de implicación de los individuos y al motivo de asistencia. Puede ser que los consumidores estén más interesados en el aspecto social del evento, asistiendo con familiares o amigos, que en el evento en sí mismo. O puede que simplemente los consumidores están más interesados en las estrellas deportivas asistentes al evento que en el evento en sí mismo.

Finalmente, se encontró una relación significativa entre la frecuencia de asistencia y la percepción del consumidor sobre el ajuste entre patrocinado y el patrocinador. Como Tribou (2011) proponía, los espectadores tratan de asimilar la incongruencia del patrocinio a medida que se enfrenta a él. Esto es, en principio no resulta congruente que una empresa de comida rápida o una marca de bebidas alcohólicas patrocinen eventos deportivos, pero una exposición repetida conllevaría que el consumidor asimile un ajuste mejor. Ciertamente la hipótesis fue soportada aunque el tamaño del efecto fue débil, al encontrar un peso del coeficiente estandarizado relativamente menor al recomendado. Del análisis de los efectos directos se concluyó que la frecuencia de asistencia es responsable de un 2,82% de la varianza explicada de la congruencia.

6.3.3. Calidad web

El constructo calidad web en el modelo aplicado al evento de 2011 se relacionó positivamente con la actitud hacia el sitio web, mostrando un peso de regresión estandarizado de 0,82, lo cual constituye un coeficiente alto según Chin (1998b). El efecto directo de la calidad web sobre la actitud hacia la web explica el 67,89% de la varianza e indirectamente un 7,07% de la actitud hacia el patrocinador. También es relevante que la calidad del sitio web explique un 12,21% de la varianza de la intención de asistencia al evento.

Por otro lado se encontró una relación positiva entre la calidad web y la actitud de los consumidores hacia la marca, si bien con un peso de regresión estandarizado más bajo que la primera hipótesis. La prueba relativa al tamaño del efecto mostró que la relación directa entre la calidad web y la actitud hacia el patrocinador era débil porque mostraba un tamaño del efecto menor al recomendado, pero significativo.

Los resultado alcanzados son congruentes con los obtenidos por Carlson y O´Cass (2010). Las principales implicaciones que tienen tales relaciones señalan directamente a la capacidad que tiene la organización para, a través de su página web, atraer consumidores hacia el evento. Además, se ha demostrado la capacidad que tiene la página web para influir también en la actitud hacia el patrocinador. Incluso la capacidad para influir en la intención de compra de los productos de los patrocinadores, cuya varianza es explicada en un 3,7% por la calidad web. Por tanto la organización debería implementar este medio de comunicación que supone el más importante escaparate de cara al mundo entero.

6.3.4. Responsabilidad Social Corporativa

Al iniciar la investigación se propuso que la RSC influía sobre tres variables consideradas en el modelo para la edición 2012: la actitud hacia el evento, la actitud hacia el patrocinador del evento y la intención de asistencia.

La relación entre RSC percibida y la actitud hacia el evento fue soportada, siendo la primera responsable del 20,36% de la varianza de la segunda. De forma similar se constató una relación positiva entre RSC percibida y actitud hacia el patrocinador, explicando un 5,66% de la actitud hacia el patrocinador de forma directa y un 9,88% de forma total. Finalmente, se comprobó como la RSC, explicaba un 11,75% de la intención de asistencia.

Como se pudo extraer de la distribución de frecuencias de los ítems del constructo, la media de la RSC fue desde 3,39 para el ítem más bajo hasta 4,19 sobre 5 para la más alta. Los resultados indican que el consumidor valora positivamente las acciones responsables que realiza la entidad y concretamente es consciente de las acciones dirigidas al deporte entre los discapacitados y el compromiso con la Comunidad Valenciana.

La actitud del consumidor hacia la marca implicada en el patrocinio de una acción con causa ha sido utilizada por diferentes autores como una medida de la efectividad de una campaña de marketing (Kim et al., 2010; Lacey, Close, y Finney, 2010; Mohr y Webb, 2005; Roy, 2011). Por lo tanto, y debido a la influencia positiva en cuanto a la valoración y la transmisión de imagen, las acciones de RSC sí han sido efectivas. Entonces y contrariamente a lo que predijeron Becker-Olsen, Cudmore, y Hill (2006) y Webb y Mohr (1998), las acciones responsables sí influyeron por tanto en la actitud hacia la marca.

Puesto que las acciones de RSC se han mostrado como efectivas, tanto para la transmisión de imagen a la marca patrocinadora del evento como para la actitud hacia el patrocinador y la intención de asistencia, se recomienda llevar a cabo dichas acciones.

6.4. Resultado del patrocinio a nivel afectivo

6.4.1. Congruencia

Investigaciones anteriores indicaron que los patrocinadores que presentan un adecuado ajuste con el patrocinado podían generar actitudes positivas hacia el patrocinador (Rifon et al., 2004), así como influenciar en la respuesta de los consumidores de forma cognitiva y conativa (Poon y Prendergast, 2006).

En el caso de la edición 2012, la congruencia explica el 46,77% de la actitud hacia el patrocinador, e indirectamente el 22,52% de la intención de compra de los productos de los patrocinadores, presentado relevancia predictiva.

Por tanto, los resultados de esta investigación apoyan el hecho de que un mejor ajuste entre el patrocinado y el patrocinador puede mejorar los resultados de patrocinio. En particular, estos resultados apoyan la idea de Poon y Prendergast (2006), quienes sugieren que el ajuste no sólo influye en las respuestas cognitivas y afectivas de los consumidores frente al ejercicio del patrocinio, sino también sobre el proceso conativo.

Este resultado indica que el ajuste puede ser enfocado como un antecedente de la eficacia del patrocinio y que sería un factor importante para los administradores y organizadores de eventos deportivos en la medida en que se debería considerar seleccionar acuerdos de patrocinio que sean más congruentes.

Según señala Cornwell et al. (2006), los patrocinios congruentes tienen una ventaja natural sobre la memoria. Los resultados obtenidos en su investigación muestran que es posible realizar mejoras en la memoria en los evento donde el patrocinador es congruente.

6.4.2. Identificación con el deporte

Se ha encontrado una relación positiva entre el grado de identificación con el deporte y la intención de asistencia. La identificación con el deporte explica el 20,38% de la varianza de la intención de asistencia.

Estos resultados se asemejan a los obtenidos por otros autores como Theodorakis et al. (2010) o Stevens y Rosenberger (2012). Ambos autores resaltan la importancia de identificar a los usuarios más involucrados con el evento, con el objetivo de captar hasta qué punto y en qué medida los antecedentes de la identificación influyen en la lealtad de los aficionados con el evento o el equipo. Mejorar el nivel de identificación con el evento supondrá mejorar la intención de asistencia al evento.

En este sentido se hacen posible diversas estrategias. En primer lugar, mejorar los niveles de identificación con el deporte realizando campañas de comunicación destinadas a influir en las respuestas cognitivas y afectivas, así como en los valores. En segundo lugar, sería adecuado segmentar a los aficionados en función del grado de identificación con el deporte. Mahony et al. (2000) argumentan que las organizaciones deben primero comprender a sus clientes mediante la segmentación en función de su grado de identificación. Posteriormente, deben desarrollar estrategias de marketing adecuadas para desarrollar la lealtad de comportamiento entre estos segmentos (Ross, 2007). Dale et al. (2005) indican que sería posible utilizar una estrategia de precios para incentivar a los consumidores a asistir al evento deportivo en función de su identificación, ofreciendo incentivos económicos para los aficionados más identificados. Para los aficionados menos identificados una oferta económica no sería tan atractiva, pues están más motivados por la oportunidad de entretenimiento (Mahony et al, 2000).

En relación al patrocinio, otras investigaciones como Theodorakis et al. (2010) apuntan a que los consumidores más identificados tienen más probabilidades de desarrollar una imagen positiva del patrocinador del evento, se muestran más dispuestos a recomendar a los patrocinadores y finalmente, a adquirir productos y servicios del patrocinador (Gwinner y Swanson, 2003; Tsiotsou y Alexandris, 2009). Por lo tanto, se deberían adaptar de los elementos del marketing mix a las necesidades de cada grupo (Kyle et al., 2002)

6.4.3. Actitud hacia la web

Se ha encontrado evidencia empírica de la relación positiva entre actitud hacia la página web y actitud hacia la marca del evento. De hecho la varianza de la actitud hacia la web está explicada en un 67,89% por la calidad web, que a su vez influye en la intención de asistencia (10,69%), actitud hacia el patrocinador (5,32%), en la actitud hacia el evento (31,45%) y en la intención de compra (2,78%). La variable actitud hacia la web presentó una relevancia predictiva alta (Q^2 = 0,616) y una varianza explicada de 0,679.

Por lo tanto, se ha demostrado que la actitud hacia la web se transfiere de manera positiva y significativa hacia la marca. De esta forma, la actitud hacia el sitio web puede ser un indicador útil para la medición de la efectividad del sitio web (Ko et al., 2005). Además, es importante señalar que la actitud hacia el sitio web puede influir indirectamente en la intención de compra y en la actitud hacia el patrocinador. Las organizaciones deportivas por lo tanto deberían preocuparse por mejorar la calidad de su web para de esta forma mejorar la actitud hacia la misma, lo que indirectamente beneficiará a los patrocinadores. Además incidiría en la intención de asistencia, como ha quedado demostrado, lo que finalmente tendría un efecto financiero a través de la venta de entradas y abonos.

Por lo tanto, la mejor estrategia para incrementar la actitud hacia la web sería incrementar la calidad de la misma en términos de atracción, utilidad, usabilidad y confianza (Suh y Pedersen, 2010).

6.4.4. Actitud hacia el evento

La relación positiva entre la actitud hacia el evento y la intención de asistencia se ha mostrado significativa en los modelos de ambas ediciones. En el caso del modelo de 2011, el constructo mostró un R^2 = 0,427 y una relevancia predictiva Q^2 = 0,366, mientras que en el modelo de 2012 se alcanzó un R^2 = 0,241 y una relevancia predictiva superior al valor cero (Q^2 = 0,203).

Estos resultados conducen a recomendar a la organización deportiva que implemente estrategias que conduzcan a mejorar la actitud hacia el evento, para influir así en la asistencia. Por supuesto, la asistencia al evento proporcionará rendimientos financieros a la organización que deben compensar la inversión realizada y el esfuerzo invertido. Entre las estrategias posibles, y tal y como se extrajo de la sección de RSC, una inversión en acciones responsables y sociales conduciría a incrementar indirectamente la asistencia y, así mismo, el escaparate formado por la web.

6.4.5. Actitud hacia el patrocinador

El efecto de la actitud hacia el evento sobre la actitud hacia el patrocinador es la columna vertebral del efecto del patrocinio, suponiendo la causa directa de la transmisión de imagen. En ambos modelos la hipótesis queda soportada. Para la edición 2011, el constructo, al igual que para la edición 2012, presenta relevancia predictiva. Respecto a la capacidad explicativa, presenta un valor R^2 = 0,571 para la edición 2011 y un valor R^2 = 0,628 para la edición 2012. Respecto a la varianza explicada, para la primera edición la actitud hacia el patrocinador explica el 43,7% de la intención de compra. Para la segunda edición el mismo constructo explica el 40,95% de la intención de compra. Por lo tanto, para ambos modelos la varianza explicada no difiere sustancialmente.

La implicación más importante que el contraste de esta hipótesis representa es que sí existe un efecto de transmisión de imagen entre patrocinado y patrocinador, en concordancia a los estudios anteriores que analizan dicho efecto. Esta transmisión de imagen justifica la inversión realizada por las empresas para aumentar la notoriedad y el conocimiento de marca, además de mejorar la actitud hacia la misma, extrayendo y asimilando valores inherentes al evento y/o al deporte que patrocina.

6.5. Resultados del patrocinio a nivel conativo

6.5.1. Intención de compra

Como se pudo inferir de la revisión de la literatura, la intención de compra había sido utilizada como indicador del efecto del patrocinio (Ko et al., 2008). Además, algunos autores habían sugerido que el patrocinio aumenta la predisposición de los asistentes a comprar productos de los patrocinadores de la marca como consecuencia del patrocinio (Cornwell y Coote, 2005; Pope y Voges, 2000).

Los datos muestran la existencia de una relación positiva entre la actitud hacia el patrocinador y la intención de compra de productos de dicho patrocinador, en ambos modelos. En concreto, para la edición 2011 se obtuvo un $R^2 = 0,437$. La edición de 2012 tuvo un $R^2 = 0,41$. En ambos casos se encontró relevancia predictiva.

En el modelo 2011, la intención de compra viene explicada en un 43,7% por la actitud hacia el patrocinador, indirectamente en un 24,97% por la congruencia, en un 5,47% por la actitud hacia el evento, en un 2,78% por la actitud hacia la web, en un 2,03% por el recuerdo del patrocinador y en un 3,7% por la calidad de la página web de la organización deportiva.

Para el modelo 2012, la actitud hacia el patrocinador explica el 40,95% de la varianza de la intención de compra, la actitud hacia el evento explica un 5,3%, la congruencia un 22,52%, la frecuencia de asistencia 0,66% y, por último, la RSC un 4,74%.

Otros autores han compartido su interés en relación con la intención de compra, soportando resultados similares (Carrillat, Harris y Lafferty, 2010; Koo et al., 2006; Levin et al., 2001). Sin embargo, hasta la fecha, sólo unos pocos estudios han examinado en el área del patrocinio las intenciones de compra de los consumidores deportivos, es decir, el objetivo de ventas del patrocinio corporativo (Ko et al., 2008).

Entre las principales conclusiones que se pueden extraer, y aunque los investigadores en general carecen de los mecanismos de control para aislar una relación directa entre el patrocinio y el rendimiento de las ventas (Quester y Farrelly, 1998), las organizaciones deportivas deberían investigar cómo aumentar la actitud hacia su marca por medio del patrocinio para incrementar los ingresos. Las empresas, mediante la inversión en patrocinio pueden alcanzar otro de los objetivos mencionados por Fullerton (2006) y Choi y Yoh (2011) relativo a aumentar la ventas. Entre las variables que deberían controlar destaca la congruencia, es decir, el ajuste percibido entre ambos constructos, la actitud hacia el evento que tengan los consumidores, y las posibles acciones responsables que realice la organización deportiva.

6.5.2. Intención de asistencia

La intención de asistencia fue medida en ambos modelos. En el modelo 2011 la intención de asistencia estaba influida directamente por la actitud hacia el evento. En el modelo 2012 el constructo en cuestión estaba influido por la actitud hacia el evento también, pero además por la identificación con el deporte y la RSC.

En el modelo 2011 la intención de asistencia presenta un R^2 de 0,319. Su varianza viene explicada por la actitud hacia el evento en un 31,85%, indirectamente explicada por la actitud hacia la web en un 10,69% y, por último, por la calidad de la web en un 12,21%. Además presenta relevancia predictiva.

En la edición 2012, la intención de asistencia presenta un R^2 de 0,456 y relevancia predictiva. Su varianza viene explicada en un 19,23% por la actitud hacia el evento, la frecuencia de asistencia explica un 1,78%, la identificación con el deporte explica un 20,38% y la RSC un 11,75% de la varianza.

Este hallazgo ciertamente apoya el principio de que la actitud es un fuerte predictor de las intenciones (Ajzen y Fishbein, 1980; Ajzen, 1981, 1981), además captura de forma positiva la formación de la intención en eventos deportivos.

La intención de asistencia es importante para la organización y para el patrocinador porque aumenta la frecuencia de impacto y exposición. Y aunque en este estudio no se ha podido demostrar que la frecuencia de asistencia conlleve una mayor intención de compra, sí aumenta la actitud hacia el evento, aumentando de este modo la actitud hacia el patrocinador.

Desde otro punto de vista el evento en concreto debe competir con otros eventos deportivos, incluso de la misma especialidad deportiva, e incluso de más nivel (tómese el caso del Mutua Madrid Open) lo que incrementa la importancia para la organización de fortalecer la actitud hacia el evento.

Entre las estrategias sugeridas, Sutton et al. (1997) propusieron hacer más accesible el evento al aficionado, aumentar la participación de la comunidad en el mismo y reforzar la historia y la tradición asociada con el evento. Cada una de estas estrategias podrían ser implementadas con el fin de fomentar actitudes más positivas hacia el equipo. Además, Funk y James (2001) sugieren la idea de identificar los deseos y necesidades específicas de los aficionados en relación a sus actitudes positivas hacia el evento, y luego trabajar hacia la satisfacción de esas necesidades. Es evidente que esos esfuerzos fomentan actitudes positivas hacia el equipo, el evento o el deporte en sí.

En relación con la capacidad explicativa de la frecuencia de asistencia, Cunningham y Kwon (2003), obtuvieron resultados similares con una varianza explicada del 2%, demostrando que los futuros investigadores deben examinar los efectos de la conducta anterior sobre las intenciones de comportamiento de los espectadores deportivos.

6.6. Efecto de la implicación con el evento sobre el proceso de transmisión de imagen

La última hipótesis planteada en esta investigación proponía la existencia de una influencia moderadora de la implicación con el evento sobre el proceso de transmisión de imagen en el ejercicio del patrocinio, de forma que los más implicados deben procesar mejor el mensaje que los menos implicados.

Para su contraste, en primer lugar, se realizó una segmentación de la muestra utilizando para ello un análisis clúster y una segmentación FIMIX. Como consecuencia, se obtuvieron dos segmentos. Por un lado, los consumidores con una baja implicación, y por otro lado los consumidores con una media y alta implicación.

Se aplicó entonces un contraste de grupos bajo una suposición no paramétrica. Los resultados arrojaron que sí existían diferencias significativas en los pesos de regresión de las relaciones entre la actitud hacia el evento con la actitud hacia el patrocinador, entre la actitud hacia el patrocinador y la intención de compra, y entre las relaciones que resultaron no significativas de la frecuencia de asistencia con la actitud hacia el patrocinador y hacia la intención de compra.

El grupo con un nivel de implicación bajo, mostró una relación no significativa entre la actitud hacia el evento y la actitud hacia el patrocinador. Por lo que no se efectúa la transmisión de imagen del evento al patrocinador.

Por el contrario, en el grupo con nivel alto de implicación, sí resultó significativa esa relación, y por lo tanto sí se efectuaba el proceso de transmisión de imagen. Este resultado da soporte a la última hipótesis del estudio. Por lo tanto, y entre las recomendaciones que más adelante se proponen, se anima a las entidades a segmentar a los consumidores en función de su implicación, y desarrollar estrategias destinadas a aumentar la implicación de los consumidores menos implicados. Dichas acciones tratan de promover un proceso de transmisión de imagen más efectivo, lo que en última instancia redundará en beneficios económicos para la organización a través del patrocinio.

Por otro lado, resultó interesante comprobar que en el grupo de los consumidores menos implicados la actitud hacia el patrocinador mostraba un explicación de la varianza de la intención de compra menor que en el grupo de los consumidores más implicados. Es decir, los consumidores más implicados se mostraban más predispuestos a la compra de productos del patrocinador. Es obvio entonces que el patrocinador debe proponer a los organizadores del evento estrategias de implicación.

Finalmente se encontró que la frecuencia de asistencia sí influía de forma significativa sobre la actitud hacia el patrocinador, en el caso de los consumidores menos implicados. Se recuerda que los consumidores menos implicados fueron los consumidores que mostraron una menor frecuencia de asistencia. Ello puede deberse a que los consumidores menos implicados no están tan saturados de publicidad como los más implicados. Por último, la frecuencia de asistencia no tuvo una influencia significativa en ambos grupos.

En base a lo anterior se puede concluir que sería conveniente implicar al consumidor mediante diversas estrategias. Por ejemplo, mediante el desarrollo e implementación de la página web y el desarrollo de acciones de RSC más efectivas.

De forma similar sería conveniente, de acuerdo con Stevens y Rosenberger (2012), generar un mayor interés en el resultado final del juego empleando jugadores de similar nivel, así como observar e implementar los métodos de comunicación que son capaces de generar una mayor cobertura de los medios.

Igualmente, la organización podría llevar a cabo acciones para aumentar la implicación de los aficionados, tales como reuniones de fans regulares, sesiones de autógrafos y sesiones de chat semanal en el sitio web. Deberían aprovechar las oportunidades que los medios sociales ofrecen con los nuevos canales de comunicación entre los aficionados, el consumidor novel y la organización, por ejemplo mediante el uso de redes sociales como Twitter, Facebook y YouTube. En general, se recomienda ofrecer oportunidades de interacción con otros consumidores antes, durante y después del evento (Beaton et al., 2011)

Por otro lado se podrían desarrollar concursos o sorteos vinculando a la marca, en el lugar de realización del evento, y a través de los medios de comunicación (Bennett et al., 2009).

6.7. Recomendaciones finales e implicaciones para la gestión

Entre las recomendaciones e implicaciones que se derivan de los resultados del presente estudio se destacan las siguientes.

- En primer lugar, la empresa patrocinadora, previamente a decidir si patrocinar un deporte, evento o equipo, deberá tener en cuenta el público objetivo al que quiere dirigirse, el mercado y los atributos asociados con el deporte, equipo o evento en particular.

- La empresa igualmente debería establecer unos objetivos claros y definidos para poder posteriormente medirlos.

- La congruencia es un factor clave que debería tenerse en cuenta en pos de mejorar la eficacia del patrocinio.

- La transferencia de imágenes no necesariamente debe ser tomada en cuenta. Un patrocinador puede elegir un deporte cuya imagen no se corresponde con la percibida por los consumidores y, de hecho, asociar eficazmente la marca con el deporte como ha sucedido en diversos casos (tómese de ejemplo McDonald o Carlsberg) a costa, eso sí, de un mayor esfuerzo y empleo de recursos.

- La organización del evento deberá poner de relieve y concienciarse de la importancia de la página web. Para el consumidor este medio puede ser en muchos casos la única fuente de información disponible. Para ello deberá tener en cuenta aspectos sobre la información disponible, la atracción, la utilidad, la usabilidad y la confianza.

- Se ha demostrado la influencia que el consumidor le otorga a las acciones socialmente responsables. La empresa patrocinada debería, por tanto, no solo implementar este tipo de acciones, sino aún más importante, comunicarlas al consumidor para implicarlo y para reforzar la actitud hacia el evento.

- La organización del evento debería realizar una segmentación en función de la implicación de los consumidores para desarrollar estrategias diferenciadas en función de dicha variable. Entre las estrategias a desarrollar podrían estar la realización de concursos, reuniones con y entre los aficionados, firmas de autógrafos y competiciones para consumidores aficionados.

- A través de la página web la entidad debería vincular al aficionado empleando las redes sociales y los nuevos canales disponibles.

- El patrocinio se ve reforzado por el recuerdo que el consumidor tenga de la marca (teoría de la mera exposición), entonces la empresa debería usar los canales con mayor repercusión mediática.

En conclusión, tanto la organización patrocinadora como la patrocinada deberían trabajar juntas para evaluar la viabilidad de un patrocinio. En caso de que lo sea, trabajar para mejorar la actitud que el consumidor tiene tanto del evento como del patrocinador, incidiendo en acciones encaminadas a implicar, identificar y segmentar al consumidor para aumentar la intención de compra y la intención de asistencia. Entonces, ambas entidades se beneficiarán.

6.8. Limitaciones y futuras líneas de investigación

Para concluir, se debe señalar que los resultados de la presente investigación tienen que tomarse con cautela pues no están carentes de limitaciones. En primer lugar, se debe tener prudencia al extrapolar los resultados a las organizaciones deportivas en general, en incluso a las diferentes disciplinas deportivas. La presente investigación se ha enmarcado en una disciplina concreta que representa unos valores específicos.

El medio por el que se realizó la encuesta puede haber influido en las características de la muestra, ya que los encuestados pueden presentar características específicas de los usuarios en línea. Por otro lado, la muestra presenta un tamaño pequeño.

En relación a las variables del modelo, la presente investigación ha estado enmarcada en una investigación profesional y práctica, por lo que no se pudo recurrir a un cuestionario único donde realizar todas las preguntas oportunas para la construcción de un único modelo. En función de esta limitación, se decidió escenificar la relación de patrocinio en dos modelos, pero asumiendo también las ventajas que presenta esta investigación en dos momentos distintos, con reposición muestral.

Respecto a las características de la muestra, los resultados indicaron que un alto porcentaje de los elementos muestrales procedían de la comunidad local donde era organizado el evento deportivo, lo que puede haber influenciado las respuestas de, por ejemplo, las variables sobre acciones socialmente responsables, al estar en contacto directo con dichas acciones.

En referencia a los patrocinadores usados en la investigación, otra de las limitaciones a tener en cuenta a la hora de extrapolar los resultados es la concerniente al propio patrocinador que el consumidor tenga en mente. Aunque se preguntó de forma genérica en el cuestionario, algunos entrevistados pueden haber elaborado una respuesta para un patrocinador en concreto, condicionando de esta forma el estudio de la transmisión de imagen.

Por otra parte, como señala Pham (1992), la participación deportiva puede tener una propiedad direccional, es decir, la participación del consumidor durante un evento deportivo puede adquirir una forma de u invertida sobre el efecto de reconocimiento de los patrocinadores. En consecuencia, un alto nivel de implicación con el evento, puede conllevar al procesamiento de la información de fuentes pertinentes (por ejemplo, el juego en si) y a no procesar las fuentes irrelevantes, tales como los estímulos de patrocinio. En consecuencia, las personas muy identificadas e implicadas en el deporte y el evento, podrían no procesar las comunicaciones publicitarias de igual forma.

Para finalizar, como futuras líneas de investigación se proponen las siguientes:

- Integrar en un solo modelo todas las variables que han intervenido en ambos modelos de las dos ediciones estudiadas.

- Realizar el análisis longitudinal con la misma muestra, para estudiar el efecto en los posibles cambios de patrocinadores.

- Presentar una segmentación y un análisis multi-grupo en función del sexo, como otros autores han propuesto anteriormente (Fink et al., 2002; James y Ridinger, 2002; Robinson y Trail, 2005).

- Comparar la eficacia del patrocinio con otras herramientas del marketing mix, tales como la publicidad, las relaciones públicas o el mecenazgo.

- Henseler, Wilson y De Vreede (2009) sugieren investigar la transferencia desde el patrocinador al patrocinado. Es decir, estudiar cómo la elección de un patrocinador puede influir en la actitud hacia el evento, organización o atleta.

- Analizar cómo experiencias pasadas con otros eventos deportivos pueden influenciar la actitud hacia el evento objetivo de estudio, y así mismo hacia los patrocinadores.

- Seguir la línea planteada por los nuevos estudios sobre turismo deportivo y añadir la imagen del destino y la intención de volver al destino visitado.

- Por último, será interesante abordar la eficacia del patrocinio y la transferencia de imagen desde un punto de vista emocional. Mientras que la cognición es ciertamente relevante para el éxito de patrocinio, parece necesario investigar el papel desempeñado por la respuesta emocional de los consumidores a la hora de determinar las propiedades de los resultados de patrocinio, debido a la respuesta también emocional que generan los eventos y equipos deportivos en el consumidor y espectador (Bal et al., 2009).

Bibliografía

Abrams, D., y Hogg, M. A. (2012). *Social identifications: A social psychology of intergroup relations and group processes*. Routledge.

Abratt, R., Clayton, B. C., y Pitt, L. F. (1987). Corporate objectives in sports sponsorship. *International Journal of Advertising, 6*(4), 299–311.

Aggleton, J. P., y Wood, C. J. (1990). Is there a left-handed advantage in "ballistic" sports? *International Journal of Sport Psychology, 21*(1), 46–57.

Ahn, T. (2010). *The effect of user motives and interactivity on attitude toward a sport website*. The Florida State University, College of Education.

Ajzen, I. (1981). Influencing attitudes and behavior. *PsycCRITIQUES, 26*(12), 964–966. doi:http://dx.doi.org/10.1037/019893

Ajzen, I. (1991). Attitudes and thought systems. *Advances in social cognition, 4*, 79–86.

Ajzen, I. (2001). Nature and operation of attitudes. *Annual review of psychology, 52*, 27–58.

Ajzen, I. (2008). Consumer attitudes and behavior. En C. P. Haugtvedt, P. M. Herr, y F. R. Cardes (Eds.), *Handbook of Consumer Psychology* (pp. 525–548). New York: Lawrence Erlbaum Associates.

Ajzen, I., y Fishbein, M. (1980). *Understanding attitudes and predicting social behavior*. Englewood Cliffs, New Jersey: Prentice-Hall.

Akaike, H. (1973). Information theory and an extension of the maximum likelihood principle. En N. Petrov y F. Csaki (Eds.), *Second International Symposium on Information Theory* (pp. 267–281). Budapest: Academiai Kiado.

Alexa. (2012). *The Top Event Sport Sites*. Consultado el 7 de septiembre de 2012, de http://www.alexa.com.

Alexandris, K., y Tsiotsou, R. H. (2012). Segmenting soccer spectators by attachment levels: a psychographic profile based on team self-expression and involvement. *European Sport Management Quarterly, 12*(1), 65–81.

Alexandris, K, Tsaousi, E., y James, J. (2007). Predicting sponsorship outcomes from attitudinal constructs: The case of a professional basketball event. *Sport Marketing Quarterly, 16*(3), 130–139.

Amis, J., y Slack, T. (1999). Sport sponsorships as distinctive competence. *European Journal of Marketing, 33*(3/4), 250–272.

Anderson, J. C., y Gerbing, D. W. (1988). Structural equation modeling in practice: A review and recommended two-step approach. *Psychological Bulletin,* *103*(3), 411–423. doi:http://dx.doi.org/10.1037/0033-2909.103.3.411

Antil, J. H. (1984). Conceptualization and operationalization of involvement. *Advances in Consumer Research, 11*(1), 203–209.

Añó Sanz, V. (2003). *Organización y gestión de actividades deportivas: Los grandes eventos.* Barcelona, Spain: INDE.

Añó Sanz, V., Calabuig Moreno, F., y Parra Camacho, D. (2012). Impacto social de un gran evento deportivo: el Gran Premio de Europa de Fórmula 1. *Cultura, Ciencia y Deporte, 7*(19), 53–65.

Ayim, E. (2009). *An examination of sport identity amongst youth soccer participants and the implications for MLS marketing* (Ph.D.). University of Nevada, Las Vegas, United States -- Nevada. Extraído de http://search.proquest.com/docview/305091750/abstract/13958052A2E 32A4EE0C/9?accountid=14542

Babakus, E., y Boller, G. W. (1992). An empirical assessment of the SERVQUAL scale. *Journal of Business Research, 24*(3), 253–268. doi:10.1016/0148-2963(92)90022-4

Babiak, K., y Wolfe, R. (2009). Determinants of corporate social responsibility in professional Sport: Internal and External Factors. *Journal of Sport Management, 23*(6), 717–742.

Bagozzi, R. P., y Warshaw, P. R. (1990). Trying to consume. *Journal of Consumer Research, 17*(2), 127–140.

Baker, R., y Jackson, D. (2008). A new approach to outliers in meta-analysis. *Health Care Management Science, 11*(2), 121–31. doi:http://dx.doi.org/10.1007/s10729-007-9041-8

Bal, C., Quester, P., y Plewa, C. (2008). Measuring the influence of emotions on attitude toward sponsors. En *Marketing: Shifting the Focus from Mainstream to Offbea.* Presented at the Australia & New Zealand Marketing Academy Conference (ANZMAC), Sydney.

Bal, C., Quester, P., y Plewa, C. (2009). Event-related emotions: A key metric to assess sponsorship effectiveness. *Journal of Sponsorship, 2*(4), 367–378.

Barclay, D., Higgins, C., y Thompson, R. (1995). The partial least squares (PLS) approach to causal modeling: Personal computer adoption and use as an illustration. *Technology studies*, *2*(2), 285–309.

Barnett, V., y Lewis, T. (1994). *Outliers in Statistical Data* (3rd ed.). Wiley.

Barreda T., R. (2009). *Eficacia de la transmisión de la imagen en el patrocinio deportivo: Una aplicación experimental.* Universitat Jaume I, Castellón de la Plana.

Barros, C. P., De Barros, C., Santos, A., y Chadwick, S. (2007). Sponsorship brand recall at the Euro 2004 Soccer Tournament. *Sport Marketing Quarterly*, *16*(3), 161–165,167–170.

Bauer, H. H., Stokburger-Sauer, N. E., y Exler, S. (2008). Brand image and fan loyalty in professional team sport: A refined model and empirical assessment. *Journal of Sport Management*, *22*(2), 205–226.

Beaton, A. A., Funk, D. C., Ridinger, L., y Jordan, J. (2011). Sport involvement: A conceptual and empirical analysis. *Sport Management Review*, *14*(2), 126–140. doi:10.1016/j.smr.2010.07.002

Beatty, S. E., Kahle, L. R., y Homer, P. (1988). The involvement-commitment model: Theory and implications. *Journal of Business Research*, *16*(2), 149–167.

Beatty, S. E., y Smith, S. M. (1987). External search effort: An investigation across several product categories. *Journal of Consumer Research (1986-1998)*, *14*(1), 83.

Becker-Olsen, K., Cudmore, B. A., y Hill, R. P. (2006). The impact of perceived corporate social responsibility on consumer behavior. *Journal of Business Research*, *59*(1), 46–53. doi:10.1016/j.jbusres.2005.01.001

Becker-Olsen, K., y Simmons, C. J. (2002). When do social sponsorships enhance or dilute equity? Fit, message source, and the persistence of effects. *Advances in Consumer Research*, *29*(1), 287–289.

Beech, J., Chadwick, S., y Tapp, A. (2000). Emerging trends in the use of the Internet – lessons from the football sector. *Qualitative Market Research: An International Journal*, *3*(1), 38–46. doi:10.1108/13522750010310479

Beech, J., y Chadwick, S. (2007). *The marketing of sport.* Essex, England: Pearson Education.

Beharrell, B., y Denison, T. J. (1995). Involvement in a routine food shopping context. *British Food Journal, 97*(4), 24.

Bennett, G., Henson, R., y Zhang, J. (2002). Action sports sponsorship recognition. *Sport Marketing Quarterly, 11*(3), 174–185.

Bennett, G., Cunningham, G., y Dees, W. (2006). Measuring the marketing communication activations of a professional tennis tournament. *Sport Marketing Quarterly, 15*(2), 91–101.

Bennett, G., Ferreira, M., Lee, J., y Polite, F. (2009). The role of involvement in sports and sport spectatorship in sponsor's brand use: The case of mountain dew and action sports sponsorship. *Sport marketing quarterly⬚: for professionals in the business of marketing sport. - Morgantown, W Va.⬚: Fitness Information Technology Inc., ISSN 1061-6934, ZDB-ID 11802820. - Vol. 18.2009, 1, p. 14-24.*

Bennett, R. (1999). Sports sponsorship, spectator recall and false consensus. *European Journal of Marketing, 33*(3/4), 291–313.

Bernache-Assollant, I., Bouchet, P., y Lacassagne, M.-F. (2007). Spectators' identification with french sports teams: A french adaptation of the sport spectator identification scale. *Perceptual & Motor Skills, 104*(1), 83–90.

Bettman, J. R., Capon, N., y Lutz, R. J. (1975). Multiattribute Measurement Models and Multiattribute Attitude Theory: A Test of Construct Validity. *Journal of Consumer Research (pre-1986), 1*(4), 1.

Bigné, J. E., Sánchez, M. I., y Sánchez, J. (2001). Tourism image, evaluation variables and after purhase behaviour: Inter-relationship. *Tourism Management, 22*(6), 607–616.

Bigné, J. E., Currás-Pérez, R., y Sánchez-García, I. (2009). Brand credibility in cause-related marketing: The moderating role of consumer values. *The Journal of Product and Brand Management, 18*(6), 437–447. doi:http://dx.doi.org/10.1108/10610420910989758

Bird, R. B., y Smith, E. A. (2005). Signaling theory, strategic interaction, and symbolic capital. *Current Anthropology, 46*(2), 221–238.

Blann, F., y Armstrong, K. (2003). Sport marketing. En B. J. J. J. Parks y J. Quarterman (Eds.), *Contemporary Sport Management*. Champaign. JL: Human Kinetics.

Bloch, P. H., Sherrell, D. L., y Ridgway, N. M. (1986). Consumer search: An extended framework. *Journal of Consumer Research, 13*(1), 119–126.

Blumrodt, J., Bryson, D., y Flanagan, J. (2012). European football teams' CSR engagement impacts on customer-based brand equity. *Journal of Consumer Marketing, 29*(7), 482–493. doi:10.1108/07363761211274992

Bollen, K. (1989). *Structural equations with latent variables*. New York, USA: Wiley.

Boluda, I. K., López, N. V., Manzano, J. A., y Rodríguez, C. (2009). Efecto del Patrocinio de la Copa América en las percepciones de Luis Vuitton: Una perspectiva internacional. *Universia Business Review*, (22), 40–55.

Boshoff, C., y Gerber, C. (2008). Sponsorship recall and recognition: The case of the 2007 Cricket World Cup. *South African Journal of Business Management, 39*(2). Extraído de http://search.proquest.com/docview/201696880/13AC3AC3BA0B82DAA3/29?accountid=14542

Bozdogan, H. (1987). Model selection and Akaike's information criterion (AIC): The general theory and its analytical extensions. *Psychometrika, 52*, 345–370.

Bradish, C., y Cronin, J. J. (2009). Corporate social responsibility in sport. *Journal of Sport Management, 23*(6), 691–697.

Brooks, C. M. (1994). *Sports marketing: Competitive business strategies for sports*. Boston, USA: Benjamin Cummings.

Brown, M. T. (1998). An examination of the content of official Major League Baseball team sites on the world wide web. *Cyber Journal of Sport Marketing, 2*(1).

Brown, M. T. (2003). An analysis of online marketing in the sport industry: User activity, communication objectives, and perceived benefits. *Sport Marketing Quarterly, 12*(1), 48–55.

Bruner, G., y Kumar, A. (2000). Web commercials and advertising hierarchy-of-effects. *Journal of Advertising Research, 40*(1/2), 35–42.

Brusco, M. J., y Steinley, D. (2006). Clustering, seriation, and subset extraction of confusion data. *Psychological Methods*, *11*(3), 271–286. doi:http://dx.doi.org/10.1037/1082-989X.11.3.271

Butler, B., y Sagas, M. (2010, April 21). Making room in the lineup: Newspaper Web sites face growing competition for sports fans' attention. *Human Kinetics Journals*. Extraído el 1 de septiembre, 2012, de http://journals.humankinetics.com/ijsc-back-issues/ijscvolume1issue1march/makingroominthelineupnewspaperwebsit esfacegrowingcompetitionforsportsfansattention

Cabrera, J. A. H., Santana, G. M. R., y Costas, C. S. L. (1997). Estimación de datos perdidos por máxima verosimilitud en patrones "missing" aleatorios (mar) y completamente aleatorios (mcar) en modelos estructurales. *Psicothema*, *9*(1), 187–197.

Cai, L. A., Feng, R., y Breiter, D. (2004). Tourist purchase decision involvement and information preferences. *Journal of Vacation Marketing*, *10*(2), 138–148. doi:10.1177/135676670401000204

Cain, L. P., y Haddock, D. D. (2005). Similar economic histories, different industrial structures: Transatlantic contrasts in the evolution of professional sports leagues. *The Journal of Economic History*, *65*(04), 1116–1147. doi:10.1017/S0022050705000422

Calabuig Moreno, F., Burillo, P., Crespo, J., Mundina Gómez, J. J., y Gallardo, L. (2010). Satisfacción, calidad y valor percibido en espectadores de atletismo. *Revista Internacional de Medicina y Ciencias de la Actividad Física y del Deporte*, (40), 5–16.

Calabuig Moreno, F., y Josep, C. H. (2009). Uso del método Delphi para la elaboración de una medida de la calidad percibida de los espectadores de eventos deportivos. *Retos: nuevas tendencias en educación física, deporte y recreación*, (15), 21–25.

Carlson, J., y O'Cass, A. (2010). Exploring the relationships between e-service quality, satisfaction, attitudes and behaviours in content-driven e-service web sites. *Journal of Services Marketing*, *24*(2), 112–127. doi:10.1108/08876041011031091

Carlson, J., Rosenberger, P. J., y Muthaly, S. (2003). Nothing but Net! A study of the information content in Australian professional basketball websites. *Sport Marketing Quarterly*, *12*(3), 184–189.

Carmines, E. G., y Zeller, R. A. (1979). *Reliability and validity assessment*. California, USA: Sage Publications, Inc.

Carrillat, F. A, Lafferty, B. A., y Harris, E. G. (2005). Investigating sponsorship effectiveness: Do less familiar brands have an advantage over more familiar brands in single and multiple sponsorship arrangements? *Journal of Brand Management*, *13*(1), 50–64. doi:10.1057/palgrave.bm.2540245

Carrillat, F. A., Harris, E. G., y Lafferty, B. A. (2010). Fortuitous brand image transfer: Investigating the side effect of concurrent sponsorships. *Journal of Advertising*, *39*(2), 109–123.

Carrillat, F. A. (2005). *The effect of perceived entitativity on implicit image transfer in multiple sponsorships* (Ph.D.). Extraído de http://search.proquest.com/docview/305421542/abstract/13AA166072A 4308D793/1?accountid=14542

Carroggio, M. (1996). *Patrocinio deportivo. Del patrocinio de los Juegos Olímpicos al deporte local*. Barcelona, Spain: Ariel Comunicación.

Carroll, A. B. (1979). A three-dimensional conceptual model of corporate performance. *Academy of Management. The Academy of Management Review*, *4*(4), 497.

Caskey, R. J., y Delpy, L. A. (1999). An examination of sport web sites and the opinion of web employees toward the use and viability of the World Wide Web as a profitable sports marketing tool. *Sport Marketing Quarterly*, *8*(2), 13–24.

Castro, M. C. B., Carrión, G. A. C., y Salgueiro, J. L. R. (2007). Investigar en economía de la empresa: ¿partial least squares o modelos basados en la covarianza? In *El Comportamiento De La Empresa Ante Entornos Dinámicos* (Vol. 1, p. 63). Presented at the XIX Congreso anual y XV Congreso Hispano Francés de AEDEM. Extraído de http://dialnet.unirioja.es/servlet/articulo?codigo=2480048

Celsi, R. L., y Olson, J. C. (1988). The Role of involvement in attention and comprehension processes. *Journal of Consumer Research, 15*(2), 210–224.

Chalip, L., y Costa, C. A. (2005). Sport event tourism and the destination brand: Towards a general theory. *Sport in Society, 8*(2), 218–237.

Chalip, L., Green, B. C., y Hill, B. (2003). Effects of sport event media on destination image and intention to visit. *Journal of Sport Management, 17*(3), 214–234.

Chandon, P., Wansink, B., y Laurent, G. (2000). A benefit congruency framework of sales promotion effectiveness. *Journal of Marketing, 64*(4), 65–81.

Chang, P. C., y Singh, K. K. (1990). Risk management for mega-events: The 1988 olympic winter games. *Tourism Management, 11*(1), 45–52. doi:10.1016/0261-5177(90)90007-V

Chao, W.-C. (2011). *Sports sponsorship effects: The role of logo visual fluency, familiarity, and sponsor-event congruence for audience recall of team sponsors* (M.A.). Michigan State University, United States -- Michigan. Extraído de http://search.proquest.com/docview/866202709/abstract/1396CFD0A99 77220BB4/4?accountid=14542

Chappelet, J. L. (2001). Risk management for large-scale events: The case of the Olympic Winter Games. *European Journal For Sport Management, 8*(Special issue), 6–21.

Chen, Q., Clifford, S. J., y Wells, W. D. (2002). Attitude toward the site II: New information. *Journal of Advertising Research, 42*(2), 33–45.

Chen, Q., y Wells, W. D. (1999). Attitude toward the Site. *Journal of Advertising Research, 39*(5), 27–37.

Chiao-Chen, C., y Yang-Chieh, C. (2011). Comparing consumer complaint responses to online and offline environment. *Internet Research, 21*(2), 124–137. doi:http://dx.doi.org/10.1108/10662241111123720

Chin, W. W. (1995). Partial least squares is to LISREL as principal components analysis is to common factor analysis. *Technology Studies, 2*(2), 315–319.

Chin, W. W. (1998a). The partial least squares approach to structural equation modeling. En G. A. Marcoulides (Ed.), *Modern Methods for Business Research* (pp. 295–336). New Jersey, USA: Lawrence Erlbaum Associates.

Chin, W. W. (1998b). Issues and opinion on structural equation modeling. *MIS Quarterly*, 1–10.

Chin, W. W., y Dibbern, J. (2010). An introduction to a permutation based procedure for multi-group PLS analysis: Results of tests of differences on simulated data and a cross cultural analysis of the sourcing of information system services between Germany and the USA. In E. V. Vinzi, W. W. Chin, J. Henseler, y H. Wang (Eds.), *Handbook of Partial Least Squares*. Berlin, Germany: Springer-Verlag.

Chin, W. W., Marcolin, B. L., y Newsted, P. R. (2003). A partial least squares latent variable modeling approach for measuring interaction effects: Results from a Monte Carlo simulation study and an electronic-mail emotion/adoption study. *Information Systems Research, 14*(2), 189–217.

Choi, Y. S., y Yoh, T. (2011). Exploring the effect of communication channels on sponsorship effectiveness: A case study of Super Bowl XLII. *International Journal of Sport Management y Marketing, 9*(1/2), 75–93.

Chon, K. S., y Hudson, S. (2002a). *Sport and Adventure Tourism*. Routledge.

Chon, K. S., y Hudson, S. (2002b). *Sport and adventure tourism*. New York, USA: Routledge.

Cialdini, R. B., Borden, R. J., Thorne, A., Walker, M. R., Freeman, S., y Sloan, L. R. (1976). Basking in reflected glory: Three (football) field studies. *Journal of Personality and Social Psychology, 34*(3), 366–375. doi:http://dx.doi.org/10.1037/0022-3514.34.3.366

Cianfrone, B. A., y Zhang, J. J. (2006). Differential effects of television commercials, athlete endorsements, and venue signage during a televised action sports event. *Journal of Sport Management, 20*(3), 322–344.

Ciletti, D., Lanasa, J., Ramos, D., Luchs, R., y Lou, J. (2010, April 21). Sustainability communication in North American professional sports leagues: Insights from Web-site self-presentations. *Human Kinetics Journals*. Extraído el 1 de septiembre, 2012, de http://journals.humankinetics.com/ijsc-back-issues/ijscvolume3issue1march/sustainabilitycommunicationinnorthamericanprofessionalsportsleaguesinsightsfromwebsiteselfpresentations

Clark, J., Cornwell, T., y Pruitt, S. (2009). The impact of title event sponsorship announcements on shareholder wealth. *Marketing Letters, 20*(2), 169–182. doi:10.1007/s11002-008-9064-z

Cobanoglu, C., Warde, B., y Moreo, P. J. (2001). A comparison of mail, fax and web-based survey methods. *International Journal of Market Research, 43*(4), 441–452.

Cohen, J. (1988). *Statistical Power Analysis for the Behavioral Sciences* (2nd ed.). New Jersey, USA: Routledge Academic.

Comisión Nacional de Telecomunicaciones. (2012). *Consumos y gastos de los hogares españoles en los servicios de comunicaciones electrónicas.* (No. Primer trimestre 2012) (pp. 1–17). Dirección de Estudios, Estadísticas y Recursos Documentales.

Cornwell, T. B. (1995). Sponsorship-linked marketing development. *Sport Marketing Quarterly, 4*(4), 13–24.

Cornwell, T. B., y Maignan, I. (1998). An international review of sponsorship research. *Journal of Advertising, 27*(1), 1–21.

Cornwell, T. B., Weeks, C. S., y Roy, D. P. (2005). Sponsorship-linked marketing: Opening the black box. *Journal of Advertising, 34*(2), 21–42.

Cornwell, T. B., y Coote, L. V. (2005). Corporate sponsorship of a cause: The role of identification in purchase intent. *Journal of Business Research, 58*(3), 268–276. doi:http://dx.doi.org/10.1016/S0148-2963(03)00135-8

Cornwell, T. B., Pruitt, S. W., y Van Ness, R. (2001). The value of winning in motorsports: Sponsorship-linked marketing. *Journal of Advertising Research, 41*(1), 17–31.

Cornwell, T. B., Relyea, G. e., Irwin, R. l., y Maignan, I. (2000). Understanding long-term effects of sports sponsorship: role of experience, involvement, enthusiasm and clutter. *International Journal of Sports Marketing y Sponsorship, 2*(2), 127–143.

Crespo Almendros, E. (2011). *Eficacia de la promoción de ventas on-line. Influencia del tipo de incentivo promocional y la experiencia de uso web.* Universidad de Granada, Granada, España.

Creyer, E. H. (1997). The influence of firm behavior on purchase intention: Do consumers really care about business ethics? *The Journal of Consumer Marketing, 14*(6), 421–432.

Crimmins, J., y Horn, M. (1996a). Sponsorship: From management ego trip to marketing success. *Journal of Advertising Research, 36*(4), 11–21.

Crimmins, J., y Horn, M. (1996b). Sponsorship: From management ego trip to marketing success. *Journal of Advertising Research, 36*(4), 11.

Crompton, J. L. (2004). Conceptualization and alternate operationalizations of the measurement of sponsorship effectiveness in sport. *Leisure Studies, 23*(3), 267–281. doi:10.1080/0261436042000183695

Cronbach, L. J. (1951). Coefficient alpha and the internal structure of tests. *Psychometrika, 16,* 297–334. doi:http://dx.doi.org/10.1007/BF02310555

Cuneen, J., y Hannan, M. j. (1993). Intermediate measures and recognition testing of sponsorship advertising at an LPGA tournament. *Sport Marketing Quarterly, 2*(1), 47–56.

Cunningham, G. B., y Kwon, H. (2003). The theory of planned behaviour and intentions to attend a sport event. *Sport Management Review, 6*(2), 127–145. doi:10.1016/S1441-3523(03)70056-4

Dahlén, M., Rosengren, S., Törn, F., y Öhman, N. (2008). Could placing ads wrong be right? *Journal of Advertising, 37*(3), 57–67.

Dalakas, V., y Levin, A. M. (2004). The balance theory domino: How sponsorships may elicit negative consumer attitudes. *Advances in Consumer Research, 32,* 91–97.

Dale, B., Van Iwaarden, J., Van der Wiele, T., y Williams, R. (2005). Service improvement in a sports environment: A study of spectator attendance. *Managing Service Quality, 15*(5), 470–484.

Daneshvary, R., y Schwer, R. K. (2000). The association endorsement and consumers' intention to purchase. *The Journal of Consumer Marketing, 17*(3), 203–213.

Davis, N. W., y Duncan, M. C. (2006). Sports knowledge is power reinforcing masculine privilege through fantasy sport league participation. *Journal of Sport & Social Issues, 30*(3), 244–264. doi:10.1177/0193723506290324

Dean, D. H. (1999). Brand endorsement, popularity, and event sponsorship as advertising cues affecting consumer pre-purchase attitudes. *Journal of Advertising*, *28*(3), 1–12.

Dean, D. H. (2002). Associating the cooperation with a charitable event through sponsorship: Measuring the effects on corporate community relations. *Journal of Advertising*, *31*(4), 77–87.

Dees, W., Bennett, G., y Tsuji, Y. (2006). Attitudes toward sponsorship at a state sports festival. *Event Management*, *10*(2-3), 89–101. doi:http://dx.doi.org/10.3727/152599507780676670

Dees, W., Bennett, G., y Villegas, J. (2008a). Measuring the effectiveness of sponsorship of an elite intercollegiate football program. *Sport Marketing Quarterly*, *17*(2), 79–89.

Dees, W., Bennett, G., y Villegas, J. (2008b). Measuring the effectiveness of sponsorship of an elite intercollegiate football program. *Sport Marketing Quarterly*, *17*(2), 79–89.

Del Barrio, S., y Luque, T. (2012). Análisis de ecuaciones estructurales. En T. Luque (Ed.), *Técnicas de Análisis de Datos en Investigación de Mercados* (2nd ed.). Madrid, Spain: Pirámide.

Deloitte, (2011). *Football Money League: The Untouchables.* Sport Business Group. Extraído de: http://www.deloitte.com/view/en_GB/uk/industries-/sportsbusinessgroup/sports/football/deloitte-football-money-league-2011

Delpy, L., y Bosetti, H. A. (1998). Sport management and marketing via the World Wide Web. *Sport Marketing Quarterly*, *7*(1), 21–27.

Deutskens, E., De Jong, A., Ruyter, K. de, y Wetzels, M. (2006). Comparing the generalizability of online and mail surveys in cross-national service quality research. *Marketing Letters*, *17*(2), 119–136. doi:http://dx.doi.org/10.1007/s11002-006-4950-8

Dhurup, M., y Rabale, E. M. (2012). Spectators' perceptions of official sponsors in the FIFA 2010 World Cup and purchase intentions of sponsors products or brands. *African Journal for Physical, Health Education, Recreation & Dance*, *18*(1), 139–150.

Dolnicar, S., y Leisch, F. (2004). Segmenting markets by bagged clustering. *Australasian Marketing Journal, 12*(1), 51–65.

Dolphin, R. R. (2003). Sponsorship: Perspectives on its strategic role. *Corporate Communications, 8*(3), 173–186.

Dommeyer, C. J., y Moriarty, E. (2000). Comparing two forms of an e-mail survey: Embedded vs. attached. *Market Research Society. Journal of the Market Research Society, 42*(1), 39–50.

Drayer, J., Shapiro, S. L., Dwyer, B., Morse, A. L., y White, J. (2010). The effects of fantasy football participation on NFL consumption: A qualitative analysis. *Sport Management Review, 13*(2), 129–141. doi:10.1016/j.smr.2009.02.001

Dwyer, L., Fredline, L. (2008). Special issue: Special sports events - Part I. *Journal of Sport Management, 22*(4), 385–486.

Ellen, P. S., Mohr, L. A., y Webb, D. J. (2000). Charitable programs and the retailer: Do they mix? *Journal of Retailing, 76*(3), 393–406.

Evans, D. M., y Smith, A. C. T. (2004). The Internet and competitive advantage: A study of Australia's four premier professional sporting leagues. *Sport Management Review (Sport Management Association of Australia & New Zealand), 7*(1), 27–56.

Expansión. (2012). Las cifras de Londres 2012. Extraído el 22 de enero, 2013, de http://www.expansion.com/2012/07/27/entorno/1343408227.html

Falk, R. F., y Miller, N. B. (1992). *A primer for soft modeling.* Ohio, USA: The University of Akron.

Farquhar, L. K., y Meeds, R. (2007). Types of fantasy sports users and their motivations. *Journal of Computer-Mediated Communication, 12*(4), 1208–1228. doi:10.1111/j.1083-6101.2007.00370.x

Filo, K., y Funk, D. C. (2005). Congruence between attractive product features and virtual content delivery for internet marketing communication. *Sport Marketing Quarterly, 14*(2), 112–122.

Filo, K., Funk, D. C., y Hornby, G. (2009). The role of Web site content on motive and attitude change for sport events. *Journal of Sport Management, 23*(1), 21–40.

Fink, J. S., Trail, G. T., y Anderson, D. F. (2002). Environmental factors associated with spectator attendance and sport consumption behavior: gender and team differences. *Sport Marketing Quarterly, 11*(1), 8–19.

Fishbein, M., y Ajzen, I. (1975). *Belief, attitude, intention, and behavior: An introduction to theory and research.* Reading, MA: Addison-Wesley Pub. Co.

Flynn, L. R., y Goldsmith, R. E. (1993). A causal model of consumer involvement: Replication and critique. *Journal of Social Behavior & Personality, 8*(6), 129–142.

Fornell, C., y Bookstein, F. L. (1982). Two structural equation models: LISREL and PLS applied to consumer exit-voice theory. *JMR, Journal of Marketing Research (pre-1986), 19*(000004), 440.

Fornell, C., y Larcker, D. F. (1981). Evaluating structural equation models with unobservable variables and measurement error. *Journal of Marketing Research, 18*(1), 39–50. doi:http://dx.doi.org/10.2307/3151312

Fornell, C., Lorange, P., y Roos, J. (1990). The cooperative venture formation process: A latent variable structural modeling approach. *Management Science, 36*(10), 1246–1255.

Fournier, S. (1998). Consumers and their brands: Developing relationship theory in consumer research. *Journal of Consumer Research, 24*(4), 343–373.

Fritz, H. (1958). *The Psychology of Interpersonal Relations.* New York, USA: John Wiley & Sons.

Frosdick, S., y Walley, L. (1997). *Sport and safety management.* Oxford, UK: Butterworth-Heinemann.

Fullerton, S. (2006). *Sports marketing.* McGraw-Hill/Irwin.

Fullerton, S., y Merz, G. R. (2008). The four domains of sports marketing: A conceptual framework. *Sport Marketing Quarterly, 17*(2), 90–108.

Funk, D. C., Beaton, A., y Alexandris, K. (2012). Sport consumer motivation: Autonomy and control orientations that regulate fan behaviours. *Sport Management Review, 15*(3), 355–367. doi:10.1016/j.smr.2011.11.001

Garbarino, E., y Johnson, M. S. (1999). The different roles of satisfaction, trust, and commitment in customer relationships. *Journal of Marketing, 63*(2), 70–87.

Gardner, M. P., y Shuman, P. (1988). Sponsorships and small businesses. *Journal of Small Business Management*, *26*(4), 44.

Gardner, M. P., y Shuman, P. (1987). Sponsorship: An important component of the promocions mix. *Journal of Advertising*, *16*(1), 11–17.

Gayton, W. F., Coffin, J. L., y Hearns, J. (1998). Further validation of the sports spectator identification scale. *Perceptual & Motor Skills*, *87*(3 Part 2), 1137–1138.

Gefen, D., y Straub, D. (2005). A practical guide to factorial validity using PLS-Graph: tutorial and annotated example. *Communications of the Association for Information Systems*, *16*, 1.

Gefen, D., Straub, D., y Boudreau, M.-C. (2000). Structural equation modeling and regression: Guidelines for research practice. *Communications of the Association for Information System*, *4*, 1–79.

Geisser, S. (1975). The predictive sample reuse method with applications. *Journal of the American Statistical Association*, *70*(350), 320.

Getz, D. (2005). *Event management & event tourism* (2nd ed.). New York, USA: Cognizant Communication Corporation.

Getz, D. (1998). Trends, strategies and issues in sport-event tourism. *Sport Marketing quarterly*, *7*(2), 8–13.

Gladden, J., y Funk, D. C. (2002). Developing an understanding of brand associations in team sport: Empirical evidence from consumers of professional sport. *Journal of Sport Management*, *16*(1), 54–81.

Gladden, J., y Sutton, W. A. (2005). Marketing principles applied to sport management. En C. Barr y M. Huns (Eds.), *Principles and Practice of Sport Management*. Sudbury, MA: Jones & Bartlett Publishers.

Godfrey, P. C. (2009). Corporate Social Responsibility in sport: An overview and key issues. *Journal of Sport Management*, *23*(6), 698–716.

Golland, P., Liang, F., Mukherjee, S., y Panchenko, D. (2005). Permutation tests for classification. *Lecturer notes in Computer Science*, (3559), 501–515.

Grace-Farfaglia, P., Dekkers, A., Sundararajan, B., Peters, L., y Park, S.-H. (2006). Multinational web uses and gratifications: Measuring the social impact of online community participation across national boundaries. *Electronic*

Commerce Research, 6(1), 75–101. doi:http://dx.doi.org/10.1007/s10660-006-5989-6

Graham, P. J. (1994). *Sport business: Operational and theoretical aspects.* Dubuque, Iowa: Brown & Benchmark.

Graham, P. J. (1997). Ambush marketing. *Sport Marketing Quarterly, 6*(1), 10–12.

Graham, S., Goldblatt, J. J., Neirotti, L. D., y Delpy, L. (1995). *The ultimate guide to sport event management and marketing.* Ohio, USA: Irwin Professional Pub.

Graham, S., Neirotti, L., y Goldblatt, J. (2001). *The ultimate guide to sports marketing.* Ohio, USA: McGraw-Hill.

Gratton, C., Shilbi, S., y Coleman, R. (2005). The economics of sport tourism at major sports event. En J. Higham (Ed.), *Sport Tourism Destinations: Issues, Opportunities and Analysis.* Burlington, MA: Elsevier, Butterworth Heinemann.

Green, M. (2004). Changing policy priorities for sport in England: The emergence of elite sport development as a key policy concern. *Leisure Studies, 23*(4), 365–385. doi:10.1080/0261436042000231646

Greenhalgh, G. P. (2010). *An examination of professional niche sport sponsorship: Sponsors' objectives and selection criteria* (Ph.D.). University of Louisville, United States -- Kentucky. Extraído de http://search.proquest.com/docview/822457170/abstract/1396CFD0A99 77220BB4/6?accountid=14542

Greenwald, A. G., y Leavitt, C. (1984). Audience involvement in advertising: Four levels. *Journal of Consumer Research, 11*(1), 581–592.

Gresser, B., y Bessy, O. (1999). *Le management d'un evenement sportif.* Paris, France: Editios d'Organisation.

Griffin, J. (1996). The Internet's expanding role in building customer loyalty. *Direct Marketing.* Extraído de http://www.highbeam.com/doc/1G1-19184833.html

Grohs, R., y Reisinger, H. (2005). Image transfer in sports sponsorships: An assessment of moderating effects. *International Journal of Sports Marketing & Sponsorship, 7*(1), 42–48.

Grohs, R., Wagner, U., y Vsetecka, S. (2004). Assessing the effectiveness of sport sponsorships - An empirical examination. *Schmalenbach Business Review: ZFBF, 56*(2), 119–138.

Gunter, B., Nicholas, D., Huntington, P., y Williams, P. (2002). Online versus offline research: Implications for evaluating digital media. *Aslib Proceedings, 54*(4), 229.

Gwinner, K. (1997). A model of image creation and image transfer in event sponsorhsip. *International Marketing Review, 14*(2/3), 145.

Gwinner, K., y Bennett, G. (2008). The impact of brand cohesiveness and sport identification on brand fit in a sponsorship context. *Journal of Sport Management, 22*(4), 410–426.

Gwinner, K., y Eaton, J. (1999a). Building brand image through event sponsorship: The role of image transfer. *Journal of Advertising, 28*(4), 47–57.

Gwinner, K., y Eaton, J. (1999b). Building brand image through event sponsorship: The role of image transfer. *Journal of Advertising, 28*(4), 47–57.

Gwinner, K., y Swanson, S. R. (2003). A model of fan identification: Antecedents and sponsorship outcomes. *The Journal of Services Marketing, 17*(2/3), 275.

Hahn, C. (2002). *Segmentspezifische kundenzufriedenheitsanalyse.* Wiesbaden, Germany: DUV.

Hahn, C., Johnson, M. D., Herrmann, A., y Huber, F. (2002). Capturing customer heterogeneity using a finite mixture PLS approach. *Schmalenbach Business Review: ZFBF, 54*(3), 243–269.

Hair, J. F., Ringle, C. M., y Sarstedt, M. (2011). Pls-Sem: Indeed a silver bullet. *Journal of Marketing Theory and Practice, 19*(2), 139–151.

Haley, E. (1996). Exploring the construct of organization as source: Consumers' understandings of organizational sponsorship of advocacy advertising. *Journal of Advertising, 25*(2), 19–35.

Harrolle, M. G., y Trail, G. T. (2007). Ethnic identification, acculturation and sports identification of Latinos in the United States. *International Journal of Sports Marketing & Sponsorship, 8*(3), 234–253.

Hart, N. A. (1988). *Practical advertising and publicity: Effective promotion of products and services to industry and commerce.* London, UK: McGraw-Hill.

Hatzigeorgiadis, A., y Biddle, S. (1999). The effects of goal orientation and perceived competence on cognitive interference during tennis and snooker performance. *Journal of Sport Behavior, 22*(4), 479–501.

Head, V. (1981). *Sponsorship: The Newest Marketing Skill.* Woodhead-Faulnker Ltd.

Heeler, R. M., y Ray, M. L. (1972). Measure validation in marketing. *JMR, Journal of Marketing Research (pre-1986), 9*(4), 361.

Heinemann, K. (1998). *Introducción a la economía del deporte.* Barcelona, Spain: Paidotribo.

Henseler, J., Ringle, C. M., y Sinkovics, R. R. (2009). The used of partial least squares path modeling in international marketing. En R. R. Sinkovics y P. N. Ghauri (Eds.), *Advances in International Marketing: Vol. 20. New Challenges to International Marketing.* Bingley, UK: Emerald.

Henseler, J., Wilson, B., y De Vreede, D. (2009). Can sponsorships be harmful for events? Investigating the transfer of associations from sponsors to events. *International Journal of Sports Marketing & Sponsorship, 10*(3), 244–251.

Hickman, T. M., Lawrence, K. E., y Ward, J. C. (2005). A social identities perspective on the effects of corporate sport sponsorship on employees. *Sport Marketing Quarterly, 14*(3), 148–157.

Higie, R. A., y Feick, L. F. (1989). Enduring involvement: Conceptual and measurement issues. *Advances in Consumer Research, 16*(1), 690–696.

Hinkle, D. E., Wiersma, W., y Jurs, S. G. (1998). *Applied Statistics for the behavioral sciences* (4th ed.). Boston, USA: Houghton Mifflin.

Hopkins, C. D., Raymond, M. A., y Mitra, A. (2004). Consumer responses to perceived telepresence in the online advertising environment: The moderating role of involvement. *Marketing Theory, 4*(1-2), 137–162. doi:http://dx.doi.org/10.1177/1470593104044090

Howard, D. R., y Crompton, J. L. (2003). *Financing Sport* (2nd ed.). Fitness Information Technology.

Huang, J.-J., Tzeng, G.-H., y Ong, C.-S. (2007). Marketing segmentation using support vector clustering. *Expert Systems with Applications, 32*(2), 313–317. doi:http://dx.doi.org/10.1016/j.eswa.2005.11.028

Hulland, J. (1999). Use of partial least squares (PLS) in strategic management research: A review of four recent studies. *Strategic Management Journal, 20*(2), 195.

Hur, Y. (2007). *Determinants of sport website acceptance: An application and extension of the technology acceptance model* (Ph.D.). Washington State University, United States -- Washington. Extraído de http://search.proquest.com/docview/304808897/abstract/13884CCC8B7 57301880/77?accountid=14542

Hur, Y., Ko, Y. J., y Claussen, C. L. (2011). Acceptance of sports websites: A conceptual model. *International Journal of Sports Marketing and Sponsorship, 12*(3), 209–224.

Hur, Y., Ko, Y. J., y Claussen, C. L. (2012). Determinants of using sports web portals: An empirical examination of the Sport Website Acceptance Model. *International Journal of Sports Marketing & Sponsorship, 13*(3), 169–188.

Hur, Y., Ko, Y. J., y Valacich, J. (2007). Motivation and concerns for online sport consumption. *Journal of Sport Management, 21*(4), 521–539.

Hur, Y., Ko, Y. J., y Valacich, J. (2011). A Structural model of the relationships between sport website quality, e-satisfaction, and e-loyalty. *Journal of Sport Management, 25*(5), 458–473.

Hyung-Seok Lee, y Chang-Hoan Cho. (2009). The matching effect of brand and sporting event personality: Sponsorship implications. *Journal of Sport Management, 23*(1), 41–64.

IEG. (2000). Year one of IRL title builds traffic, awareness for northen light. *IEG Sponsorship Report, 19*(23), 1–3.

IEG. (2009). Sponsorship spending recedes for first time; Better days seen ahead. Extraído de http://www.sponsorship.com/resources/sponsorship-spending.aspx

IEG. (2011). Major pro sports sponsorships to total $2.46 billion In 2011. Extraído el 22 de agosto, 2012, de http://www.sponsorship.com/iegsr/2011/09/26/Major-Pro-Sports-sponsorships-To-Total-$2-46-Billi.aspx

Infoadex. (2012). *Estudio de la inversión publicitaria en España*. Infoadex.

Ioakimidis, M. (2010). Online marketing of professional sports clubs: Engaging fans on a new playing field. *International Journal of Sports Marketing & Sponsorship, 11*(4), 271–282.

Irwin, R. L., y Asimakopoulos, M. K. (1992). An approach to the evaluation and selection of sport sponsorship proposals. *Sport Marketing Quarterly, 1*(2), 43–51.

Irwin, R. L., y Sutton, W. a. (1994). Sport sponsorship objectives: An analysis of their relative importance for major corporate sponsors. *European Journal For Sport Management, 1*(2), 93–101.

Ja-Shen, C., Ching, R. K. II., y Yi-Shen, L. (2004). An extended study of the K-means algorithm for data clustering and its applications. *The Journal of the Operational Research Society, 55*(9), 976–987.

Jacobson, B. (2003). The social psychology of the creation of a sports fan identity: A theoretical review of the literature. *Athletic Insight: The Online Journal of Sport Psychology, 5*(2). Etraído de http://search.proquest.com/docview/620149604/138E6B8376DDEE59A1/1?accountid=14542

Jago, L. K., Chalip, L., Brown, G., Mules, T., y Ali, S. (2003). Building events into destination branding: Insights from experts. *Event Management.* Extraído el 30 de agosto, 2012, de http://www.ingentaconnect.com/content/cog/em/2003/00000008/0000 0001/em160

Jain, K., y Srinivasan, N. (1990). An empirical assessment of multiple operationalizations of involvement. *Advances in Consumer Research, 17*(1), 594–602.

James, J. D., y Ridinger, L. L. (2002). female and male sport fans: A comparison of sport consumption motives. *Journal of Sport Behavior, 25*(3), 260.

Janiszewski, C., y Meyvis, T. (2001). Effects of brand logo complexity, repetition, and spacing on processing fluency and judgment. *Journal of Consumer Research, 28*(1), 18–32.

Javalgi, R. G., Traylor, M. B., Gross, A. C., y Lampman, E. (1994). Awareness of sponsorship and corporate image: An empirical investigation. *Journal of Advertising, 23*(4), 47–58.

Jedidi, K., Jagpal, H. S., y DeSarbo, W. S. (1997). Finite-mixture structural equation models for response-based segmentation and unobserved heterogeneity. *Marketing Science, 16*(1), 39–59. doi:10.1287/mksc.16.1.39

Jensen, J. (1995). Shooting to score on the net. *Advertising Age, 64*(14), 24–25.

Jensen, T. D., Carlson, L., y Tripp, C. (1989). The dimensionality of involvement: An empirical test. *Advances in Consumer Research, 16*(1), 680–689.

Johan, G. V., y Pham, M. T. (1999). Relatedness, prominence, and constructive sponsor identification. *Journal of Marketing Research (JMR), 36*(3), 299–312.

Johnson, D., y Grayson, K. (2005). Cognitive and affective trust in service relationships. *Journal of Business Research, 58*(4), 500–507.

Jones, T. (1995, April). Instrumental stakeholder theory: A synthesis of ethics and economics. Extraído de http://proquest.umi.com/pqdlink?did=7467&Fmt=7&clientId=3224&RQT =309&VName=PQD

Kahle, L. R., y Meeske, C. (1999). Sports marketing and the Internet: It's a whole new ball game. *Sport Marketing Quarterly, 8*(2), 9–12.

Kahle, L. R., y Close, A. (2010). *Consumer behavior knowledge for effective sports and event marketing*. Taylor & Francis.

Kaplan, D., y Lefton, T. (2008). NYC race looks to add to field. *Sport Business Journal*.

Kaplanidou, K., y Vogt, C. (2010). The meaning and measurement of a sport event experience among active sport tourists. *Journal of Sport Management, 24*(5), 544–566.

Kaplanidou, K., y Vogt, C. (2007). The interrelationship between sport event and destination image and sport tourists' behaviours. *Journal of Sport & Tourism, 12*(3-4), 183–206. doi:10.1080/14775080701736932

Karg, A. J., y McDonald, H. (2011). Fantasy sport participation as a complement to traditional sport consumption. *Sport Management Review, 14*(4), 327–346. doi:10.1016/j.smr.2010.11.004

Kaser, K., y Oelkers, D. B. (2007). *Sports and Entertainment Marketing*. Cengage Learning.

Keil, M., Tan, B. C. Y., Kwok-Kee, W., Saarinen, T., Tuunainen, V., y Wassenaar, A. (2000). A cross-cultural study on escalation of commitment behavior in software projects. *MIS Quarterly, 24*(2), 299–325.

Keller, K. L. (1993). Conceptualizing, measuring, and managing customer-based brand equity. *Journal of Marketing, 57*(1), 1.

Keller, K. L. (2003). Brand synthesis: The multidimensionality of brand knowledge. *Journal of Consumer Research, 29*(4), 595–600.

Kim, K. (2006). *Managing corporate brand image through sports sponsorship: Impacts of sponsorship on building consumer perceptions of corporate ability and social responsibility* (Ph.D.). Extraído de http://search.proquest.com/docview/304983704/abstract/13AA1541396 34B8972C/8?accountid=14542

Kim, K., y Choi, S. M. (2007). Understanding the impacts of sponsorship-induced beliefs on corporate credibility and attitude toward the sponsor. In *American Academy of Advertising. Conference. Proceedings (Online)* (pp. 109–113,115–118). Lubbock, United States: American Academy of Advertising. Extraído de http://search.proquest.com/docview/192406766/13AA74F6314B944F0D /2?accountid=14542

Kim, K., Kwak, D. H., y Kim, Y. K. (2010). The impact of cause-related marketing (CRM) in spectator sport. *Journal of Management and Organization, 16*(4), 515–527.

Kim, Y. K., Ko, Y. J., y James, J. (2011). The impact of relationship quality on attitude toward a sponsor. *Journal of Business & Industrial Marketing, 26*(8), 566–576. doi:10.1108/08858621111179840

Kim, Y. T. (2010). *Single versus multiple team sponsorship: A study of consumer inferences* (Ph.D.). The Florida State University, United States -- Florida. Extraído de http://search.proquest.com/docview/872941131/abstract?accountid=145 42

Kinney, L., McDaniel, S. R., y DeGaris, L. (2008). Demographic and psychographic variables predicting NASCAR sponsor brand recall. *International Journal of Sports Marketing & Sponsorship, 9*(3), 169–179.

Kitchen, P. J. (1993). Public relations: A rationale for its development and usage within UK fast-moving consumer goods firms. *European Journal of Marketing, 27*(7), 53–75.

Kitchin, P. (2006). Considering entertainment-games websites in sports marketing: The case of Stick Cricket. *International Journal of Sports Marketing & Sponsorship, 8*(1), 98–109.

Klayman, B. (2012). Global sports market to hit $141 billion in 2012. Extraído de www.reuters.com/article/ newsOne/idUSN1738075220080618

Knox, S., Walker, D., y Marshall, C. (1994). Measuring consumer involvement with grocery brands: Model validation and scale-reliability test procedures. *Journal of Marketing Management, 10*(1-3), 137–152.

Ko, H., Cho, C., H., y Roberts, M. S. (2005a). Internet uses and gratifications: A structural equation model of interactive advertising. *Journal of Advertising, 34*(2), 57–70.

Ko, H., Cho, C., H., y Roberts, M. S. (2005b). Internet uses and gratifications: A structural equation model of interactive advertising. *Journal of Advertising, 34*(2), 57–70.

Ko, H., Cho, C., H., y Roberts, M. S. (2005c). Internet uses and gratifications. *Journal of Advertising, 34*(2), 57–70.

Ko, Y. J., Kim, K., Claussen, C. L., y Kim, T. H. (2008). The effects of sport involvement, sponsor awareness and corporate image on intention to purchase sponsors' products. *International Journal of Sports Marketing & Sponsorship, 9*(2), 79–94.

Ko, Y. J., Kim, Y. K., Kim, M. K., y Lee, J. H. (2010). The role of involvement and identification on event quality perceptions and satisfaction: A case of US Taekwondo Open. *Asia Pacific Journal of Marketing and Logistics, 22*(1), 25–39. doi:http://dx.doi.org/10.1108/13555851011013137

Koo, G. Y., Quarterman, J., Jackson, E. N., y Suh, Y. (2005). An approach of schematic information processing for sport sponsorship effectiveness. *Research Quarterly for Exercise & Sport, 76*(1 Suppl), A–127.

Koo, G. Y., Quarterman, J., y Flynn, L. (2006). Effect of perceived sport event and sponsor image fit on consumers' cognition, affect, and behavioral intentions. *Sport Marketing Quarterly, 15*(2), 80–90.

Korgaonkar, P. K., y Wolin, L. D. (1999). A multivariate analysis of Web usage. *Journal of Advertising Research, 39*(2), 53–68.

Kotler, G. A. P. (2006). *Principles of marketing.* New Jersey, USA.

Kreng, V. B., y May-Yao Huang. (2011). Corporate social responsibility: Consumer behavior, corporate strategy, and public policy. *Social Behavior & Personality: An International Journal, 39*(4), 529–541.

Kriemadis, T., Terzoudis, C., y Kartakoullis, N. (2010). Internet marketing in football clubs: A comparison between English and Greek websites. *Soccer & Society, 11*(3), 291–307. doi:10.1080/14660971003619677

Kutintara, I. (2009). *A comparison study of sponsorship effectiveness between on-site and web-based sponsorship activities.* University of Northern Colorado, Greeley, CO, USA.

Kyle, G. T., Kerstetter, D. L., y Guadagnolo, F. B. (2002). Market segmentation using participant involvement profiles. *Journal of Park and Recreation Administration,* (20), 1–21.

Lacey, R., Close, A. G., y Finney, R. Z. (2010). The pivotal roles of product knowledge and corporate social responsibility in event sponsorship effectiveness. *Journal of Business Research, 63*(11), 1222–1228. doi:10.1016/j.jbusres.2009.11.001

Lacey, R., Sneath, L. Z., Finney, R. Z., y Close, A. G. (2007). The impact of repeat attendance on event sponsorship effects. *Journal of Marketing Communications, 13*(4), 243–255. doi:http://dx.doi.org/10.1080/13527260701250752

Lacey, R., Suh, J., y Morgan, R. M. (2007). Differential effects of preferential treatment levels on relational outcomes. *Journal of Service Research: JSR, 9*(3), 241–256.

Lafferty, B. A., y Goldsmith, R. E. (2005). Cause-brand alliances: Does the cause help the brand or does the brand help the cause? *Journal of Business Research*, *58*(4), 423–429.

Lagae, M. W. (2005). *Sports sponsorship and marketing communications: A European perspective* (1st ed.). Financial Times/ Prentice Hall.

Lamont, M., Hing, N., y Gainsbury, S. (2011). Gambling on sport sponsorship: A conceptual framework for research and regulatory review. *Sport Management Review*, *14*(3), 246-257. doi:10.1016/j.smr.2011.04.004

Lanter, J. R. (2011). Spectator identification with the team and participation in celebratory violence. *Journal of Sport Behavior*, *34*(3), 268-280.

Lardinoit, T., y Derbaix, C. (2001). Sponsorship and recall of sponsors. *Psychology & Marketing*, *18*(2), 167–190.

Lardinoit, T., y Quester, P. G. (2001). Attitudinal effects of combined sponsorship and sponsor's prominence on basketball in Europe. *Journal of Advertising Research*, *41*(1), 48–58.

Laurent, G., y Kapferer, J. N. (1985). Measuring consumer involvement profiles. *Journal of Marketing Research (JMR)*, *22*(1), 41–53.

Laverie, D. A., y Arnett, D. B. (2000). Factors affecting fan attendance: The influence of identity salience and satisfaction. *Journal of Leisure Research*, *32*(2), 225–246.

Lawshe, C. H. (1975). A quantitative approach to content validity. *Personnel Psychology*, *28*(4), 563–575.

Lee, M. S., Sandler, D. M., y Shani, D. (1997). Attitudinal constructs towards sponsorship scale development using three global sporting events. *International Marketing Review*, *14*(3), 159–169.

Lee, S. (2010). *Influence of brand exposure frequency and sport involvement on sport sponsorship effects: An examination of mere exposure* (Ph.D.). Indiana University, United States -- Indiana. Extraído de http://search.proquest.com/docview/594581065/abstract/13884CCC8B7 57301880/5?accountid=14542

Levin, A. M., Joiner, C., y Cameron, G. (2001). The impact of sports sponsorship on consumers' brand attitudes and recall: The case of NASCAR fans. *Journal of Current Issues & Research in Advertising (CTC Press)*, *23*(2), 23.

Lévy M., J.-P., Mallou, J. V., y González, J. A. (2003). *Análisis multivariable para las ciencias sociales*. España: Pearson Educación.

Ley 34/1988 de 11 de nov., General de Publicidad. Artículo 24.

Li, Y. N., Tan, K. C., y Xie, M. (2002). Measuring web-based service quality. *Total Quality Management*, *13*(5), 685–700. doi:10.1080/0954412022000002072

Little, R., y Rubin, D. (1987). *Statistical analysis with missing data*. Wiley.

Liu, C., Arnett, K. P., y Litecky, C. (2000). Design quality of websites for electronic commerce: Fortune 1000 webmasters' evaluations. *Electronic Markets*, *10*(2), 120–129. doi:10.1080/10196780050138173

Liu, X., Hu, M. Y., y Grimm, P. E. (2010). Affect transfer in brand extensions: The role of expectancy and relevancy. *The Journal of Product and Brand Management*, *19*(5), 317–326. doi:http://dx.doi.org/10.1108/10610421011068559

Llorens, J. M. (2011). *La lealtad de los aficionados al fútbol. Una explicación en base al valor de marca de su equipo y su nivel de implicación*. Universitat Jaume I, Castellón de la Plana.

Llosa, S., Chandon, J.-L., y Orsingher, C. (1998). An empirical study of SERVQUAL's dimensionality. *The Service Industries Journal*, *18*(2), 16–44.

Lomax, R. G. (2006). Fantasy sports: History, game types, and research. In A. A. Raney y J. Bryant (Eds.), *Handbook of Sports and Media*. Mahwah, NJ: Lawrence Erlbaum Associates.

London 2012 Paralympics - Schedule, Results, Medals, Tickets, Venues. (n.d.). *London2012.com*. Extraído el 29 de agosto, 2012, de http://www.london2012.com/paralympics

Luellen, T. B., y Wann, D. L. (2010). Rival salience and sport team identification. *Sport Marketing Quarterly*, *19*(2), 97–106.

Luo, X. (2002). Uses and gratifications theory and e-consumer behaviors: A structural equation modeling study. *Journal of Interactive Advertising*, *2*(2).

Mackety, D. M. (2007). *Mail and Web surveys: A comparison of demographic characteristics and response quality when respondents self-select the survey administration mode* (Ph.D.). Extraído de http://search.proquest.com/docview/304815411/abstract/13B52577E1E BED94AE/2?accountid=14542

Madrigal, R. (2001). The influence of social alliances with sports teams on intentions to purchase corporate sponsors' products. *Journal of Advertising*, *29*(4), 13–24.

Madrigal, R. (2000). The influence of social alliances with sports teams on intentions to purchase corporate sponsors' products. *Journal of Advertising*, *29*(4), 13–24.

Madrigal, R. (2001). Social identity effects in a belief-attitude-intentions hierarchy: Implications for corporate sponsorship. *Psychology & Marketing*, *18*(2), 145–165.

Mahalanobis, P. (1936). On the generalised distance in statistics (Vol. 2, pp. 49–55). Presented at the Proceedings National Institute of Science, India. Extraído de http://ir.isical.ac.in/dspace/handle/1/1268

Mahony, D. F., Nakazawa, M., Funk, D. C., James, J. D., y Gladden, J. M. (2002). Motivational factors influencing the behaviour of J. league spectators. *Sport Management Review*, *5*(1), 1–24. doi:10.1016/S1441-3523(02)70059-4

Malhotra, N. K., Martínez, J. F. J. D., y Rosales, M. E. T. (2004). *Investigación de mercados: un enfoque práctico*. México: Pearson Educación.

Martensen, A., Grønholdt, L., Bendtsen, L., y Jensen, M. J. (2007). Application of a model for the effectiveness of event marketing. *Journal of Advertising Research*, *47*(3), 283–301.

Mason, D. S. (1999). What is the sports product and who buys it? The marketing of professional sports leagues. *European Journal of Marketing*, *33*(3/4), 402–419. doi:10.1108/03090569910253251

Maudos, J. (2011). *Impacto económico del 31.º Maratón Divina Pastora Valencia 2011*. Ayuntamiento de Valencia. Extraído de http://www.ivie.es/es/actividades/noticias/2012/impacto_economico_ma raton_valencia_2011.php

Maxwell, H., y Lough, N. (2009). Signage vs. no signage: An analysis of sponsorship recognition in women's college basketball. *Sport Marketing Quarterly*, *18*(4), 188–198.

McDaniel, S. R. (1999). An investigation of match-up effects in sport sponsorship advertising: The implications of consumer advertising schemas. *Psychology & Marketing*, *16*(2), 163–184.

McGaughey, R. E., y Mason, K. H. (1998). The Internet as a marketing tool. *Journal of Marketing Theory and Practice*, *6*(3), 1–11.

McKelvey, S., Sandler, D., y Snyder, K. (2012). Sport participant attitudes toward ambush marketing: An exploratory study of ING New York City Marathon runners. *Sport Marketing Quarterly*, *21*(1), 7–18.

McMillan, S., Hwang, J. S., y Lee, G. (2003). Effects of structural and perceptual factors on attitudes toward the Website. *Journal of Advertising Research*, *43*, 400–409.

McQuarrie, E. F., y Munson, J. M. (1987). The Zaichkowsky personal involvement inventory: Modification and extension. *Advances in Consumer Research*, *14*(1), 36–40.

Meek, A. (1997). An estimate of the size and supported economic activity of the sports industry in the United States. *Sport Marketing Quarterly*, *6*(4), 15–21.

Meenaghan, J. A. (1983). Commercial sponsorship. *European Journal of Marketing*, *17*(7), 5–73. doi:10.1108/EUM0000000004825

Meenaghan, T. (1991). The role of sponsorship in the marketing communications mix. *International Journal of Advertising*, *10*(1), 35–47.

Meenaghan, T. (1996). Ambush marketing--a threat to corporate sponsorship. *Sloan Management Review*, *38*(1), 103.

Meenaghan, T. (1998). Current developments & future directions in sponsorship. *International Journal of Advertising*, *17*(1), 3–28.

Meenaghan, T. (2001). Understanding sponsorship effects. *Psychology & Marketing*, *18*(2), 95–122.

Meerabeau, E., Gillett, R., Kennedy, M., Adeoba, J., Byass, M., y Tabi, K. (1991). Sponsorship and the drinks industry in the 1990s. *European Journal of Marketing*, *25*(11), 39.

Melnick, M. (2010, April 21). Searching for sociability in the stands: A theory of sports spectating. *Human Kinetics Journals*. Extraído el 19 de agosto, 2012, de http://journals.humankinetics.com/jsm-back-issues/jsmvolume7issue1january/searchingforsociabilityinthestandsatheo ryofsportsspectating

Melnick, M. J., y Wann, D. L. (2011). An examination of sport fandom in Australia: Socialization, team identification, and fan behavior. *International Review for the Sociology of Sport*, *46*(4), 456–470.

Meungguk Park, Turner, B. A., y Pastore, D. L. (2008). Effective public service advertisements to attract volunteers for the Special Olympics: An elaboration likelihood perspective. *Sport Management Review (Sport Management Association of Australia & New Zealand)*, *11*(2), 165–192.

Milne, G. R., y McDonald, M. A. (1999). *Sport Marketing: Managing the Exchange Process*. Jones & Bartlett Learning.

Misra, S., y Beatty, S. E. (1990). Celebrity spokesperson and brand congruence: An assessment of recall and affect. *Journal of Business Research*, *21*(2), 159–173. doi:http://dx.doi.org/10.1016/0148-2963(90)90050-N

Mittal, B., y Myung-Soo Lee. (1989). A causal model of consumer involvement. *Journal of Economic Psychology*, *10*(3), 363.

Mohr, L. A., y Webb, D. J. (2005). The effects of corporate social responsibility and price on consumer responses. *Journal of Consumer Affairs*, *39*(1), 121–147. doi:10.1111/j.1745-6606.2005.00006.x

Moore, E., y Teel, S. (1994). Marketing tools for sports management. En P. Graham (Ed.), *Sport Business: Operational and Theoretical Aspects* (P. Graham.). Dubuque, Iowa: Brown & Benchmark.

Mullin, B. J., Hardy, S., y Sutton, W. A. (1993). *Sport marketing*. Human Kinetics Pub.

Mullin, B. J., Hardy, S., y Sutton, W. A. (2007). *Marketing Deportivo*. Paidotribo.

Murphy, S. T., Monahan, J. L., y Zajonc, R. B. (1995). Additivity of nonconscious affect: Combined effects of priming and exposure. *Journal of Personality and Social Psychology*, *69*(4), 589–602. doi:http://dx.doi.org/10.1037/0022-3514.69.4.589

Nesbit, T., y King, K. (2010). The impact of fantasy football participation on NFL attendance. *Atlantic Economic Journal, 38*(1), 95–108.

Nicholls, J. A. F., Roslow, S., y Laskey, H. A. (1994). Sports event sponsorship for brand promotion. *Journal of Applied Business Research, 10*(4), 35.

Nunnally, J. (1978). *Psychometric theory* (2nd ed.). New York, USA: McGraw-Hill.

O'Cass, A., y Grace, D. (2004). Exploring consumer experiences with a service brand. *Journal of Product & Brand Management, 13*(4), 257–268. doi:10.1108/10610420410546961

O'Reilly, N. J., y Madill, J. J. (2007). Evaluating social marketing elements in sponsorship. *Social Marketing Quarterly, 13*(4), 1–25. doi:10.1080/15245000701662481

Oldenboom, E. R. (2008). The impact of the broadcasting of sports events on the image and awareness of host cities abroad. *BELGEO, (2)*, 167–180.

Olkkonen, R., Tikkanen, H., y Alajoutsijarvi, K. (2000). Sponsorship as relationships and networks: Implications for research. *Corporate Communications, 5*(1), 12–19.

Olson, E. L. (2010). Does sponsorship work in the same way in different sponsorship contexts? *European Journal of Marketing, 44*(1/2), 180–199. doi:10.1108/03090561011008664

Oorni, A. (2004). Consumer objectives and the amount of search in electronic travel and tourism markets. *Journal of Travel & Tourism Marketing, 17*(2,3), 3–14.

Osborne, J., y Overbay, A. (2004). The power of outliers (and why researchers should always check for them). *Practical Assessment, Research & Evaluation, 9*(6), 1–12.

Otker, T. (1988). Exploitation: The key to sponsorship success. *European Research, 16*(2), 77.

Papacharissi, Z., y Rubin, A. M. (2000). Predictors of Internet use. *Journal of Broadcasting & Electronic Media, 44*(2), 175–196.

Parasuraman, A. (1985). A conceptual model of service quality and its implications for future research. *Journal of Marketing (pre-1986), 49*(000004), 41.

Parasuraman, A., Zeithaml, V. A., y Malhotra, A. (2005). E-S-Qual: A multiple-item scale for assessing electronic service quality. *Journal of Service Research☐: JSR*, *7*(3), 213–233.

Parent, M. M., Eskerud, L., y Hanstad, D. V. (2012). Brand creation in international recurring sports events. *Sport Management Review*, *15*(2), 145–159. doi:10.1016/j.smr.2011.08.005

Parent, M. M., y Séguin, B. (2008). Toward a model of brand creation for international large-scale sporting events: The impact of leadership, context, and nature of the event. *Journal of Sport Management*, *22*(5), 526–549.

Parker, H. M., y Fink, J. S. (2010). Negative sponsor behaviour, team response and how this impacts fan attitudes. *International Journal of Sports Marketing & Sponsorship*, *11*(3), 200–211.

Parkhouse, B. L. (1996). *The management of sport: Its foundation and application.* Mosby.

Parkhouse, B. L. (2004). *The management of sport: Its foundation and application with PowerWeb bind-in card.* McGraw-Hill.

Pedersen, P. M., Miloch, K. S., y Laucella, P. C. (2007). *Strategic sport communication* (1st ed.). Human Kinetics.

Pérez Campos, C. (2010). *Análisis de la calidad del servicio en los eventos deportivos. Calidad percibida y satisfacción de los espectadores y de los deportistas.* Universitat de València, Valencia.

Perfomance Research. (2004). *Sponsorship spending & decision making.* Extraído de http://www.performanceresearch.com/sponsorship- spending.htm

Peterson, R. A. (1994). A meta-analysis of Cronbach's coefficient alpha. *Journal of Consumer Research*, *21*(2), 381.

Pett, M. (1997). *Nonparametric statistics for health care research.* California, USA: Sage Publications, Inc.

Pett, M., Lackey, N. R., y Sullivan, J. J. (2003). *Making sense of factor analysis: The use of factor analysis for instrument development in health care research.* California, USA: Sage Publications, Inc.

Petty, R. E., y Cacioppo, J. T. (1984). Source factors and the elaboration likelihood model of persuasion. *Advances in Consumer Research*, *11*(1), 668–672.

Petty, R. E., Cacioppo, J. T., y Schumann, D. (1983). Central and peripheral routes to advertising effectiveness: The moderating role of involvement. *Journal of Consumer Research (pre-1986)*, *10*(2), 135.

Pham, M. T. (1992). Effects of involvement, arousal, and pleasure on the recognition of sponsorship stimuli. *Advances in Consumer Research*, *19*(1), 85–93.

Pitts, B. G. (1998). An analysis of sponsorship recall during Gay Games IV. *Sport Marketing Quarterly*, *7*(4), 11–18.

Pitts, B. G., Fielding, L. W., y Miller, L. K. (1994). Industry segmentation theory and the sport industry: Developing a sport industry segment model. *Sport Marketing Quarterly*, *3*(1), 15–24.

Pitts, B. G. (2007). *Fundamentals of sport marketing* (3rd ed.). Morgantown (Virginia): Fitness Information Tecnology.

Pitts, B. G., y Slattery, J. (2004). An examination of the effects of time on sponsorship awareness levels. *Sport Marketing Quarterly*, *13*(1), 43–54.

Pitts, B. G., y Stotlar, D. K. (1996). *Fundamentals of sport marketing*. Fitness Information Technology.

Plewa, C., y Quester, P. G. (2011). Sponsorship and CSR: Is there a link? A conceptual framework. *International Journal of Sports Marketing & Sponsorship*, *12*(4), 301–317.

Poon, D. T. Y., y Prendergast, G. (2006). A new framework for evaluating sponsorship opportunities. *International Journal of Advertising*, *25*(4), 471–487.

Pope, N. K L., y Voges, K. e. (2000). The impact of sport sponsorship activities, corporate image, and prior use on consumer purchase intention. *Sport Marketing Quarterly*, *9*(2), 96–102.

Pope, N. K. L., y Voges, K. E. (1999). Sponsorship and image: A replication and extension. *Journal of Marketing Communications*, *5*(1), 17–28. doi:10.1080/135272699345716

Pope, N. K. L., y Turco, D. (2001). *Sport and event marketing*. McGraw-Hill Australia.

Potter, R. F., y Keene, J. R. (2012). The effect of sports fan identification on the cognitive processing of sports news. *International Journal of Sport Communication, 5*(3), 348–367.

Pracejus, J. W. (2004). Seven Psychological Mechanisms Through Which Sponsorship Can Influence Consumers. In *Sports Marketing and the Psychology of Marketing Communications*. Mahwah, NJ: Lawrence Erlbaum Associates.

Pratyush, N. S., y Kevin, H. K. (2012). A comparison of PLS and ML Bootstrapping techniques in SEM: A Monte Carlo study. In *7th International Conference*. Presented at the Partial Least Squares and Related Methods, Houston, Texas, USA.

Pritchard, M. P., Funk, D. C., y Alexandris, K. (2009). Barriers to repeat patronage: The impact of spectator constraints. *European Journal of Marketing, 43*(1/2), 169–187. doi:http://dx.doi.org/10.1108/03090560910923283

Pyun, D. Y., y James, J. D. (2011). Attitude toward advertising through sport: A theoretical framework. *Sport Management Review, 14*(1), 33–41. doi:10.1016/j.smr.2009.12.002

Quester, P., y Farrelly, F. (1998). Brand association and memory decay effects of sponsorship: The case of the Australian Formula One Grand Prix. *Journal of Product & Brand Management, 7*(6), 539–556. doi:10.1108/10610429810244693

Quester, P., y Thompson, B. (2001). Advertising and promotion leverage on arts sponsorship effectiveness. *Journal of Advertising Research, 41*(1), 33–47.

Rajaretnam, J. (1994). The long-term effects of sponsorship on corporate and product image: Findings of a unique experiment. *Marketing and Research Today, 22*(1), 62.

Ramaswamy, V., DeSarbo, W. S., Reibstein, D. J., y Robinson, W. T. (1993). An empirical pooling approach for estimating marketing mix elasticities with pims data. *Marketing Science (1986-1998), 12*(1), 103.

Ratten, V., y Ratten, H. (2011). International sport marketing: Practical and future research implications. *Journal of Business & Industrial Marketing, 26*(8), 614–620. doi:10.1108/08858621111179886

Reilly, T. (2003). *Science and soccer.* Routledge.

Research Now. (2012). Don't read this if you are an olympic sponsor - Forbes. *Forbes.* Extraído el 22 de agosto, 2012, de http://www.forbes.com/sites/johnclarke/2012/07/27/dont-read-this-if-you-are-an-olympic-sponsor/

Richardson, B., y O'Dwyer, E. (2003). Football supporters and football team brands: A study in consumer brand loyalty. *Irish Marketing Review, 16*(1), 43–53.

Riel, A. C. R. van, Liljander, V., y Jurriens, P. (2001). Exploring consumer evaluations of e-services: A portal site. *International Journal of Service Industry Management, 12*(3/4), 359–377.

Rifon, N. J., Choi, S. M., Trimble, C. S., y Li, H. (2004). Congruence effects in sponsorship: The mediating role of sponsor credibility and consumer attributions of sponsor motive. *Journal of Advertising, 33*(1), 29–42.

Ringle, C. M., Sarstedt, M., y Mooi, E. A. (2010). Response-based segmentation using FIMIX-PLS. In R. Stahlbock, S. F. Crone, y S. Lessmann (Eds.), *Annals of Information Systems* (pp. 19–49). Berlin, Germany: Springer.

Ringle, C. M., Wende, S., y Will, A. (2005). *SmartPLS.* Hamburg: University of Hamburg.

Ritchie, B. W. (2004). Exploring small scale sport event tourism: The case of Rugby Union and the Super 12 competition. In B. W. Richie y D. Adair (Eds.), *Sport Tourism: Inter-relationships, Impacts and Issues.* Buffalo, NY: Channel View Publications.

Ritchie, J. R. B., y Smith, B. H. (1991). The impact of a mega-event on host region awareness: A longitudinal study. *Journal of Travel Research, 30*(1), 3–10. doi:10.1177/004728759103000102

Robertson, T. S. (1976). Low-commitment consumer behavior. *Journal of Advertising Research, 16*(2), 19.

Robinson, M. J., y Trail, G. T. (2005a). Relationships among spectator gender, motives, points of attachment, and sport preference. *Journal of Sport Management, 19*(1), 58–80.

Robinson, M. J., y Trail, G. T. (2005b). Relationships Among Spectator Gender, Motives, Points of Attachment, and Sport Preference. *Journal of Sport Management, 19*(1), 58–80.

Roche, M. (2000). *Megaevents and modernity: Olympics and expos in the growth of global culture* (1st ed.). Routledge.

Rosario, P. S., y Antonio, S. I., José. (2003). El impacto del deporte en la economía: Problemas de medición. *RAE: Revista Asturiana de Economía*, (26), 61–84.

Ross, S. D. (2007). Segmenting sport fans using brand associations: A cluster analysis. *Sport Marketing Quarterly, 16*(1), 15–24.

Rothschild, M. L. (1984). Perspectives on involvement: Current problems and future directions. *Advances in Consumer Research, 11*(1), 216–217.

Roy, D. P. (2011). Impact of congruence in cause marketing campaigns for professional sport organisations. *International Journal of Sport Management & Marketing, 10*(1/2), 21–34.

Roy, D. P., y Cornwell, T. B. (2003). Brand equity's influence on responses to event sponsorships. *The Journal of Product and Brand Management, 12*(6/7), 377–393.

Roy, D. P., y Cornwell, T. B. (2004a). The effects of consumer knowledge on responses to event sponsorships. *Psychology & Marketing, 21*(3), 185–207.

Roy, D. P., y Cornwell, T. B. (2004b). The effects of consumer knowledge on responses to event sponsorships. *Psychology & Marketing, 21*(3), 185–207.

Roy, D. P., y Goss, B. D. (2007). A conceptual framework of influences on fantasy sports consumption. *Marketing Management Journal, 17*(2), 96–108.

Ruihley, B. J., y Hardin, R. L. (2011). Beyond touchdowns, homeruns, and three-pointers: An examination of fantasy sport participation motivation. *International Journal of Sport Management and Marketing, 10*(3-4), 232–256.

Ruth, J. A., y Simonin, B. L. (2003). Brought to you by brand a and brand b. *Journal of Advertising, 32*(3), 19–30.

San José, C., Gutiérrez, R., y Gutiérrez, J. (2004). Determinantes de la eficacia publicitaria del sitio web. Una aplicación del ELM. *Revista Española de Investigación de Marketing, 8*(14), 93–121.

Sánchez, F. J. S. (1999). *Métodología para la investigación en marketing y dirección de empresas*. Madrid, Spain: Pirámide.

Sande, I. G. (1982). Imputation in surveys: Coping with reality. *The American Statistician, 36*(3), 145–152.

Sandler, D. M., y Shani, D. (1989). Olympic sponsorship vs. "ambush" marketing: Who gets the gold? *Journal of Advertising Research, 29*(4), 9–14.

Sarstedt, M., Becker, J.-M., Ringle, C., y Schwaiger, M. (2011). Uncovering and treating unobserved heterogeneity with FIMIX-PLS: Which model selection criterion provides an appropriate number of segments? *Schmalenbach Business Review (SBR), 63*(1), 34–62.

Sarstedt, M., y Ringle, C. (2010). Treating unobserved heterogeneity in PLS path modeling: A comparison of FIMIX-PLS with different data analysis strategies. *Journal of Applied Statistics, 37*(8), 1299–1318.

Sawatari, Y. (2012). *Understanding the role of consumer goodwill in sponsorship: An application of appraisal theory* (Ph.D.). The Florida State University, United States -- Florida. Extraído de http://search.proquest.com/docview/1034740169/abstract/139774A303 73E15653/1?accountid=14542

Schaaf, P. (1995). *Sports marketing: It's not just a game anymore*. Prometheus Books.

Schlossberg, H. (1996). *Sports marketing* (1st ed.). Wiley.

Scholl, H. J., y Carlson, T. S. (2012). Professional sports teams on the Web: A comparative study employing the information management perspective. *European Sport Management Quarterly, 12*(2), 137–160.

Schwarz, E., y Hunter, J. (2012). *Advanced theory and practice in dport marketing*. Routledge.

Sen, S., y Bhattacharya, C. B. (2001). Does doing good always lead to doing better? Consumer reactions to corporate social responsibility. *JMR, Journal of Marketing Research, 38*(2), 225–243.

Seo, W. J., y Green, B. C. (2008). Development of the motivation scale for sport online consumption. *Journal of Sport Management, 22*(1). Extraído de http://search.proquest.com/docview/195542369/138E6C77B1A392BB7B C/1?accountid=14542

Shank, M. (1998). *Sports marketing: A strategic perspective* (1st ed.). Prentice Hall.

Shank, M. (2004). *Sports marketing: A strategic perspective* (3rd ed.). Prentice Hall.

Shank, M. y Beasley, F. M. (1998). Fan or fanatic: Refining a measure of sports involvement. *Journal of Sport Behavior, 21*(4), 435–443.

Shanklin, W. L., y Kiania, J. R. (1992). Buying that sporting image. *Marketing Management, 1*(2), 58–67.

Shannon, J. R. (1999). Sports marketing: An examination of academic marketing publication. *The Journal of Services Marketing, 13*(6), 517–534.

Shaw, S., y Amis, J. (2001). Image and investment: Sponsorship and women's sports. *Journal of Sport Management, 15*(3), 219.

Shermis, M. D., y Lombard, D. (1999). A Comparison of survey data collected by regular mail and electronic mail questionnaires. *Journal of Business and Psychology, 14*(2), 341.

Shilbury, D. (1998). *Strategic sport marketing.* Crows Nest, NSW: Allen y Unwin.

Shimp, T. A. (1981). Attitude toward the ad as a mediator of consumer brand choice. *Journal of Advertising (pre-1986), 10*(000002), 9.

Simar, L. (2003). Detecting outliers in frontier models: A simple approach. *Journal of Productivity Analysis, 20*(3), 391–424.

Sloan, L. R. (1989). The Motives of Sports Fans. En J. H. Goldstein (Ed.), *Sports, Games, and Play: Social & Psychological Viewpoints* (2nd ed., pp. 175–240). Hillsdale, N.J.: Lawrence Erlbaum Associates.

Smith, A. (2012). *Introduction to sport marketing.* Routledge.

Smith, A., Graetz, B., y Westerbeek, H. (2008). Sport sponsorship, team support and purchase intentions. *Journal of Marketing Communications, 14*(5), 387–404. doi:10.1080/13527260701852557

Smith, R. L., Pent, A. K., y Pitts, B. G. (1999). The World Wide Web as an advertising medium for sports facilities: an analysis of current use. *Sport Marketing Quarterly, 8*(1), 31–34.

Smolianov, P., y Shilbury, D. (2012). Examining integrated advertising and sponsorship in corporate marketing through televised sport. *Sport marketing quarterly, 14*(4), 239–250.

Sneath, J. Z., Finney, R. Z., y Close, A. G. (2005). An IMC approach to event marketing: The effects of sponsorship and experience on customer attitudes. *Journal of Advertising Research, 45*(4), 373–381.

Speed, R., y Thompson, P. (2000a). Determinants of sports sponsorship response. *Academy of Marketing Science. Journal, 28*(2), 226–238.

Speed, R., y Thompson, P. (2000b). Determinants of sports sponsorship response. *Academy of Marketing Science. Journal, 28*(2), 226–238.

SPSS Inc. (2011). *IBM SPSS Statistics of Windows*. Armonk, NY: IBM Corp.

Steinley, D., y Brusco, M. J. (2011). K-means clustering and mixture model clustering: Reply to McLachlan (2011) and Vermunt (2011). *Psychological Methods, 16*(1), 89–92. doi:http://dx.doi.org/10.1037/a0022679

Stevens, S., y Rosenberger III, P. J. (2012). The influence of involvement, following sport and fan identification on fan loyalty: An Australian perspective. *International Journal of Sports Marketing & Sponsorship, 13*(3), 221–235.

Stevens, S., y Rosenberger, P. J. (2012). The influence of involvement, following sport and fan identification on fan loyalty: An Australian perspective. *International Journal of Sports Marketing & Sponsorship, 13*(3), 220–234.

Stipp, H., y Schiavone, N. P. (1996). Modeling the impact of Olympic sponsorship on corporate image. *Journal of Advertising Research, 36*(4), 22.

Stone, M. (1974). Cross-validatory choice and assessment of statistical predictions. *Journal of the Royal Statistical Society. Series B (Methodological), 36*(2), 111–147. doi:10.2307/2984809

Stotlar, D. K. (1993). *Successful sport marketing*. William C Brown Pub.

Stotlar, D. K. (2004). Sponsorship evaluation: Moving from theory to practice. *Sport Marketing Quarterly, 13*(1), 61–64.

Stotlar, D. K., y Johnson, D. a. (1989). Assessing the impact and effectiveness of stadium advertising on sport spectators at Division I institutions. *Journal of Sport Management, 3*(2), 90–102.

Strategic Sports Ltd. (2004). *Typical company sponsorship objectives*.

Suh, Y. I., y Pedersen, P. M. (2010). Participants' service quality perceptions of fantasy sports websites: The relationship between service quality, sustomer satisfaction, attitude, and actual usage. *Sport Marketing Quarterly*. Extraído de http://www.highbeam.com/doc/1P3-2069530271.html

Tenenhaus, M., Esposito Vinzi, V., Chatelin, Y. M., y Lauro, C. (2005). PLS path modelling. *Computational Statistics & Data Analysis, 48*(1), 159–205.

Theodorakis, N. D., Wann, D. L., Carvalho, M., y Sarmento, P. (2010). Translation and initial validation of the Portuguese version of the sport spectator identification scale. *North American Journal of Psychology, 12*(1), 67–80.

Theodorakis, N. D., Wann, D. L., y Weaver, S. (2012). An antecedent model of team identification in the context of professional soccer. *Sport Marketing Quarterly, 21*(2), 80–90.

Thorne, S., y Bruner, G. C. (2006). An exploratory investigation of the characteristics of consumer fanaticism. *Qualitative Market Research, 9*(1), 51–72.

Tom, G., Nelson, C., Srzentic, T., y King, R. (2007). Mere Exposure and the Endowment Effect on Consumer Decision Making. *The Journal of Psychology, 141*(2), 117–25.

Tomaseti, E., Ruiz, S., y Reynolds, N. (2008). Flow and attitude toward the website on the evaluation of products present by means of virtual reality: A conceptual model. In A. L. McGill y S. Shavitt (Eds.), *Advances in Consumer Research* (Vol. 36, pp. 916–918). Duluth, MN: Association for Consumer Research.

Trail, G. T., y James, J. D. (2001). The motivation scale for sport consumption: Assessment of the scale's psychometric properties. *Journal of Sport Behavior, 24*(1), 108–127.

Trail, G. T., Robinson, M. j., Dick, R. j., y Gilletine, A. j. (2003). Motives and points of attachment: Fans versus spectators in intercollegiate athletics. *Sport Marketing Quarterly, 12*(4), 217–227.

Tribou, G. (2011). Sponsorship: Associating image attributes with specific sports and particular teams. *International Journal of Sports Marketing & Sponsorship, 12*(2), 138–152.

Tsiotsou, R., y Alexandris, K. (2009). Delineating the outcomes of sponsorship: Sponsor image, word of mouth, and purchase intentions. *International Journal of Retail & Distribution Management, 37*(4), 358–369.

Tsuji, Y., Bennett, G., y Leigh, J. H. (2009). Investigating factors affecting brand awareness of virtual advertising. *Journal of Sport Management, 23*(4). Extraído de http://search.proquest.com/docview/195535628/138E729E6BF7E7BB44F/2?accountid=14542

Turner, P. (1999). Television and Internet convergence: Implications for sport broadcasting. *Sport Marketing Quarterly, 8*(2), 43–49.

Ukman, L. (2004). *Return on sponsorship.* Chicago, USA: International Events Group.

Useche, L., y Mesa, D. (2006). Una introducción a la imputación de valores perdidos. *Terra, 12*(31), 127–152.

Van Heerden, C. H. (2001). *Factors affecting decision-making in South African sport sponsorships.* Pretoria, South Africa: University of Pretoria.

Varadarajan, P. R., y Menon, A. (1988). Cause-related marketing: a coalignment of marketing strategy and corporate philanthropy. *Journal of Marketing, 52*(3), 58.

Vaughn, R. (1986). How advertising works: A planning model revisited. *Journal of Advertising Research, 26*(1), 57.

Vázquez, A. S., Rodríguez, N. G., y Alvarez, B. A. (2008). Actitud de los consumidores hacia las encuestas on-line. *Estudios sobre consumo,* (84), 9–17.

Verity, J. (2002). Maximising the marketing potential of sponsorship for global brands. *European Business Journal, 14*(4), 161–173.

Vinzi, E. V., Trinchera, L., y Amato, S. (2010). PLS path modeling: From foundations to recent developments and open issues for model assessment and improvement. In V. Esposito Vinzi, W. W. Chin, J. Henseler, y H. Wang (Eds.), *Handbook of Partial Least Squares* (p. 850). Berlin, Germany: Springer-Verlag.

Wakefield, K. L., Becker-Olsen, K., y Cornwell, T. B. (2007). I spy a sponsor: The effects of sponsorship level, prominence, relatedness, and cueing on recall accuracy. *Journal of Advertising*, *36*(4), 61–74. doi:http://dx.doi.org/10.2753/JOA0091-3367360405

Walker, M., Hall, T., Todd, S. Y., y Kent, A. (2011). Does your sponsor affect my perception of the event? The role of event sponsors as signals. *Sport Marketing Quarterly*, *20*(3), 138–147.

Walker, M., y Kent, A. (2009). Do fans care? Assessing the influence of corporate social responsibility on consumer attitudes in the sport industry. *Journal of Sport Management*, *23*(6), 743–769.

Walker, M., y Kent, A. (2010). CSR on tour: Attitudes towards corporate social responsibility among golf fans. *International Journal of Sport Management*, *11*(2), 179–206.

Walliser, B. (1996). Le rôle de l'intensité des émotions éprouvées par le téléspectateur dans la mémorisation du parrainage. *Recherche et Applications en Marketing*, *11*(1), 5–21,89.

Walliser, B. (2003). An international review of sponsorship research: Extension and update. *International Journal of Advertising*, *22*(1), 5–40.

Wang, Y. (2011). *Promoting cause sponsorship on corporate Web sites: Perceived control of navigation, natural fit, and created fit* (Ph.D.). Extraído de http://search.proquest.com/docview/1024739440/13C000BD9BC5796526B/1?accountid=14542

Wann, D. L., Pierce, S., Padgett, B., Evans, A., Krill, K., y Romay, A. (2003). Relations between sport team identification and optimism. *Perceptual & Motor Skills*, *97*(3 Part 1), 803–804.

Wann, D. L. (1995). Preliminary validation of the sport fan motivation scale. *Journal of Sport & Social Issues*, *19*(4), 377–396. doi:10.1177/019372395019004004

Wann, D. L. (2006). Examining the potential causal relationship between sport team identification and psychological well-being. *Journal of Sport Behavior*, *29*(1), 79–95.

Wann, D. L., y Branscombe, N. R. (1995). Influence of identification with a sports team on objective knowledge and subjective beliefs. *International Journal of Sport Psychology*, *26*(4), 551–567.

Webb, D. J., y Mohr, L. A. (1998). A typology of consumer responses to cause-related marketing: From skeptics to socially concerned. *Journal of Public Policy & Marketing, 17*(2), 226–238.

Websiteoutlook. (2012). *Website Information and Traffic Details.* Consultado el 7 de septiembre de 2012, de http://websiteoutlook.in/www.usopen.org y http://websiteoutlook.in/www.uefa.com

Wedel, M., y Kamakura, W. A. (2000). *Market segmentation: Conceptual and methodogical foundations.* Kluwer Acad. Publ.

Weeks, C. S., Cornwell, T. B., y Drennan, J. C. (2008). Leveraging sponsorships on the Internet: Activation, congruence, and articulation. *Psychology & Marketing, 25*(7), 637–654.

Wefald, A. J., Katz, J. P., Downey, R. G., y Rust, K. G. (2010). Organizational slack and performance: The impact of outliers. *Journal of Applied Business Research, 26*(1), 1-9.

Wells, W. D. (2000). Recognition, recall, and rating scales. *Journal of Advertising Research, 40*(6), 14–20.

Werts, C. E., Linn, R. L., y Joreskog, K. G. (1974). Intraclass reliability estimates: Testing structural assumptions. *Educational and Psychological Measurement, 34*(1), 25–33. doi:http://dx.doi.org/10.1177/001316447403400104

Wetzels, M., Bennett, G., y Van Oppen, C. (2009). Using PLS path modeling for assessing hierachical construct models⍰: Guidelines and empirical illustration. *MIS Quarterly, 33*(1), 177-195.

Wilson, G. a. (1997). Does sport sponsorship have a direct effect on product sales? *Cyber-Journal of Sport Marketing, 1*(4).

Witcher, B., Craigen, J. G., Cuffigan, D., y Harvey, A. (1991). The links between objectives and function in organizational sponsorship. *International Journal of Advertising, 10*(1), 13–33.

Woisetschläger, D. M., y Michaelis, M. (2012). Sponsorship congruence and brand image: A pre-post event analysis. *European Journal of Marketing, 46*(3/4), 509–523. doi:http://dx.doi.org/10.1108/03090561211202585

Wold, H. O. (1980). Model construction by partial least squares. In J. Kmenta y J. B. Ramsey (Eds.), *Evaluation of Econometric Models* (pp. 47–74). New York, USA: Academic Press.

Wu, G. (1999). Perceived interactivity and attitude toward Web sites. Presented at the Proceedings of the Conference of the American Academy of Advertising, Gainesville, FL: University of Florida.

Xing, X., y Chalip, L. (2006). Effects of hosting a sport event on destination brand: A test of co-branding and match-up models. *Sport Management Review*, *9*(1), 49–78. doi:10.1016/S1441-3523(06)70019-5

Yoo, B., y Donthu, N. (2001). Developing a scale to measure the perceived quality of an Internet shopping site (SITEQUAL). *Quarterly Journal of Electronic Commerce*, *2*, 31–45.

Yu, C.-C. (2007). Professional sports marketers' perceptions regarding the use of Web advertising. *European Sport Management Quarterly*, *7*(2), 213–226. doi:http://dx.doi.org/10.1080/16184740701353422

Zaichkowsky, J. L. (1985). Measuring the involvement construct. *Journal of Consumer Research (pre-1986)*, *12*(3), 341.

Zajonc, R. B., y Hazel, M. (1982). Affective and cognitive factors in preferences. *Journal of Consumer Research (pre-1986)*, *9*(2), 123.

Zeithaml, V. A., Parasuraman, A., y Malhotra, A. (2002). Service quality delivery through Web sites: A critical review of extant knowledge. *Academy of Marketing Science. Journal*, *30*(4), 362.

Zimmerman, D. W. (1994). A note on the influence of outliers on parametric and nonparametric tests. *The Journal of General Psychology*, *121*(4), 391.

Resumen de la tesis doctoral

Abstract

La presente tesis es una investigación empírica que estudia la eficacia de la transmisión de imagen desde el patrocinado hasta el patrocinador en un evento deportivo. Para contrastar la eficacia del patrocinio se han utilizado la intención de compra y la actitud hacia el patrocinador como principales constructos medibles que cuantifican los objetivos presentados por las empresas, son: notoriedad de marca y aumento de las ventas.

Incorporando distintos elementos que influyen en el proceso de transmisión de imagen tales como frecuencia de asistencia, congruencia, identificación con el deporte, implicación con el evento o recuerdo del patrocinador, se han construido dos modelos teóricos.

Para contrastar ambos modelos se obtuvieron datos procedentes de dos muestras de espectadores de dos ediciones consecutivas de un evento profesional, el Valencia Open 500 de tenis. La metodología de análisis empleada consistió en un análisis de ecuaciones estructurales mediante mínimos cuadrados parciales (PLS).

Los resultados confirman la validez y fiabilidad de las escalas y variables utilizadas. Además, se comprueba la capacidad, relevancia predictiva y bondad de ajuste de ambos modelos. Se confirman por tanto en ambos modelos el proceso de transmisión de imagen y la capacidad de la variable implicación con el evento de segmentar la muestra, demostrando que los consumidores más implicados procesan mejor el efecto del patrocinio que los consumidores menos implicados. Por último, se realizan una serie de recomendaciones gerenciales en pos de mejorar la gestión de las organizaciones deportivas.

Introducción

La industria del deporte presenta un valor estimado de 141 billones de dólares para el año 2012 (Klayman, 2012), lo cual explica el gran atractivo económico de este sector a nivel mundial. Solamente en patrocinio deportivo las empresas han invertido en el año 2011 a nivel global 2,28 billones de dólares (IEG, 2011).

En este tiempo de grave recesión económica, con reducciones en los presupuestos de marketing, las empresas están examinando con más cuidado sus gastos y midiendo sus decisiones acerca de la inversión en patrocinio. En consecuencia, se hace necesario proporcionar conocimientos y metodologías para evaluar la eficacia de la actividad de patrocinio (Kim et al., 2011).

No obstante, y aunque el patrocinio es una herramienta que cuenta ya con más de 50 años (Meenaghan, 2001), sigue siendo una de las herramientas más importantes en la comercialización de productos y servicios (Chao, 2011) en detrimento de la inversión en la publicidad tradicional que siembra cada vez más dudas (Lardinoit y Quester, 2001).

Actualmente, es una de las estrategias de marketing más comúnmente utilizadas (Maxwell y Lough, 2009) y de mayor importancia respecto a otras técnicas de comunicación. Además, el patrocinio deportivo es considerado el patrocinio más relevante (Olson, 2010), pues dos tercios del gasto en patrocinio está dedicado a equipos deportivos, eventos y jugadores (Chao, 2011; Crompton, 2004; Verity, 2002).

Según el Marketing Science Institute, evaluar la eficacia de la inversión en patrocinio constituye un área clave de estudio en el campo del marketing. Actualmente, las empresas continúan empleando grandes recursos en patrocinio.

Objetivos de la tesis

Se presentan los objetivos del estudio divididos en dos secciones, por un lado los objetivos principales del estudio relacionados con el patrocinio, el proceso de transmisión de imagen y el modelo. Por otro lado, se presentan los objetivos secundarios relacionados con la intención de asistencia al evento deportivo y las variables a contrastar.

La presente investigación plantea los siguientes objetivos primarios:

- Plantear y contrastar empíricamente un modelo general de funcionamiento y medición del proceso de transmisión de imagen del patrocinio, integrando las variables más importantes y significativas encontradas en la literatura de marketing.

- Construir una estructura central y vertebral que permita explicar el efecto de la transmisión de imagen de un evento deportivo hacia el patrocinador.

- Conocer cómo determinados factores, tales como la frecuencia de exposición al anuncio, el recuerdo, la integración o las acciones responsables corporativas percibidas por el usuario son capaces de influir en tal proceso de transmisión de imagen del patrocinado al patrocinador.

- Medir y contrastar cómo el nivel de implicación del consumidor influye en el proceso de transmisión de imagen, en base a resultados de estudios anteriores.

En relación a los objetivos secundarios de la presente tesis se relacionan los siguientes:

- Comprender cómo la actitud formada hacia un determinado evento deportivo influye en la intención de asistencia al mismo, incorporando variables tales como la identificación con el deporte que se practica en el evento, la implicación con el evento y las acciones responsables corporativas que percibe el consumidor final.

- Identificar cómo la calidad del entorno web del evento puede influir en la transmisión de imagen del evento, tratando de determinar si el diseño, la información y otras características de la página web pueden resultar una valiosa herramienta de promoción y venta.

- Comparar dos modelos de transmisión de imagen presentados en dos años consecutivos en el mismo evento deportivo. Este novedoso planteamiento permitirá validar el modelo central de transmisión de imagen de forma longitudinal.

El patrocinio: objetivos propuestos y sistemas de medición

Para la consecución de los objetivos previamente señalados, en primer lugar, se procedió a realizar una revisión de la literatura. Se constató la inexistencia de una única definición de patrocinio, por lo que se propuso la siguiente: "en una relación de patrocinio existen tres actores. En primer lugar, el patrocinador, quien contra presta la relación de patrocinio en términos económicos, físicos, fiscales o humanos (Barreda, 2009) y que recibe el derecho a vincularse a la actividad, evento, individuo o grupo para lograr unos fines de marketing y comerciales (Cornwell y Maignan, 1998). En segundo lugar, la actividad, evento, individuo o grupo que recibe la contraprestación para que el primer actor pueda afiliarse o asociarse (Mullin et al., 2007). Y en tercer lugar, se encuentra el consumidor, pues el patrocinador tiene como objetivo alcanzar un retorno de su inversión en términos corporativos, de marketing, de comunicación, de objetivos sociales o de recursos humanos cuando su patrocinio influya en la percepción del consumidor y en su comportamiento de una manera positiva. Por lo tanto, sin la presencia de los consumidores, el patrocinio no se producirá (Kim, 2010)".

Mediante la inversión en patrocinio las empresas normalmente esperan lograr los objetivos de notoriedad de marca, aumento de las ventas y mejora de la imagen (Choi y Yoh, 2011; Fullerton, 2006).

Para lograr la máxima eficacia en el ejercicio de patrocinio y la consecución de los objetivos, se han sucedido varias etapas de investigación en la literatura científica (Meenaghan, 2001) identificadas por: (1) categorizar las actividades de patrocinio, (2) medir los efectos del patrocinio, (3) comprender la respuesta del consumidor en función de variables sociodemográficas y psicográficas tales como la edad, el género o la participación deportiva y, (4) estudiar los procesos cognitivos y afectivos que se producen en la mente del consumidor.

Para abordar esta última categoría, los autores se han basado en teorías que explican el proceso de transmisión de imagen (Boluda et al., 2009). Entre las teorías analizadas se encuentran las siguientes: teoría de la merca exposición (Tom et al., 2007), teoría del equilibrio (Heider, 1958), modelo de la transferencia afectiva (Pracejus, 2004), modelo de la transferencia de imagen (Gwinner, 1997), la teoría de la señal (Kim y Choi, 2007), teoría de la atribución (Rifon et al., 2004), teoría de la alianza social (Madrigal, 2001), teoría de la comparación social (Abrahams y Hogg, 2012), el modelo de condicionamiento psicológico (Tribou, 2011), el modelo de probabilidad de elaboración (Petty et al., 1983) y el modelo de actitud multi-atributos (Bettman et al., 1975).

En definitiva, de la revisión de la literatura sobre patrocinio y patrocinio deportivo se ha extraído la conclusión de que no existe un método consensuado para medir la eficacia del ejercicio de patrocinio. Aunque algunos autores como por ejemplo Cornwell y Maignan (1998) o Kutintara (2009) han propuesto diversos métodos de medición de la eficacia del patrocinio entre los que se citan el nivel de cobertura en los medios de comunicación, la conciencia de marca, la intención de compra o la actitud.

Hipótesis de la investigación

Según Lavidge y Steiner (1961) los consumidores atraviesan tres niveles de respuesta (cognitiva, afectiva y comportamental) jerarquizados en un modelo de aprendizaje dividido en tres etapas sucesivas: cognitiva, afectiva y comportamental.

Al comienzo de los primeros capítulos se contempló el potencial que Internet puede aportar al proceso de comunicación de las entidades deportivas. También se observó una mayor tendencia a la explotación de este medio por parte de las organizaciones. Por ello, se ha concluido que era posible que la calidad percibida de la página web del evento deportivo, único escaparate para los usuarios, influyera en el proceso de transmisión de imagen, y por lo tanto, en su eficacia. Por lo que se establece la primera hipótesis de la etapa cognitiva:

La percepción de calidad de un sitio web tiene una influencia positiva en la actitud de los consumidores hacia el sitio web.

La percepción de calidad de un sitio web tiene una influencia positiva en la actitud de los consumidores hacia la marca.

El recuerdo se ha utilizado como variable explicativa para los efecto del patrocinio (Javalgi etal., 1994; Lardinoit y Quester, 2001; Pope y Voges, 1999; Ruth y Simonin, 2003; Speed y Thompson, 2000; Stipp y Schiavone, 1996). Los autores citados han empleado el recuerdo del patrocinador como variable explicativa de los efectos del patrocinio. Por lo que se establece la hipótesis:

El grado de recuerdo que el consumidor tenga de la marcas patrocinadoras del evento influye en la actitud hacia el patrocinador.

La congruencia ha sido utilizada también como variable cognitiva. Por ejemplo, Poon y Prendergast (2006), sugirieron que el ajuste percibido entre el patrocinador y el patrocinado afecta a las variables afectivas del proceso de transmisión de imagen. Cornwell et al. (2006) aseguran que los patrocinios congruentes tienen una ventaja natural sobre la memoria. Por lo tanto:

El ajuste percibido por parte del consumidor entre el patrocinador y el patrocinado tiene una influencia positiva en la actitud hacia el patrocinador.

La actitud del consumidor hacia la marca implicada en el patrocinio de una acción con causa ha sido utilizada por diferentes autores como una medida de la efectividad de una campaña de marketing (Kim et al., 2010; Lacey et al., 2010; Mohr y Webb, 2005; Roy, 2011). Se proponen entonces las siguientes hipótesis:

El grado en que los consumidores valoran la RSC desarrollada por la entidad organizadora del evento está positiva y directamente relacionada con la actitud hacia el evento.

El grado en que los consumidores valoran la RSC desarrollada por la entidad organizadora del evento está positiva y directamente relacionado con la actitud hacia el patrocinador del evento.

El grado en que los consumidores valoran la RSC desarrollada por la entidad organizadora del evento está positiva y directamente relacionado con la intención de asistencia

La frecuencia de exposición al patrocinador del evento deportivo, también como variable cognitiva, ha sido una de las variables explicativas más empleadas en la teoría de la mera exposición (Maxwell y Lough, 2009). Se llega a la conclusión de que la frecuencia de asistencia afecta positivamente a la siguiente etapa del proceso de transmisión de imagen. Entonces, se proponen las siguientes hipótesis:

La frecuencia de asistencia tiene una influencia directa y positiva sobre la actitud hacia la marca patrocinadora.

La frecuencia de asistencia tiene una influencia directa y positiva sobre la actitud mostrada por el consumidor hacia el evento

La frecuencia de asistencia tiene una influencia directa y positiva sobre la intención de compra de los productos del patrocinador del evento.

La frecuencia de asistencia influye de forma positiva y directa en la percepción que el consumidor tenga del ajuste entre patrocinado y el patrocinador.

La etapa afectiva en el modelo jerárquico está representada por la actitud y representa la columna vertebral del proceso de transmisión de imagen en la medida en que la actitud hacia el evento se transmite hacia la actitud hacia el patrocinador. Este proceso de transmisión comienza en el primer modelo presentado con la transmisión de afectiva desde la página web del evento. A su vez determinada por la calidad de la misma.

El desarrollo de una actitud positiva hacia la página web influye en el desarrollo de una actitud positiva hacia la marca del evento.

A partir de la revisión de la literatura se obtuvo que la identificación es un constructo a tener en cuenta a la hora de estudiar el proceso de transmisión de imagen porque influye sobre la intención de asistencia al evento deportivo y por lo tanto sobre la exposición al patrocinador. Se caracterizó como el proceso mediante el cual una persona se identifica con un deporte, el equipo o la organización. También aprendimos que había sido reconocido como un indicador clave en la conducta de consumo (Sloan, 1989), y se constató que los autores proponían que tiene una relación directa con la intención de asistencia a un evento deportivo.

El grado de identificación con el deporte que muestre un consumidor influye directa y positivamente en la intención de asistencia al evento deportivo.

Se tomó en consideración el efecto de la implicación en el proceso de transmisión de imagen a los consumidores en función de su implicación con el evento. Durante la revisión de la literatura se concluyó que diversos autores asumían que la implicación era un concepto útil para explicar la incidencia del patrocinio en la formación de actitudes (Stevens y Rosenberg, 2012), en la elaboración cognitiva, en la lealtad y en el compromiso con la marca (Alexandris y Tsiotsou, 2012).

La implicación con el evento ejerce una influencia significativa como variable moderadora en el proceso de transmisión de imagen en el ejercicio del patrocinio. Así pues, los consumidores más involucrados están más afectados por el mensaje de patrocinio.

El aspecto conativo está representado en ambos modelos por la intención de asistencia al evento y la intención de compra. Respecto a la intención de asistencia, y aunque este constructo directamente no mide la eficacia del patrocinio, sí que influye en el proceso, pues la mera presencia del consumidor en el evento puede sugestionar de nuevo al consumidor a formar una actitud hacia el evento y hacia el patrocinador, y forzar así una retroalimentación del modelo puesto que visiona de nuevo el ejercicio del patrocinio y entra en contacto directo con él.

La actitud hacia el evento influye positivamente en la intención de asistencia al evento.

Por último, la intención de compra es considerado el indicador apropiado para medir la eficacia del patrocinio (Ko, et al., 2008), y además se ha reconocido la influencia que la actitud causa sobre la intención (Kim et al., 2011) reconociéndose así como la etapa final del proceso de transmisión de imagen.

La actitud hacia el evento (el patrocinado) ejerce una influencia positiva en la actitud hacia el patrocinador.

La actitud hacia el patrocinador influye positivamente en la intención de compra de productos del patrocinador.

Las siguientes figuras 1 y 2 representan ambos modelos de transmisión de imagen para la edición 2011 y 2012 respectivamente.

Figura 1. Modelo de transferencia de imagen edición 2011

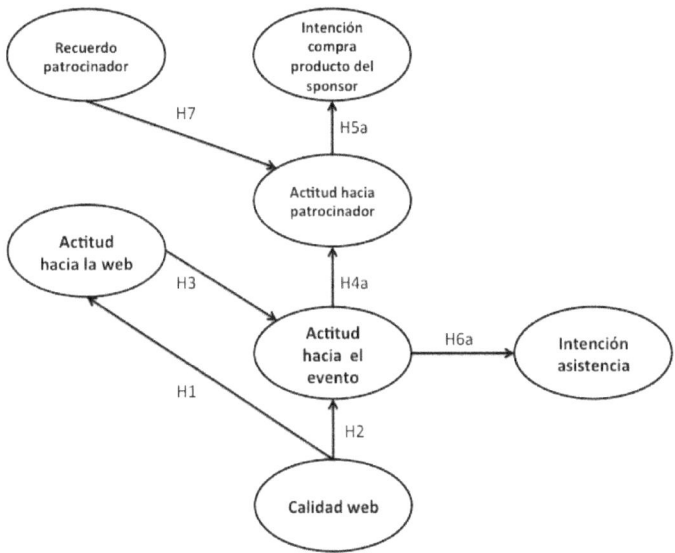

Fuente: Elaboración propia.

Figura 2. Modelo de transferencia de imagen edición 2012

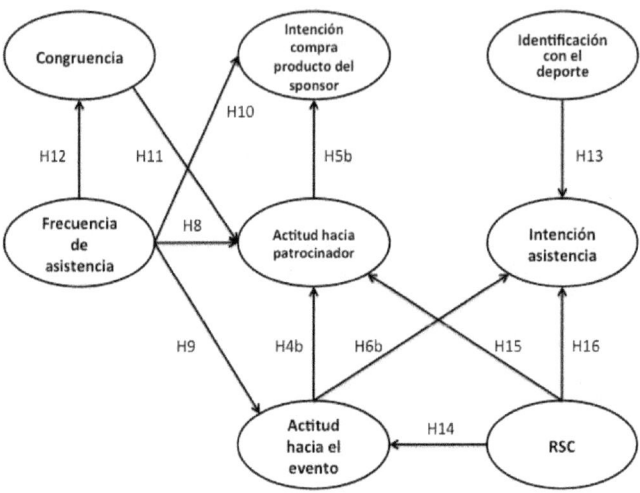

Fuente: Elaboración propia.

Metodología de investigación

Una vez realizado un análisis teórico sobre el estado de la cuestión, con el objeto
de desarrollar las hipótesis de estudio, se construyen las escalas de medición. La
tabla 1 contiene un resumen donde se identifica el nombre de la escala y la fuente
desde donde dicha escala ha sido adaptada.

Tabla 1. Escalas de medición.

Constructo	Fuente
Actitud hacia el patrocinador	Dees et al. (2008)
Recuerdo de la marca del patrocinador	Kutintara (2009)
Congruencia	Roy (2011) y Speed y Thompson (2000)
Actitud hacia el evento	Speed y Thompson (2000)
RSC	Kim et al. (2010), Lacey et al. (2010) y Mohr y Webb (2005)
Implicación con el evento	Ko et al. (2010)
Calidad web	Suh y Pedersen (2010)
Actitud hacia la web	Carlson y O'Cass (2010)
Identificación con el deporte	Roy (2011) y Robinson y Trail (2005)
Frecuencia de asistencia	Nicholls et al., (1994)
Intención de asistencia	Kim et al. (2010)
Intención de compra	Smith et al., (2008)

Fuente: Elaboración propia.

La primera fase del trabajo de campo se inicia en octubre del año 2011 durante la víspera de la celebración del evento Valencia Open 500 de tenis y se alarga hasta cuatro días después de la finalización del torneo. Posteriormente, se realiza una segunda fase del trabajo de campo durante la celebración del evento en la edición 2012.

Para la recogida de datos se procedió a insertar un banner en la página web oficial del evento (http://www.valenciaopen500.com) donde se invitaba al navegante a realizar un clic para redireccionarlo a un servidor privado donde estaba alojado un cuestionario elaborado mediante el programa Limeysurvey. El banner así como la situación se puede observar en la figura 3.

Figura 3. Inserción del banner del cuestionario.

Se obtuvieron un total de 223 y 258 cuestionarios completos para la edición 2011 y 2012 respectivamente. A continuación se muestran las fichas técnicas de ambos estudios.

Tabla 2. Ficha técnica del estudio 2011.

Ficha técnica del estudio 2011	
Ámbito geográfico poblacional y muestral	Internacional, cualquier parte del mundo
Universo	Aficionados al tenis mayores de 14 años
Encuestas iniciadas	443
Encuestas completadas	223
Procedimiento de muestreo	No probabilístico, por conveniencia

Tabla 2. (Continuación)

Ficha técnica del estudio 2011	
Error muestral	6,6%, nivel de confianza del 95%*
Varianza máxima admitida para las proporciones	p=q=0,5
Fecha de recolección de datos	29 de octubre al 09 de noviembre de 2011
Método de recogida de la información	Encuesta en línea auto administrada

*Asumiendo los supuestos del muestreo aleatorio simple (M.A.S.)

Tabla 3. Ficha técnica del estudio 2012.

Ficha técnica del estudio 2012	
Ámbito geográfico poblacional y muestral	Internacional, cualquier parte del mundo
Universo	Aficionados al tenis mayores de 14 años
Encuestas iniciadas	301
Encuestas completadas	258
Procedimiento de muestreo	No probabilístico, por conveniencia
Error muestral	6,1%, nivel de confianza del 95%*
Varianza máxima admitida para las proporciones	p=q=0,5
Fecha de recolección de datos	18 al 31 octubre de 2012
Método de recogida de la información	Encuesta en línea auto administrada

*Asumiendo los supuestos del M.A.S.

Como incentivo a la respuesta la organización del evento puso a disposición merchandising oficial así como distintos objetos deportivos firmados por los jugadores del evento.

Resultados

Una prueba para comprobar la normalidad multivariante de la muestra reveló que los datos no seguían una distribución normal. Debido además al tamaño muestral resultante se estimó aconsejable emplear el método de mínimos cuadrados parciales para estimar ambos modelos de ecuaciones estructurales. Este método realiza un análisis basado en la varianza, permite trabajar con un tamaño muestral igual a (1) diez veces el mayor número de indicadores formativos utilizados para medir un constructo o, (2) diez veces el mayor número de relaciones estructurales dirigidas a un constructo latente en particular integrado en el modelo estructural. La muestra resulto válida para este tipo de análisis. Dado que el algoritmo PLS minimiza la varianza en lugar de tratar de explicar la covarianza, los datos no tienen por qué seguir una distribución normal (Chin, 1995).

Del análisis de los datos se concluyó que las escalas, así como los ítems que los forman, presentaban una adecuada fiabilidad y validez. Para analizar la fiabilidad individual se recurrió al análisis de los coeficientes o cargas estandarizadas. Las escalas en general mostraron valores superiores a 0,7 tal y como recomiendan Carmines y Zeller (1979). La fiabilidad individual del constructo fue examinada mediante el análisis de fiabilidad compuesta. Los constructos mostraron un valor superior a 0,7 siguiendo las recomendaciones de Nunnally (1978). El alfa de Cronbach también fue inspeccionado en virtud de contrastar la fiabilidad del constructo. Sus valores fueron superiores a 0,8, por lo tanto con coeficientes superiores a los recomendados por Cronbach (1951).

Para examinar la validez convergente se recurrió al análisis de la varianza. Los coeficientes de los constructos fueron superiores a 0,5. Por lo tanto, según Fornell y Larcker (1981), las variables mostraron una adecuada validez convergente.

La validez discriminante se analizó mediante el análisis de la varianza extraída y mediante el examen de la tabla de correlaciones. Se puedo entonces contrastar la validez discriminante siguiendo las indicaciones de Gefen et al. (2000).

El coeficiente Q^2 obtenido mediante la realización del test de Stone-Geisser (Stone, 1974) reveló que todas las variables endógenas tenían relevancia predictiva pues su coeficientes fueron superiores a 0.

Los niveles de significación fueron obtenidos mediante el procedimiento bootstrap y permitieron contrastar las hipótesis planteadas, la tabla 4 muestra un resumen de las hipótesis soportadas y no soportadas.

Tabla 4. Resultado del contraste de hipótesis.

Hipótesis	Descripción	Soportada Modelo '11	Modelo '12
H_1	La percepción de calidad de un sitio web tiene una influencia positiva en la actitud de los consumidores hacia el sitio web.	✓	-
H_2	La percepción de calidad de un sitio web tiene una influencia positiva en la actitud de los consumidores hacia la marca	✓	-
H_3	El desarrollo de una actitud positiva hacia la página web influye en el desarrollo de una actitud positiva hacia la marca del evento.	✓	-

Tabla 4. (Continuación)

Hipótesis	Descripción	Soportada Modelo '11	Soportada Modelo '12
H_4	La actitud hacia el evento (el patrocinado) ejerce una influencia positiva en la actitud hacia el patrocinador.	✓	✓
H_5	La actitud hacia el patrocinador influye positivamente en la intención de compra de productos del patrocinador	✓	✓
H_6	La actitud hacia el evento influye positivamente en la intención de asistencia al evento	✓	✓
H_7	El grado de recuerdo que el consumidor tenga de la marcas patrocinadoras del evento influye en la actitud hacia el patrocinador.	-	✓
H_8	La frecuencia de asistencia tiene una influencia directa y positiva sobre la actitud hacia la marca patrocinadora.	-	✖
H_9	La frecuencia de asistencia tiene una influencia directa y positiva sobre la actitud mostrada por el consumidor hacia el evento.	-	✓
H_{10}	La frecuencia de asistencia tiene una influencia directa y positiva sobre la intención de compra de los productos del patrocinador del evento.	-	✖
H_{11}	El ajuste percibido por parte del consumidor entre el patrocinador y el patrocinado tiene una influencia positiva en la actitud hacia el patrocinador.	-	✓
H_{12}	La frecuencia de asistencia influye de forma positiva y directa sobre la percepción que el consumidor tenga del ajuste entre patrocinado y el patrocinador.	-	✓
H_{13}	El grado de identificación con el deporte que muestre un consumidor influye directa y positivamente en la intención de asistencia al evento deportivo en el modelo 2012.	-	✓
H_{14}	El grado en que los consumidores valoran la RSC desarrollada por la entidad organizadora del evento está positiva y directamente relacionada con la actitud hacia el evento.	-	✓
H_{15}	El grado en que los consumidores valoran la RSC desarrollada por la entidad organizadora del evento está positiva y directamente relacionada con la actitud hacia el patrocinador del evento.	-	✓
H_{16}	El grado en que los consumidores valoran la RSC desarrollada por la entidad organizadora del evento está positiva y directamente relacionada con la intención y re intención de asistencia.	-	✓

Para el contraste de la hipótesis H_{17}, se procedió a realizar un análisis multi-grupo, para lo cual se dividió la muestra empleando en primer lugar un análisis Clúster y en segundo lugar, un análisis de segmentación FIMIX-PLS (finite mixture partial least squares). Los resultados arrojaron dos segmentos diferenciados. Por consiguiente, el primer segmento fue denominado grupo1 y estuvo compuesto por aquellos consumidores que mostraron un bajo nivel de implicación, y el grupo2, compuesto por aquellos consumidores que mostraron un medio y alto nivel de implicación.

Se aplicó entonces un contraste de grupos bajo una suposición no paramétrica. Los resultados arrojaron que sí existían diferencias significativas en los pesos de regresión de las relaciones entre la actitud hacia el evento con la actitud hacia el patrocinador, entre la actitud hacia el patrocinador y la intención de compra; y entre las relaciones que resultaron no significativas, las relaciones entre la frecuencia de asistencia con la actitud hacia el patrocinador y hacia la intención de compra.

Estos resultados permitieron soportar la última hipótesis de la investigación.

Conclusiones teóricas

Las conclusiones teóricas más importantes obtenidas de la presente investigación se pueden dividir en tres apartados. Por un lado, las características y la importancia de los eventos deportivos, en segunda lugar, las conclusiones referentes al patrocinio, y por último, las conclusiones referentes a los aspectos relacionados con la medición de los efectos del patrocinio.

En el primero de estos tres apartados, y respecto a los productos y eventos deportivos, de la revisión de la literatura se extrajo que las entidades deportivas obtienen un volumen de ingresos indirectos mayores a los ingresos directos. Se constató que los eventos deportivos tienen una gran repercusión social a nivel internacional y local, un amplio número de asistentes y, derivado de ello, gran presencia en los medios de comunicación (Año Sanz, 2003). Entre los agentes involucrados en el flujo económico se encuentran las familias, los comercios, el sector exterior, el sector público y la industria.

También se comprobó que Internet se ha convertido en un medio masivo de comunicación mediante el cual un evento deportivo puede darse a conocer y atraer consumidores. Mediante un sitio web en línea el evento deportivo puede alcanzar un mayor mercado en todo el mundo. Por esto, Internet se ha convertido en un medio esencial de comunicación para cualquier entidad organizadora de un evento deportivo específicamente, y en general para cualquier empresa de ocio deportivo.

Uno de los aportes teóricos más interesantes en este apartado ha consistido en agrupar las principales líneas de investigación sobre comercialización en línea de servicios deportivos en seis categorías: (1) Estudios sobre la importancia y la función de Internet y los sitios web deportivos; (2) estudios sobre el contenido web de páginas deportivas orientadas a la gestión de marketing; (3) oportunidades de comercialización de sitios web deportivos; (4) estudio de los usuarios, sus motivaciones y sobre las oportunidades de comercialización y características de los deportes de fantasía en línea; (5) estudios relacionados con la comunicación de eventos deportivos a través de Internet y (6) comportamiento de los usuarios o funciones específicas de los sitios web deportivos.

El segundo apartado de las conclusiones teóricas está dedicado al concepto de patrocinio. El patrocinio se ha revelado como una de las estrategias de marketing más comúnmente utilizadas (Maxwell y Lough, 2009) y de mayor importancia respecto a otras técnicas de comunicación.

Para terminar este segundo apartado cabe mencionar que se realizó una investigación en pos de sintetizar los objetivos que habían sido utilizados al realizar una inversión en patrocinio, resultando que entre los objetivos más frecuentes se encuentran: (1) mejorar la notoriedad de marca, (2) aumentar las ventas y, (3) mejorar la imagen de marca.

Una vez definidos los objetivos más comunes por los que las empresas deciden invertir en patrocinio se procedió a examinar los riesgos inherentes a la actividad de patrocinio a los que se deben enfrentar las entidades. Entre ellos se encuentran los relacionados con la saturación publicitaria (Frosdick y Walley, 1997), la calidad de las instalaciones (Getz, 2005) o el clima (Chappelet, 2001).

El tercer y último apartado de las conclusiones teóricas está orientado a determinar cómo se han medido anteriormente los efectos del patrocinio. Así pues, un numeroso grupo de autores han propuesto el reconocimiento de marca como una dimensión cognitiva para medir los niveles de conciencia de marca del consumidor (Choi y Yuh, 2011).

También se concluyó que el ajuste entre patrocinador y patrocinado conlleva una mejora de la transmisión de la actitud desde el patrocinado hacia el patrocinador (Meenaghan, 2001b). Por lo que los directivos y gerentes profesionales deberían elegir un evento o entidad deportiva que defienda y transmita valores similares a los suyos.

La respuesta conativa ha tenido como principal factor de medición la intención de compra (Choi y Yoh, 2011; Crompton, 2004; Dees et al., 2008; Gwinner y Bennett, 2008; Koo et al., 2005; Pitts y Slattery, 2004; Pitts, 1998).

Conclusiones empíricas

Resultados del patrocinio a nivel cognitivo

Recuerdo

El constructo recuerdo permitió medir el grado en que el consumidor era capaz de proporcionar sin ayuda los nombres de ocho de los patrocinadores del evento. La hipótesis que postulaba que el recuerdo que el consumidor tenía acerca de la marca del patrocinador influía en la actitud hacia el patrocinador quedó soportada con un p-valor inferior a 0,05 y un coeficiente de regresión de 0,118 que aunque débil significativo. Lo que significa que los consumidores que recuerdan las marcas desarrollan actitudes positivas hacia ellas. La empresa, por lo tanto, estaría interesada en exponer en mayor medida al consumidor al efecto del patrocinio para aumentar su recuerdo y de esta manera desarrollar actitudes positivas.

Frecuencia de asistencia

La teoría de la mera exposición (Zajonc y Hazel, 1982) postulaba que el consumidor tenía una actitud más favorable hacia un estímulo que veía con más frecuencia.

La hipótesis *la frecuencia de asistencia tiene una influencia directa y positiva sobre la actitud mostrada por el consumidor hacia el evento* fue soportada. El coeficiente de regresión mostró un valor de 0,16, que aunque revela un carga débil se muestra significativa. La conclusión que se puede extraer es que el evento Valencia Open 500 es un evento que es percibido con cierta calidad y que la asistencia al mismo satisface al usuario.

La segunda hipótesis, *La frecuencia de asistencia tiene una influencia directa y positiva sobre la actitud hacia la marca patrocinadora.*, no fue soportada, el p-valor es superior a 0,05.

La tercera hipótesis presentada en la investigación acerca de la frecuencia de asistencia fue la siguiente: l*a frecuencia de asistencia tiene una influencia directa y positiva sobre la intención de compra de los productos del patrocinador del evento.* La hipótesis resultó no soportada, el p-valor fue superior a 0,05. En línea con esta investigación y resultados, Lacey et al. (2007), tuvieron resultados contradictorios pues aunque los espectadores que habían estado en el evento más de tres veces sí mostraban una mayor intención de compra el resto de espectadores no. Este resultado puede deberse a que el consumidor necesita de un número de asistencias predeterminado para formar una vinculación con el patrocinador, y por esta misma causa, la actitud hacia el patrocinador tampoco resultó significativa. Una segunda causa puede deberse al nivel de implicación de los individuos y al motivo de asistencia. Puede ser que los consumidores estén más interesados en el aspecto social del evento asistiendo con familiares o amigos que en el evento en sí mismo. O simplemente los consumidores están interesados en las estrellas deportivas asistentes al evento que como anteriormente se han mencionado, en el evento en sí mismo.

La última relación con origen en la frecuencia de asistencia postulaba lo siguiente: l*a frecuencia de asistencia influye de forma positiva y directa sobre la percepción que el consumidor tenga del ajuste entre patrocinado y el patrocinador.* La hipótesis fue soportada con un p-valor inferior a 0,01 y un peso de regresión débil de 0,168. Como Tribou (2011) proponía, los espectadores tratan de asimilar la incongruencia del patrocinio a medida que se enfrentan a él. Esto es, no resulta congruente que una empresa de comida rápida o una marca de bebidas alcohólicas patrocinen eventos deportivos pero una exposición repetida, en este caso medida a través de la exposición en la asistencia, conlleva que el consumidor asimile un ajuste mejor.

Calidad web

El constructo calidad web en el modelo 2011 mostró una adecuada validez y fiabilidad. Este constructo forma parte de dos hipótesis, en primer lugar, *la percepción de un servicio web de calidad tiene una influencia positiva en la actitud de los consumidores hacia el sitio web.* Al quedar esta hipótesis soportada, indica que la formación de una actitud positiva hacia un sitio web tiene una relación directa con la calidad percibida que el usuario tenga de ella. El nivel de significación resultó de 31,45, considerado fuerte, y con un p-valor inferior a 0,001.

La segunda hipótesis que dice: *la percepción de un servicio web de calidad tiene una influencia positiva en la actitud de los consumidores hacia la marca* también fue soportada. Su coeficiente de significación fue de 2,22 y un p-valor inferior a 0,05.

Los resultados mostrados son congruentes por los obtenidos por Carlson y O´Cass (2010), que igualmente encuentran una relación significativa entre la calidad del servicio web y la actitud hacia el sitio web (y entre ésta y la intención de uso de la web).

Las principales implicaciones que tienen tales relaciones señalan directamente a la capacidad que tiene la organización para, a través de su página web, atraer consumidores hacia el evento. Además, se ha demostrado la capacidad que tiene la página web para influir también en la actitud hacia el patrocinador. Incluso la capacidad para influir en la intención de compra de los productos de los patrocinadores, cuyo coeficiente explica el 3,7% de la varianza del constructo. No cabe duda de que la organización por tanto debería implementar este medio de comunicación que supone el más importante escaparate.

Responsabilidad Social Corporativa

Al iniciar la investigación se propuso que la RSC influía sobre tres variables consideradas en el modelo para la edición 2012. En primer lugar, se propuso la siguiente hipótesis: *el grado en que los consumidores valoran la RSC desarrollada por la entidad organizadora del evento está positiva y directamente relacionada con la actitud hacia el evento.* La hipótesis en cuestión fue soportada con un p-valor inferior a 0,001. El coeficiente de regresión estándar fue de 0,438.

Posteriormente, según la revisión de la bibliografía se planteó la posibilidad de que la RSC influyese directamente sobre la actitud hacia el patrocinador y sobre la intención de asistencia al evento formándose las siguientes dos hipótesis: *el grado en que los consumidores valoran la RSC desarrollada por la entidad organizadora del evento está positiva y directamente relacionada con la actitud hacia el patrocinador del evento; y el grado en que los consumidores valoran la RSC desarrollada por la entidad organizadora del evento está positiva y directamente relacionada con la intención de asistencia.*

Las hipótesis también fueron soportadas, en concreto, la RSC explicó un 5,66% de la actitud hacia el patrocinador de forma directa y un 9,88% de forma total. Para la tercera hipótesis referida a la RSC, está explicó un 11,75% de la intención de asistencia. Los p-valores fueron inferiores a 0,05 y los coeficientes de regresión estandarizados fueron débiles pero significativos.

Los resultados indican que el consumidor valora positivamente las acciones responsables que realiza la entidad y concretamente es consciente de las acciones dirigidas al deporte entre los discapacitados y el compromiso con la Comunidad Valenciana.

La actitud del consumidor hacia la marca implicada en el patrocinio de una acción con causa ha sido utilizada por diferentes autores como una medida de la efectividad de una campaña de marketing (Kim et al., 2010; Lacey et al., 2010; Mohr y Webb, 2005; Roy, 2011). Por lo tanto, y debido a la influencia positiva en cuanto a la valoración y la transmisión de imagen, las acciones de RSC sí han sido efectivas.

Por tanto, se recomienda el desarrollo de acciones de RSC y comunicarlas al aficionado.

Resultado del patrocinio a nivel afectivo

Congruencia

Investigaciones anteriores indicaron que los patrocinadores con un adecuado ajuste con el patrocinado podían generar actitudes positivas hacia el patrocinador (Rifon et al., 2004), así como influenciar en la respuesta de los consumidores de forma cognitiva y conativa (Poon y Prendergast, 2006).

Los resultados de esta investigación apoyan el hecho de que un mejor ajuste entre el patrocinado y el patrocinador puede mejorar los resultados de patrocinio, como la intención de compra. En particular, estos resultados apoyan la idea de Poon y Prendergast (2006), quienes sugieren que el ajuste no sólo influye en las respuestas cognitivas y afectivas de los consumidores frente al ejercicio del patrocinio, sino también sobre el proceso conativo.

Por lo tanto, la hipótesis e*l ajuste percibido por parte del consumidor entre el patrocinador y el patrocinado tiene una influencia positiva en la actitud hacia el patrocinador en la edición 2012* queda soportada con un p-valor inferior a 0,001 y un coeficiente de regresión estándar de 0,614.

Este resultado indica que el ajuste puede ser enfocado como un antecedente de la eficacia del patrocinio y que sería un factor importante para los administradores y organizadores de eventos deportivos en la medida en que se debería considerar seleccionar acuerdos de patrocinio que sean más congruentes.

Identificación con el deporte

La hipótesis relacionada con la identificación con el deporte afirmaba que *el grado de identificación con el deporte que muestre un consumidor influye directa y positivamente en la intención de asistencia al evento deportivo.* La hipótesis quedó soportada. El coeficiente de regresión fue de 0,348. El p-valor estuvo por debajo de 0,001.

Estos resultados se asemejan a los obtenidos por otros autores como Theodorakis et al. (2010) o Stevens y Rosenberger (2012). Ambos autores resaltan la importancia de identificar a los usuarios más identificados con el evento con el objetivo de captar hasta qué punto y en qué medida los antecedentes de la identificación influyen en la lealtad de los aficionados con el evento o el equipo. Mejorar el nivel de identificación con el evento supondrá mejorar la intención de asistencia al evento. Diversas estrategias entonces son posibles. En primer lugar, mejorar los niveles de identificación con el deporte realizando campañas de comunicación destinadas a influir en las respuestas cognitivas y afectivas, así como en los valores. En segundo lugar, sería adecuado segmentar a los aficionados en función del grado de identificación con el deporte. Mahony et al. (2000) argumenta que las organizaciones deben primero comprender a sus clientes mediante la segmentación en función de su grado de identificación. Luego, deben desarrollar estrategias de marketing adecuadas para desarrollar la lealtad de comportamiento entre estos segmentos (Ross, 2007). Dale et al. (2005) indican que sería posible utilizar una estrategia de precios para incentivar a los consumidores a asistir al evento deportivo en función de su identificación ofreciendo incentivos económicos para los aficionados más identificados. Para los aficionados menos identificados una oferta económica no sería tan atractiva, pues están más motivados por la oportunidad de entretenimiento (Mahony et al, 2000).

Actitud hacia la web

La hipótesis *El desarrollo de una actitud positiva hacia la página web influye en el desarrollo de una actitud positiva hacia la marca del evento* fue soportada.

Por lo tanto, se ha demostrado que la actitud hacia la web se transfiere de manera positiva y significativa hacia la marca. Concretamente, se obtuve un p-valor inferior a 0,001 y un coeficiente de regresión de 0,488.

En conclusión y en línea con otros autores (O'Cass y Grace, 2004), la actitud hacia el sitio web puede ser un indicador útil para la medición de la efectividad del sitio web (Ko et al., 2005). Además, es importante señalar que la actitud hacia el sitio web puede influir indirectamente en la intención de compra y en la actitud hacia el patrocinador.

Las organizaciones deportivas por lo tanto deberían preocuparse por implementar la calidad de su web, en términos de atracción, utilidad, usabilidad y confianza (Suh y Pedersen, 2010), con el objeto de mejorar la actitud hacia la misma, indirectamente beneficiará a los patrocinadores. Además incidiría en la intención de asistencia como ha quedado demostrado, lo que en último lugar tendrían un efecto en la venta de entradas y abonos. Sería interesante poder medir el retorno de la inversión mediante la venta de productos del patrocinador originados por la página web del evento.

Actitud hacia el evento

La hipótesis *La actitud hacia el evento influye positivamente en la intención de asistencia al evento* fue contrastada en los modelos de 2011 y 2012, y soportada en ambos casos. En ambos casos también, el p-valor fue inferior a 0,001.

Las conclusiones que se extraen conducen a recomendar a la organización deportiva que implemente estrategias que conlleven a mejorar la actitud hacia el evento para influir así en la asistencia. Por supuesto, la asistencia al evento proporcionará rendimientos financieros a la organización que deben de soportar la inversión realizada y el esfuerzo invertido. Entre las estrategias posibles, y tal y como se extrajo de la sección de RSC, una inversión en acciones responsables y sociales conllevaría a incrementar indirectamente la asistencia y, así mismo, el escaparate formado por la web.

Actitud hacia el patrocinador

La columna vertebral del efecto del patrocinio, al suponer la causa directa de la transmisión de imagen se recoge en la relación entre actitud hacia el evento y actitud hacia el patrocinador. Esta hipótesis se planteó en los modelos 2011 y 2012 en estos términos: *La actitud hacia el evento (el patrocinado) ejerce una influencia positiva en la actitud hacia el patrocinador*. En ambos modelos la hipótesis queda soportada con un p-valor inferior a 0,001.

Se demuestra que sí existe un efecto de transmisión de imagen entre patrocinado y patrocinador en concordancia a las investigaciones consultadas en la revisión de la literatura. Esta transmisión de imagen soporta la inversión realizada por las empresas para aumentar la notoriedad y el conocimiento de marca, además de mejorar la actitud hacia la misma extrayendo y asimilando valores inherentes al evento y/o al deporte que patrocina. Anteriormente, Fullerton (2006) y Choi y Yoh (2011) sugirieron que uno de los cinco objetivos del patrocinio deportivo era precisamente mejorar la imagen de marca. Nuestros resultados refuerzan la idea de que la inversión realizada será rentabilizada.

Resultados del patrocinio a nivel conativo

Intención de compra

Como se pudo extraer de la revisión de la literatura, la intención de compra había sido utilizada como indicador del efecto del patrocinio (Ko et al., 2008). Además algunos autores habían sugerido que el patrocinio aumenta la predisposición de los asistentes a comprar productos de los patrocinadores de la marca como consecuencia del patrocinio (Cornwell y Coote, 2005; Pope y Voges, 2000). Por lo tanto se propusieron las siguientes dos hipótesis para los modelos 2011 y 2012: *la actitud hacia el patrocinador influye positivamente en la intención de compra de productos del patrocinador.* Dicha ha sido soportada para ambos modelos con un p-valor inferior a 0,001.

Otros autores han compartido su interés en el área del marketing deportivo sobre la intención de compra obteniendo resultados similares (Carrillat et al., 2010; Koo et al., 2006; Levin et al., 2001).

Sin embargo, hasta la fecha, sólo unos pocos estudios han examinado en el área del patrocinio las intenciones de compra de los consumidores deportivos, es decir, el objetivo de ventas del patrocinio corporativo (Ko et al., 2008).

Entre las principales conclusiones que se pueden extraer, y aunque los investigadores en general carecen de los mecanismos de control para aislar una relación directa entre el patrocinio y el rendimiento de las ventas (Quester y Farrelly, 1998), las organizaciones deportivas deberían investigar cómo aumentar la actitud hacia su marca por medio del patrocinio para incrementar los ingresos.

Por ello, las empresas, mediante la inversión en patrocinio pueden alcanzar otro de los objetivos mencionados por Fullerton (2006) y Choi y Yoh (2011) relativo a aumentar la ventas. Entre las variables que deberían controlar destaca la congruencia, es decir, el ajuste percibido entre el evento patrocinado y la marca patrocinadora, la actitud hacia el evento que tengan los consumidores y las posibles acciones responsables que realice la organización deportiva.

Intención de asistencia

La intención de asistencia fue medida en ambos modelos. En el modelo 2011 la intención de asistencia estaba influida directamente por la actitud hacia el evento. En el modelo 2012 el constructo en cuestión estaba influido por la actitud hacia el evento también, pero además por la identificación con el deporte y la RSC.

Este hallazgo ciertamente apoya el principio de que la actitud es un fuerte predictor de las intenciones (Ajzen y Fishbein, 1980; Ajzen, 1981, 1981), y que además captura de forma positiva la formación de la intención de asistencia a eventos deportivos.

La intención de asistencia es importante para la organización y para el patrocinador porque aumenta la frecuencia de impacto y exposición. Y aunque en este estudio no se ha podido demostrar que la frecuencia de asistencia conlleve una mayor intención de compra, sí se ha comprobado que aumenta la actitud hacia el evento, mejorando de este modo la actitud hacia el patrocinador.

La intención de asistencia ha sido abordada desde los estudios sobre turismo, formando un área de investigación novedosa sobre marketing de eventos turísticos deportivos. Desde dicho punto de vista el evento en concreto debe competir con otros eventos deportivos, incluso de la misma especialidad deportiva, e incluso de más nivel (tómese el caso del Mutua Madrid Open, en el caso del tenis) lo que incrementa la importancia para la organización de fortalecer la actitud hacia el evento.

Entre las estrategias sugeridas, Sutton et al. (1997) propusieron hacer más accesible el evento al aficionado, aumentar la participación de la comunidad en el mismo y reforzar la historia y la tradición asociada con el evento. Cada una de estas estrategias podrían ser implementadas con el fin de fomentar actitudes más positivas hacia el equipo. Además, Funk y James (2001) sugieren la idea de identificar los deseos y necesidades específicas de los aficionados en relación a sus actitudes positivas hacia el evento, y luego trabajar hacia la satisfacción de esas necesidades. Es evidente que esos esfuerzos fomentan actitudes positivas hacia el equipo, el evento o el deporte en sí.

En relación con la capacidad explicativa de la frecuencia de asistencia, Cunningham y Kwon (2003), obtuvieron resultados similares con una varianza explicada del 2% demostrando que los futuros investigadores deben examinar los efectos de la conducta anterior sobre las intenciones de comportamiento de los espectadores deportivos. En el estudio de Cunningham y Kwon (2003), los autores demuestran que la satisfacción es un buen predictor de la actitud hacia el evento e interpretan que los organizadores deportivos tienen una oportunidad de influir en las actitudes a través de la prestación de servicios que satisfagan y superen las expectativas de los participantes, enfocando el estudio desde el punto de vista de los atletas que viajan a participar en los evento, y demostrando que la presentación de jugadores de alto nivel influye en las actitudes formadas por los participantes.

En cuanto a la influencia de la identificación con el deporte ha resultado evidente que la sociabilidad del evento deportivo es importante en la atracción de las personas a los eventos.

Efecto de la implicación con el evento sobre el proceso de transmisión de imagen

La última hipótesis planteada en esta investigación planteaba que la *implicación con el evento ejerce una influencia significativa como variable moderadora en el proceso de transmisión de imagen en el ejercicio del patrocinio. Así pues, los consumidores más involucrados están más afectados por el mensaje de patrocinio.*

Los resultados arrojaron que sí existían diferencias significativas, entre los grupos de baja y media-alta implicación con el evento, en los pesos de regresión de las relaciones entre la actitud hacia el evento con la actitud hacia el patrocinador y entre la actitud hacia el patrocinador y la intención de compra. El grupo1, es decir, el grupo con un nivel de implicación bajo, mostró una relación no significativa entre la actitud hacia el evento y la actitud hacia el patrocinador. Por lo que no se efectúa la transmisión de imagen del evento al patrocinador. Al contrario que en el grupo2 donde sí resultó significativa esa relación y por lo tanto sí se efectuaba el proceso de transmisión de imagen. Este resultado da soporte a la última hipótesis del modelo.

Por lo tanto, y entre las conclusiones que más adelante se proponen se anima a las entidades a segmentar a los consumidores en función de su implicación y desarrollar estrategias destinadas a aumentar la implicación de los consumidores menos implicados. Dichas acciones conllevarán a desarrollar un proceso de transmisión de imagen más efectivo lo que en última instancia redundará en beneficios económicos para la organización a través del patrocinio.

Por otro lado, se encontró que la frecuencia de asistencia sí influía de forma significativa sobre la actitud hacia el patrocinador para los consumidores menos implicados. Se recuerda que los consumidores menos implicados fueron los consumidores que mostraron una menor frecuencia de asistencia. Ello puede deberse a que los consumidores menos implicados no están tan saturados de publicidad como los más implicados. Por último, la frecuencia de asistencia no tuvo una influencia significativa en ambos grupos.

De lo anterior se deriva que sería conveniente implicar al consumidor mediante diversas estrategias. Por ejemplo, sería necesario desarrollar e implementar la página web y desarrollar acciones de RSC más efectivas, investigar que acciones son más importantes o detectar el grado de conocimiento que el consumidor tiene acerca de estas acciones responsables que la organización está llevando a cabo.

Entre las estrategias a considerar, y siguiendo en parte a Stevens y Rosenberger (2012), se podría generar un mayor interés en el resultado final del juego empleando jugadores de similar nivel, así como observar e implementar los métodos de comunicación que son capaces de generar una mayor cobertura en los medios.

Igualmente, la organización podría aumentar la forma en que los aficionados pueden estar más involucrados, tales como reuniones de fans regulares, sesiones de autógrafos y sesiones de chat semanal en el sitio web. Deberían aprovechar las oportunidades que los medios sociales ofrecen con los nuevos canales de comunicación entre los aficionados, el consumidor novel y la organización, por ejemplo mediante el uso de Twitter, Facebook y YouTube. Incluso los vídeos en un canal propio, y junto con el resto de elementos antes mencionados, representan vehículos adicionales para los aficionados a utilizar para seguir a sus jugadores preferidos y la competición en general. En general, se recomienda ofrecer oportunidades de interacción con otros consumidores antes, durante y después del evento (Beaton et al., 2011).

Por otro lado podría ser conveniente la realización de concursos o sorteos vinculando a la marca en el lugar de realización del evento y a través de los medios de comunicación (Bennett et al., 2009)

Por último, según las conclusiones de Llorens (2011) los aficionados altamente implicados serán más susceptibles a responder antes acciones centradas en aspectos cognitivos como los precios bajos. En cambio, los aficionados menos implicados serán influenciados por acciones de carácter afectivo o emocional.

De este modo, se entiende que el consumidor implicado reconoce el sistema de precios de los eventos deportivos disponibles en el mercado. Reconoce igualmente el nivel de los jugadores participantes en el torneo y otras características similares. En cambio, el consumidor menos implicado es susceptible de ser influenciado por factores emocionales, y por tanto se debería construir acciones comunicativas destinadas a ensalzar valores inherentes al deporte, la victoria, el escape, la sociabilidad, la emoción del resultado y otras características emocionales (Biscaia et al., 2012).

Recomendaciones

En este apartado se pretende describir las recomendaciones finales y las principales implicaciones de los resultados del estudio que podrían ser aplicados en la organización deportiva a fin de implementar el modelo de gestión.

- En primer lugar, la empresa patrocinadora, previamente a decidir si patrocinar un deporte, evento o equipo, deberá tener en cuenta el público objetivo al que quiere dirigirse, el mercado y los atributos asociados con el deporte, equipo o evento en particular.

- La empresa igualmente debería establecer unos objetivos claros y definidos para poder posteriormente medirlos.

- La congruencia es un factor clave que debería tenerse en cuenta en pos de mejorar la eficacia del patrocinio.

- La transferencia de imágenes no necesariamente debe ser tomada en cuenta. Un patrocinador puede elegir un deporte cuya imagen no se corresponde con la percibida por los consumidores y, de hecho, asociar eficazmente la marca con el deporte como ha sucedido en diversos casos (tómese de ejemplo McDonald o Carlsberg) a costa, eso sí, de un mayor esfuerzo y empleo de recursos.

- La organización del evento deberá poner de relieve y concienciarse de la importancia de la página web. Para el consumidor este medio puede ser en muchos casos la única fuente de información disponible. Para ello deberá tener en cuenta aspectos sobre la información disponible, la atracción, la utilidad, la usabilidad y la confianza.

- Se ha demostrado la influencia que el consumidor le otorga a las acciones socialmente responsables. La empresa patrocinada debería por tanto, no solo implementar este tipo de acciones, sino más importante, comunicarlas al consumidor para implicarlo y para reforzar la actitud hacia el evento.

- La organización del evento debería realizar una segmentación en función de la implicación de los consumidores para desarrollar estrategias diferenciadas en función de dicha variable. Entre las estrategias a desarrollar podrían estar la realización de concursos, reuniones con y entre los aficionados, firmas de autógrafos y competiciones para consumidores aficionados.

- A través de la página web la entidad debería vincular al aficionado empleando las redes sociales y los nuevos canales disponibles.

- El patrocinio se ve reforzado por el recuerdo que el consumidor tenga de la marca (teoría de la mera exposición), entonces la empresa debería usar los canales con mayor repercusión mediática.

En conclusión, tanto la organización patrocinadora como la patrocinada deberían trabajar juntas para evaluar la viabilidad de un patrocinio. En caso de que se considere una decisión acertada, ambos deben coordinarse para mejorar la actitud que el consumidor tiene tanto del evento como del patrocinador, incidiendo en acciones encaminadas a implicar, identificar y segmentar al consumidor para aumentar la intención de compra y la intención de asistencia.

Limitaciones y futuras líneas de investigación

Para concluir, se debe señalar que los resultados de la presente investigación deben interpretarse con cautela pues no están carentes de limitaciones. En primer lugar, se debe tener prudencia al extrapolar los resultados a las organizaciones deportivas en general, en incluso a las diferentes disciplinas deportivas. La presente investigación se ha enmarcado en una disciplina concreta que representa unos valores específicos.

El medio por el que se realizó la encuesta puede haber influido en las características de la muestra, ya que los encuestados pueden presentar características específicas de los usuarios en línea. Por otro lado, la muestra presenta un tamaño pequeño.

En relación a las variables del modelo, la presente investigación ha estado enmarcada en una investigación profesional y práctica, por lo que no se pudo recurrir a un cuestionario único donde realizar todas las preguntas oportunas para la construcción de un único modelo. En función de esta limitación, se decidió escenificar la relación de patrocinio en dos modelos, pero asumiendo también las ventajas que presenta esta investigación en dos momentos distintos, con reposición muestral.

Para las futuras líneas de investigación se proponen las siguientes sugerencias:

- Comparar la eficacia del patrocinio con otras herramientas del marketing mix tales como la publicidad, las relaciones públicas o el mecenazgo.

- Henseler et al., (2009) sugieren investigar la transferencia desde el patrocinador al patrocinado. Es decir, estudiar cómo la elección de un patrocinador puede influir en la actitud hacia el evento, organización o atleta.

- Analizar cómo experiencias pasadas con otros eventos deportivos puede influenciar la actitud hacia el evento objeto de estudio y así mismo hacia los patrocinadores.

- Por último, será interesante abordar la eficacia del patrocinio y la transferencia de imagen desde un punto de vista emocional. Mientras que la cognición es ciertamente relevante para el éxito de patrocinio, parece necesario investigar el papel desempeñado por la respuesta emocional de los consumidores a la hora de determinar las propiedades de los resultados de patrocinio, debido a la respuesta también emocional que generan los eventos y equipos deportivos en el consumidor y espectador (Bal et al., 2009).

Doctoral dissertation summary

Abstract

This thesis is a piece of empirical research which studies the effectiveness of the image transmission from a sponsee to the sponsor of a sport event. In order to contrast the effectiveness of sponsorship we have used the purchase intention and the attitude towards the sponsor as the main measurable constructs quantifying the objectives presented by the companies, i.e.: brand recognition and sales increase.

By incorporating different elements that influence the process of image transmission such as attendance frequency, congruence, identification with sport, involvement in the event or sponsor recall, two theoretical models have been constructed.

To contrast both models we obtained data from two samples of spectators of two consecutive editions of a professional event: the tennis Valencia Open 500. The employed analysis methodology consisted of an analysis of structural equations using partial least squares (PLS).

The results confirm the validity and reliability of the used scales and variables. Furthermore, the capacity, predictive relevance and goodness of fit of both models were verified. Therefore, the process of image transmission and the capacity of the event involvement variable for segmenting the sample were confirmed in both models, demonstrating that the most involved consumers process the sponsoring effect better than those consumers who are less involved. Finally, a series of managing recommendation are made in pursuit of improving the running of sporting organizations.

Introduction

The sport industry represents an estimated value of $141 billion for the year 2012 (Klayman, 2012), which explains the great economic appeal of this sector worldwide. Only in sport sponsorship, in 2011 companies invested $2.28 billion worldwide (IEG, 2011).

In these times of serious economic recession, with cuts in marketing budgets, companies are reconsidering their expenses and weighing up their decisions on investing in sponsorship. Consequently, it becomes necessary to provide knowledge and methodologies to evaluate the effectiveness off each sponsorship activity (Kim, Ko, & James, 2011).

Nevertheless, although sponsorship is over fifty years old (Meenaghan, 2001), it is still one of the most important tools in the marketing of products and services (Chao, 2011) to the detriment of investment in traditional publicity, which increasingly sows the seeds of doubt (Lardinoit & Quester, 2001).

Nowadays, as a marketing strategy, it is one of the most commonly used (Maxwell & Lough, 2009) and it has more importance than other communication techniques. Besides, sporting sponsorship is considered as the most relevant sponsorship (Olson, 2010), as two thirds of sponsorship expenses is devoted to sporting teams, events and players (Chao, 2011; Crompton, 2004; Verity, 2002).

According to the Marketing Science Institute, evaluating the effectiveness of the investment in sponsorship is a key area for study in the field of marketing.

Thesis objectives

The study objectives are presented in two sections, on the one hand we have the main aims of the study related to sponsorship, the transmission process of the image and the model. On the other hand, we have the secondary aims related to the intention of attending the sporting event and the variable to be contrasted.

This piece of research raises the following primary objectives:

- To present a working, measuring general model of the image transmission process of sponsorship, by integrating the most important and significant variables found in the marketing literature, explaining them and contrasting how they work.

- To construct a valid central structure and backbone to measure the effect of image transmission in a longitudinal sporting event and to explain the transmission process.

- To learn how certain factors, such as the frequency of exposure to the advertisement, memory, or the company's responsible integration or actions perceived by the user, are capable of influencing such process of image transmission from the sponsee to the sponsor.

- To measure and contrast how the degree of consumer involvement affect the image transmission process, identifying different transmission routes according to the involvement level (Petty & Cacioppo, 1984).

In relation to these thesis secondary objectives, the following are listed:

- To understand how the attitude shaped towards a certain sporting event influences the intention to attend it, by incorporating such variables as identification with the sport practiced at the event, the involvement with the event and the company's responsible actions perceived by the ultimate consumer.

- As a secondary objective, we also aim at identifying how the quality of the event web setting may influence the event image transmission, its design, the information and other characteristics of the web page may prove to be a valuable promotion and selling tool.

- The last raised objective aims to compare two image transmission models presented in two consecutive years at the same sporting event. This task will permit us to validate the central model of image transmission in a longitudinal way.

Sponsorship: Proposed objectives and measuring systems

In order to attain the above-mentioned objectives, first of all, a review of the literature was conducted. It was established that there was not a single definition of sponsorship, therefore the following one was put forward: "in a sponsorship relation there are three actors. Firstly, the sponsor, who establishes a sponsorship relation in economic, physical, financial or human terms (Barreda, 2009) and who receives the right to bind up with the activity, event, person or group for marketing or commercial purposes (Cornwell & Maignan, 1998). Secondly, the activity, event, person or group who receives a consideration so that the first actor may get affiliated or associated (Mullin, Hardy, & Sutton, 2007). And thirdly, we have the consumer, since the sponsor's aim is to attain an investment return in corporate terms of marketing, communication, social objectives or human resources when his sponsorship influences consumers' perception and behaviour in a positive way. Therefore, without consumers there will not be sponsorship (Kim, 2010)".

Out of their investment in sponsorship, companies usually expect to attain the objectives of brand recognition, sales increase and image improvement (Choi & Yoh, 2011; Fullerton, 2006).

In order to achieve the maximum effectiveness in the course of sponsorship and the attainment of the objectives, there have been a series of research stages in the scientific literature (Meenaghan, 2001) identified by: (1) categorizing sponsorship activities, (2) measuring sponsorship effects, (3) understanding consumers' response according to socio-demographic, psychographic variables such as age, gender or participation in sport, and, (4) studying the cognitive, affective processes caused in consumers' minds.

To deal with this last category, the authors have based their arguments on theories explaining the process of image transmission (Boluda, López, Manzano, & Rodríguez, 2009). Some of the theories used were analyzed and discussed: the mere exposure theory (Tom et al., 2007), the balance theory (Heider, 1958), the affective transfer model (Pracejus, 2004), the image transfer model (Gwinner, 1997), the signalling theory (Kim y Choi, 2007), the attribution theory (Rifon et al., 2004), social alliance theory (Madrigal, 2001), social comparison theory (Abrahams & Hogg, 2012), psychological conditioning model (Tribou, 2011), the elaboration likelihood model (Petty, Cacioppo, & Schumann, 1983), and the multi-attribute attitude model (Bettman, Capon, & Lutz, 1975).

In short, from the literature review on sponsorship and sporting sponsorship we can conclude that there does not exist a method agreed by consensus to measure the effectiveness of sponsorship. Although some authors such as Cornwell y Maignan (1998) or Kutintara (2009) have put forward several measuring methods for the effectiveness of sponsorship, among which we can mention the degree of media coverage, brand awareness, purchase intention or attitude.

Research hypothesis

According to Lavidge and Steiner (1961) consumers go through three response levels (cognitive, affective and behavioural) hierarchically organized into a learning model divided in three successive stages: cognitive, affective and behavioural.

At the beginning of the first few chapters, we examined the potential that the Internet can add to the communication process of sporting events. A higher tendency to the exploitation of this medium by organizations could also be observed. Because of this, it was concluded that it was possible for the perceived quality of the sporting event web page, the only showcase for the users, to influence the image transmission process, and therefore, its effectiveness. Thus, we can establish the first hypothesis of the cognitive stage:

> *The perception of a quality e-service has a positive influence on consumers' attitude towards the web site.*

> *The perception of a quality e-service has a positive influence on the consumers' attitude towards the brand.*

Recall has been used as a variable explaining the effects of sponsorship (Javalgi, Traylor, Gross, & Lampman, 1994; Lardinoit & Quester, 2001; Pope & Voges, 1999; Ruth & Simonin, 2003; Speed & Thompson, 2000; Stipp & Schiavone, 1996). The quoted authors have employed sponsor's recall as a variable accounting for the effects of sponsorship. Therefore, the first hypothesis is established:

The degree of recall of the event sponsoring brands that consumers may have influences their attitude towards the sponsor.

Congruence has also been used as a cognitive variable. For instance, Poon & Prendergast (2006) suggested that the perceived fit perceived between the sponsee and the sponsor has an effect on the affective variables in the image transmission process. Cornwell et al. (2006) claim that coherent sponsorships have a natural advantage over memory. Thus:

The adjustment perceived by consumers between the sponsor and the sponsee has a positive influence on their attitude towards the sponsor.

Consumers' attitude towards the brand involved in the sponsorship of a justified action has been used by different authors as a measure of the effectiveness of a marketing campaign (Kim, Kwak, & Kim, 2010; Lacey, Close, & Finney, 2010; Mohr & Webb, 2005; Roy, 2011). Thus, the following hypothesis is put forward:

How consumers value the corporate social responsibility (CSR) developed by the event organizer is positively, directly related to their attitude towards the event.

How consumers value the CSR developed by the event organizer is positively, directly related to their attitude towards the event sponsor.

How consumers value the CSR developed by the event organizer is positively, directly related to the intention and of attendance.

The frequency of exposure to the sponsor of a sporting event, also as a cognitive variable, has been one of the most employed explaining variables in the mere exposure theory (Maxwell & Lough, 2009). We reach to the conclusion that frequency of attendance positively affect the next stage in the image transmission process. Therefore, the following hypotheses are proposed:

The frequency of exposure to the sponsoring brand is positively related with the attitude towards the sponsoring brand.

Attendance frequency has a direct and positive influence on the consumers' attitude towards the event.

Attendance frequency has a direct and positive influence on the intention of purchasing the event sponsor's products.

The frequency of attendance directly and positively influences the congruence between the sponsee and the sponsor.

The affective stage in the hierarchical model is represented by the attitude and it represents the backbone of the image transmission process because the attitude towards the event is transmitted. This transmission process starts in the first presented model with the affective transmission from the event web page, which is, for its part, determined by its quality.

The development of a positive attitude towards the web page influences the development of a positive attitude towards the even brand.

From the literature review it was obtained that identification is a construct to be taken into account when studying the image transmission process because it influences the intention of attending the sport event and therefore sponsor exposure. Identification was defined as the process through which people identify themselves with a sport, the team or the organization. We also learnt that it had been recognized as a key indicator in consumer behaviour (Sloan, 1989), and it was verified that authors proposed it had a direct relation with the intention of attending a sport event.

The degree of identification with sport shown by a consumer directly and positively influences the intention of attending the sport event in the 2011 model.

The degree of identification with sport shown by a consumer directly and positively influences sport event attendance in the 2012 model.

The effect of involvement in the process of image transmission to consumers according to their event involvement was also taken into consideration. During the literature review a conclusion was reached that some authors presumed that involvement was a useful concept to account for the effect of sponsorship on the shaping of attitudes (Stevens & Rosenberg, 2012), in cognitive elaboration, in loyalty and brand commitment (Alexandris y Tsiotsou, 2012).

> *Event involvement has a significant influence as a moderating variable in the image transmission process in sponsorship. Therefore, the most involved consumers process the message better than those less involved.*

The conative aspect is represented in both models by the intention of attending the event and purchase intention. As for attendance intention, and although this construct does not directly measure the effectiveness of sponsorship, it does influence the process, since the mere presence of the consumer at the event may once again persuade him to shape an attitude towards the event and towards the sponsor, forcing that way a feedback of the model since the consumer views the sponsorship exercise again and gets in contact with it.

> *The attitude towards the event positively influences the intention of attending the event in the 2011 model.*

> *The attitude towards the event positively influences the intention of attending the event in the 2012 model.*

Finally, purchasing intention is considered as the appropriate indicator to measure the effectiveness of sponsorship (Ko, et al., 2008), and besides the influence that attitude has on intentions has been recognized (Kim et al., 2011), and acknowledged, therefore as the final stage in the image transmission process.

> *The attitude towards the event (the sponsee) exerts an influence on the attitude towards the sponsor in the 2011 model.*

> *The attitude towards the event (the sponsee) exerts an influence on the attitude towards the sponsor in the 2012 model.*

The attitude towards the sponsor positively influences the intention of purchasing products from the sponsor in the 2011 theoretical model.

The attitude towards the sponsor positively influences the intention of purchasing products from the sponsor in the 2012 theoretical model.

The following figures 1 and 2 represent both models of image transmission for the 2011 and 2012 edition respectively

Figure 1. Image transmission model – 2011.

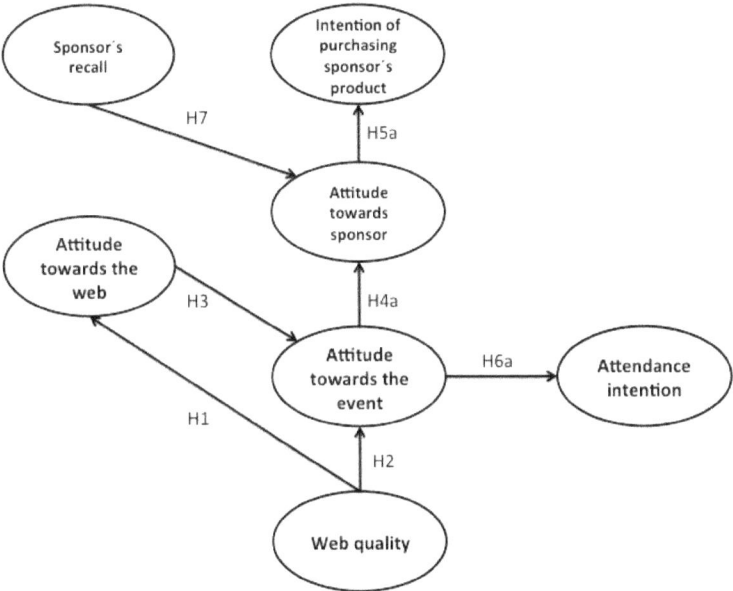

Figure 2. Image transmission model – 2012.

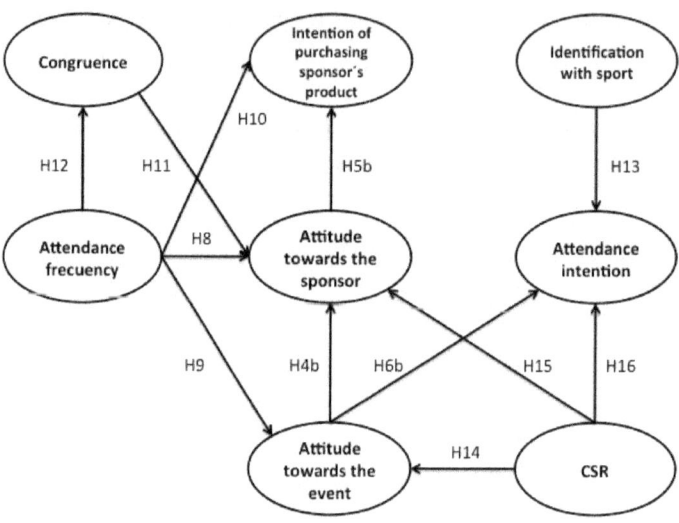

Research methodology

Once a theoretical analysis on the condition of the question had been conducted, with the purpose of developing the research hypotheses, measuring scales are built. Table 1 contains a summary identifying the scale name and the source from which that scale has been adapted.

Table 1. Measuring scales.

Construct	Source
Attitude towards sponsor	Dees et al. (2008)
Recall of sponsor's brand	Kutintara (2009)
Congruence	Roy (2011) and Speed & Thompson (2000)
Attitude towards the event	Speed & Thompson (2000)
CSR	Kim et al. (2010), Lacey et al. (2010) and Mohr & Webb (2005)
Event involvement	Ko et al. (2010)
Web quality	Suh & Pedersen (2010)
Attitude towards the web	Carlson & O´Cass (2010)
Identification with sport	Roy (2011) and Robinson & Trail (2005)
Attendance frequency	Nicholls, Roslow & Laskey (1994)
Attendance intention	Kim et al. (2010)
Purchasing intention	Smith, Graetz & Westerbeek (2008)

The first phase of the fieldwork began in October 2011 the day before celebration of the tennis event Valencia Open 500 and it finished four days after the end of the tournament. Afterwards, a second fieldwork phase took place during the celebration of the event in the 2012 edition.

For data collection purposes, a banner was included on the event's official web page (http://www.valenciaopen500.com). Users were invited to click on the banner so that they would get redirected onto a private server where they could fill out a survey devised using the programme LimeySurvey. Both the banner and the setting can be viewed in figure 3.

Figure 3. Inclusion of the survey banner.

As a response incentive the event organization offered official merchandising as well as different sport items signed by the event players.

A total of 223 and 258 complete surveys were obtained for the 2011 and 2012 editions respetively. The technical specifications for both studies are shown below.

Table 3. Technical specifications for the 2011 study.

Technical Specifications for the 2011 study	
Population geographical area	International, anywhere in the world
Sampling geographical area	International, anywhere in the world
Universe	Sport fans
Sampling size	223 complete surveys
Sampling procedure	At convenience
Sampling error (Under the S.R.S suppositions)	6.6%, 95% confidence level
Maximum admitted variance for proportions	p=q=0.5
Date of data collection	29th October to 9th November 2011
Data collection method	Self-administered on line survey

Table 4. Technical specifications for the 2012 study.

Technical specifications or the 2012 study	
Population geographical area	International, anywhere in the world
Sampling geographical area	International, anywhere in the world
Universe	Sport fans
Sampling size	258 complete surveys
Sampling procedure	At convenience
Sampling error (Under S.R.S. suppositions)	6.1%, 95% confidence level
Maximum admitted variance or proportions	p=q=0.5
Date of data collection	18th to 31st October 2012
Data collection method	Self-administered online survey

Results

A test to verify the multivariant normality of the sample showed that the data did not follow a normal distribution. Also, because of the resultant sampling size, it was deemed advisable to employ the partial least square method to estimate both models of structural equations. With this method an analysis based on variance is conducted, which allows us to work with a sampling size equal to (1) ten times the higher number of fomative indicators used to measure a construct or (2) ten times the higher number of structural relations directed to a particular latent construct integrated in the structural model. That is why the sample worked out to be valid for this type of analysis. Likewise, since the PLS algorithm minimizes the variance instead of trying to account for the covariance, it is not necessary for the data to follow a normal distribution (Chin, 1995).

From the data analyses we concluded that the scales, as well as the items forming them, presented an adequate reliability and validity. To analyze the individual reliability we resorted to the analysis of the coefficients or standardized loads. In general, the scales showed values over 0.7 as per recommended by Carmines and

Zeller (1979). The construct individual reliability was examined by means of the compound reliability analysis. The constructs showed a value over 0.7 following the recommendation of Nunnally (1978). The Cronbach's Alpha was also inspected in order to contrast the construct reliability. Its values were over 0.8, thus higher coefficient than those recommended by Cronbach (1951).

In order to examine the convergent validity we turned to the analysis of the variance. The coefficients of the constructs were higher than 0.5. Therefore, according to Fornell and Larcker (1981), the variables showed an adequate convergent validity.

The discriminant validity was analyzed through the analysis of the extracted variance and through the examination of the correlation table. The discriminant validity was thus contrasted following Gefen et al.'s (2000) instructions.

The Q^2 coefficient obtained through the execution of the Stone-Geisser test (Stone, 1974) revealed that all the endogenous variables had predictive relevance since their coefficients were greater than 0.

The significance levels were obtained through the bootstrap procedure and they permitted us to contrast the raised hypotheses. Table 4 includes an outline of the supported and non-supported hypotheses.

Table 5. Results for the contrast of hypotheses

Hypotheses	Description	Supported '11 Model	Supported '12 Model
H_1	The quality perception of a web site has a positve influence on consumers' attitude towards the web site.	✓	-
H_2	The attitude towards the web page has a positve influence on the attitude towards the brand.	✓	-
H_3	The shaping of a positive attitude towards the web page influences the shaping of a positive attitude towards the event brand	✓	-
H_4	The attitude towards the event (the sponsee) exerts an influence on the attitude towards the sponsor.	✓	✓
H_5	The attitude towards the sponsor positively influences the intention of purchasing products from the sponsor.	✓	✓
H_6	The attitude towards the event positively influences the intention of attending the event.	✓	✓
H_7	The degree of recall that consumers may have of the event sponsoring brands influences their attitude towards the sponsor.	-	✓

Table 5. (Continued)

Hypotheses	Description	Supported '11 Model	'12 Model
H_8	The frequency of exposure to the sponsoring brand is positively related with the attitude towards the sponsoring brand.	-	✖
H_9	Attendance frequency ha a direct, positive influence on the attitudeshown by the consumer towards the event.	-	✓
H_{10}	Attendance frequency has a direct, positve influence on the intention of purchasing the event sponsor's products.	-	✖
H_{11}	The fit perceived by consumers beteween sponsor and sponsee has a positive influence on their attitude towards the sponsor.	-	✓
H_{12}	Attendance frequency positively, directly influences consumers' perception of the fit between sponsor and sponsee.	-	✓
H_{13}	The degree of identification with sport shown by consumers influences their intention of attending the event in a direct, positive way.	-	✓
H_{14}	How consumers value the CSR developed by the event organizer is positively, directly related to the attitude towards the event.	-	✓
H_{15}	How consumers value the CSR developed by the event organizer is positively, directly related to their attitude towards the event sponsor.	-	✓
H_{16}	How consumers value the CSR developed by the event organizer is positively, directly related to the intention and re-intention of attendance.	-	✓
H_{17}	Event involvement exerts an influence as a moderating variable in the image transmission process in sponsorship. Thus, the most involved consumers will process the sponsoring message better	-	✓

In order to contrast hypothesis H_{17}, a multigroup analysis was conducted. To do that the sample was divided applying firstly a Cluster analysis and secondly, a FIMIX-PLS segmentation analysis (finite mixture partial least squares). The results produced two segments differentiated and contrasted through a variance analysis (ANOVA). Therefore, the first segment was named group 1 and it included those consumers showing a low involvement level, and group 2, which included those consumers showing medium and high involvement levels.

A group contrast was then applied under a non-parametric supposition. The results showed that there were indeed significant differences in the regression weights in the relations between the attitude towards the event with the attitude towards the sponsor, between the attitude towards the sponsor and the purchasing intention, and between the relations that turned out to be non-significant of the attendance frequency with the attitude towards the sponsor and towards the purchasing intention.

These results allowed the support of the last research hypothesis.

Theoretical conclusions

The most important theoretical conclusions obtained from this research can be divided into three sections. First of all, the characteristics and the importance of the sport events, secondly, the conclusions related to sponsorship, and last, the conclusions dealing with the aspects regarding the measurement of the effects of sponsorship.

In the first of these three sections, and regarding sport products and events, from the literature review it was drawn that the income volume that sport entities obtain indirectly is greater than that obtained directly. It was established that sport events have a widespread social repercussion both internationally and locally, an ample number of attendees and, because of that, a large presence in the media (Añó Sanz, 2003). Among the involved agents in the economic flow we find families, shops, the external sector, the public sector and the industry.

It was also established that the Internet has become a massive medium through which a sport event can become known and appealing to consumers. By means of an online web site the sport event can reach out to a larger market worldwide. That is why the Internet has become an essential medium for any firm organizing a sport event in particular, and in general, for any leisure- related sport company.

One of the most interesting theoretical contributions in this section has been grouping the main research lines on sport services online marketing in six categories: (1) papers on the importance and the purpose of the Internet and sport web sites; (2) papers on the content of those sport web pages oriented to marketing management; (3) marketing opportunities of sport web sites; (4) studies conducted on users, their motivations, marketing opportunities and characteristics of online fantasy sports; (5) studies related to the communication of sport events through the Internet and (6) user behaviour or specific purposes of sport web sites.

The second section of the theoretical conclusions is devoted to the concept of sponsorship. Sponsorship has proved itself to be one of the most commonly used marketing strategies (Maxwell & Lough, 2009), being more important than other communication techniques.

To finish this second section, it is worth mentioning that a study was conducted in order to synthesize the objectives that had been used when making an investment in sponsorship. The most frequent objectives include: (1) to improve brand recognition, (2) to increase sales and (3) to better brand image.

The most common risks include publicity saturation (Frosdick & Walley, 1997), the quality of the facilities (Getz, 2005) or the weather (Chappelet, 2001).

The third and last section of the theoretical conclusions is designed to determine how the effects of sponsorship have been measured in the past. Thus, a large number of authors have suggested brand recognition as a cognitive dimension to measure the brand awareness levels of the consumer (Choi & Yuh, 2011).

It was also inferred that the adjustment between the sponsor and the sponsee entail an improvement in the transmission of the attitude from the sponsee to the sponsor (Meenaghan, 2001b). Consequently, professional managers and directives should choose an event of sport entity that defends and convey values similar to theirs.

As for the conative response, the intention of purchasing has been a main measurement factor (Choi & Yoh, 2011; Crompton, 2004; Dees et al., 2008; Gwinner & Bennett, 2008; Koo, Quarterman, Jackson, & Suh, 2005; Pitts & Slattery, 2004; Pitts, 1998).

Empirical conclusions

Results of sponsorship at a cognitive level

Recall

The construct recall allowed us to measure the degree in which the consumer was capable of providing without aid the names of the eight event promoters. The hypothesis which advanced that the recall that the consumer had about the sponsor brand influenced his attitude towards the sponsor was supported with a p-value lower than 0.05 and a regression coefficient of 0.118, which although it is weak it is significant. This means that consumers who remember brands develop positive attitudes towards them. The company, therefore, would be interested in exposing consumers to the effect of sponsorship in order to increase their recall and this way to develop positive attitudes.

Frequency of attendance

The mere exposure theory (Zajonc & Hazel, 1982) proposed that consumers had a more favourable attitude towards those stimuli which they saw more frequently.

The hypothesis *the frequency of attendance has a direct and positive influence on the attitude shown by the consumer towards the event* was supported. The regression coefficient showed a value of 0.16, which although reveals a weak load, it is still significant. The conclusion to be drawn is that the Valencia Open 500 event is an event which is perceived as having certain quality and which users are pleased to attend.

The second hypothesis, *the frequency of attendance is positively related to the attitude towards the sponsoring brand*, was not supported, as the p-value is greater than 0.05.

The third hypothesis put forward in this piece of research related to attendance frequency was as follows: *the frequency of attendance has a direct and positive influence on the intention of purchasing the products from the event sponsor.* This hypothesis proved not to be supported, as the p-value was greater than 0.05. Along the lines of this paper and its results, Lacey et al. (2007) had contradictory results, since although the spectators that had been at the event more than three times did show a higher purchasing intention, the rest of the spectators did not. This result may be due to the fact that consumers need to have attended a predetermined number of occasions to form a connection with the sponsor and for this same reason, their attitude towards the sponsor did not prove significant either. A second reason may be due to the involvement level of the users and their reason for attendance. Consumers may be more interested in the social aspect of the event, i.e. attending with family members and friends, than in the event itself, or once again consumers may be simply more keen on the sport stars attending the event than on the event itself.

The last relation with its origin in attendance frequency proposed the following: *the frequency of attendance positively and directly influences the perception that consumers may have on the fit between the sponsee and the sponsor.* This hypothesis was supported, with a p-value lower than 0.01 and a weak regression coefficient of 0.168. As Tribou (2011) advanced, spectators try to assimilate the inconsistency of sponsorship as they face up to it. That is, it does not seem coherent for a fast food company or a brand of alcoholic drinks to sponsor sport events, however a repetitive exposure, which in this case is measured through attendance exposure, makes consumers to assimilate the adjustment better.

Web quality

The construct web quality in the 2011 model showed an adequate validity and reliability. This construct is part of two hypotheses, firstly the perception of a quality e-service has a positive, significant influence on consumers' attitude towards the web site. As this hypothesis is supported, it indicates hat the shaping of a positive attitude towards a web site has a direct relation with the users' perceived quality. The standardized regression coefficient proved to be 31.45, which is considered strong, and its p-value was lower than 0.001.

The second hypothesis, which is as follows: *the perception of a quality e-service has a positive influence on the users' attitude towards the brand,* was also supported. Its regression coefficient was 2.22 and its p-value was lower than 0.05.

The shown results are consistent with those obtained by Carlson & O'Cass (2010), who likewise find a significant relation between the quality o the web service and the attitude towards the web site (and between the latter and the intention of using the web).

The main implications of the above-mentioned relations directly point to the organization's capability to pull in users towards the event through their web page. Besides, the capability that the web page has to also influence the attitude towards the sponsor has been proved. It even has the capability to influence the intention of purchasing the sponsors' products, which coefficient accounts for 3.7% of the construct variance. There is no doubt, therefore, that organizations should implement this means of communication, which would be their most important display window.

Corporate social responsibility

At the beginning of this research it was suggested that the CSR influenced three variables considered in the model for the 2012 edition. First of all, the following hypothesis was put forward: the degree in which consumers value the CSR developed by the company organizing the event is positively, directly related to the attitude towards the event. This hypothesis was supported with a p-value lower than 0.001. The standard regression coefficient was 0.439.

The direct influence of the CSR over the attitude towards the sponsor and over the intention of attending the event was considered afterwards, when reviewing the scientific literature, raising the following two hypotheses: *the degree in which consumers value the CSR developed by the event organizer is positively, directly related to the attitude towards the event sponsor;* and *the degree in which consumers value the CSR developed by the event organizer is positively, directly related to the intention and re-intention of attending.*

These hypotheses were also supported, specifically, the CSR accounted for 5.66% of the attitude towards the sponsor directly and 9.88% fully. The third hypothesis regarding CSR accounted for 11.75% of attendance intention. The p-values were lower than 0.05 and the standardized regression coefficients were weak but significant.

The results show that consumers value the organizers' responsible actions positively and that they are aware of the actions taken to promote sport for the disable and their commitment with the Comunidad de Valencia.

Consumers' attitude towards the brand sponsoring a good cause has been used by different authors as a measurement of the effectiveness of a marketing campaign (Kim, Kwak, & Kim, 2010; Lacey, Close, & Finney, 2010; Mohr & Webb, 2005; Roy, 2011). Therefore, and due to the positive influence in terms of assessment and image transmission, CSR actions have indeed been effective.

Therefore, developing CSR deeds and informing the fans are recommended.

Results of sponsorship at an affective level

Congruence

Previous research showed that sponsors having an adequate fit with the sponsee could generate positive attitudes towards the sponsor (Rifon et al., 2004), likewise they could influence consumers' response in a cognitive and conative way (Poon & Prendergast, 2006).

The results of this paper back up the fact that a better fit between the sponsee and the sponsor can improve both the sponsorship outcome and the purchase intention. Particularly, these results support the theory of Poon and Prendergast (2006), who suggest that, in terms of sponsorship, fit does not only influence consumers' cognitive and affective responses, but also the conative process.

Therefore, the hypothesis *consumers' perceived fit between the sponsor and the sponsee has a positive, significant influence on the attitude towards the sponsor in the 2011 edition* is supported by a p-value lower than 0.001 and a standardized regression coefficient of 0.614.

This result indicates that fit could be looked at as a precedent of sponsorship effectiveness and that it would be an important factor for sporting event managers and organizers insofar as selecting more coherent sponsorship deals should be considered.

Identification with sport

The hypothesis related to identification with sport stated that *the degree of identification with sport shown by a consumer directly and positively influences the intention of attending the sport event.* The hypothesis was supported, the regressions coefficient was 0.348, and the p-value was under 0.001.

These results are similar to those obtained by other authors such as Theodorakis et al. (2010) or Stevens & Rosenberger (2012). These authors highlight the importance of identifying the users who are most involved with the event with the aim of grasping to what extent the identification precedents influence the fans' loyalty with the event or the team. Improving the level of identification with the event will entail improving the intention of attending the event. Different strategies are feasible: first of all, improving the identification levels with sport by conducting communication campaigns designed to influence cognitive and affective responses, as well as values. Secondly, it would be convenient to segment the fans according to their level of identification with sport. Mahony et al. (2000) claims that organizations must first understand their clients through segmentation according to their degree of identification. Then, they must develop suitable marketing strategies to develop behaviour loyalty in these segments (Ross, 2007). Dale, van Iwaarden, van der Wiele and Williams (2005) expound that it would possible to use a price strategy to encourage consumers to attend the sport event according to their identification, i.e. offering economic incentives to the most identified supporters. For the least identified fans, an economic offer would not be so appealing, as they are more motivated by the entertainment opportunity (Mahony et al, 2000).

Attitude towards the web

The hypothesis *the development of a positive attitude towards the web page influences the development of a positive, significant attitude towards the even brand* was supported.

Therefore, it has been proved that the attitude towards the web is transferred in a positive, significant way to the brand. In particular, a p-value lower than 0.001 and a 0.488 regression coefficient were obtained.

In conclusion, and in line with other authors (O'Cass & Grace, 2004), the attitude towards the web site can be a useful indicator to measure the effectiveness of the web site (Ko, Cho & Roberts, 2005). Besides, it is important to point out that the attitude towards the web site can directly influence the purchase intention and the attitude towards the sponsor.

Sporting organizations, therefore, should ensure that they implement the quality of their web site, in terms of appeal, usefulness, user-friendliness and trust (Suh & Pedersen, 2010), with the purpose of improving the attitude towards it, as this will indirectly benefit the sponsors. Furthermore, this would not only have a bearing on the attendance intention, as it has been proved, but it would eventually also has an effect on regular and season tickets. It would be interesting to be able to measure the investment return through the sale of sponsor's products originating from the web page of the event.

Attitude towards the event

The hypothesis the attitude towards the event positively influences the intention of attending the event was contrasted in the 2011 and 2012 models, and supported in both cases. Likewise, in both cases, the p-value was lower than 0.001.

The conclusions drawn lead us to recommend sport organizations to implement strategies that entail improving the attitude towards the event in order to influence attendance. Indeed, event attendance will provide organizations with financial yield, as they have to withstand their investment and effort. Among the possible strategies, and as it was drawn from the CSR section, an investment in responsible, social actions would lead to indirectly increase attendance.

Attitude towards the sponsor

Image transmission is the backbone of the sponsoring model, that is, the relationship between the attitude towards the event and the attitude towards the sponsor. This hypothesis was advanced in the 2011 and 2012 models in these terms: *the attitude towards the event (the sponsee) has a significant influence on the attitude towards the sponsor*. In both models the hypothesis is supported by a p-value lower than 0.001.

An effect of image transmission between sponsee and sponsor is proven in accordance with the papers consulted in the literature review. This image transmission supports the investment made by companies to increase brand awareness and knowledge, it also improves the attitude towards the brand, extracting and assimilating values which are inherent to the event and/or sport being sponsored. Previously, Fullerton (2006) and Choi and Yoh (2011) suggested that one of the five objectives in sport sponsorship was precisely to improve brand image. Our results reinforce the idea that the investment made will achieve a return in some degree.

Results of sponsorship at a conative level

Purchasing intention

As it was drawn from the literature review, purchasing intention had been used as an effect indicator of sponsorship (Ko et al., 2008). Moreover, some authors had suggested that sponsorship increases the predisposition of the attendees to buy products from the brand sponsors, as a consequence of sponsorship (Cornwell & Coote, 2005; Pope & Voges, 2000). Therefore the following two hypotheses were put forward for the 2011 and 2012 models: the attitude towards the sponsor positively, significantly influences the future intention of purchasing sponsor's products. Such hypothesis has been supported for both models with a p-value lower than 0.001.

Other authors have shared their interest about purchasing intention in the field of sport marketing, obtaining similar results (Carrillat, Harris & Lafferty, 2010; Koo, Quarterman Flynn, 2006; Levin, Joiner & Cameron, 2001).

However, so far, only a few papers in the sponsorship area have examined the purchasing intentions of sport consumers, that is, the purpose of the sales of corporate sponsorship (Ko et al., 2008).

Among the main conclusions to be drawn, and although researchers in general lack the control mechanisms to isolate a direct relation between sponsorship and sales return (Quester & Farrelly, 1998), sport organizations should research how to increase the attitude towards their bran through sponsorship in order to increase their income. For this reason, companies can reach one other objective mentioned by Fullerton (2006) and Choi & Yoh (2011) regarding increasing sales through investment in sponsorship. The variables that companies should control include congruence, i.e., the fit perceived between the sponsored event and the sponsoring brand, consumers' attitude towards the event and the possible responsible actions taken by the sport organization.

Attendance intention

Attendance intention was measured in both models. In the 2011 model attendance attention was directly influenced by the attitude towards the event. In the 2012 model, the construct in question was not only influenced by the attitude towards the event, but also by the identification with sport and CSR.

This find certainly supports the principle that attitude is a strong precedent of intentions (Ajzen & Fishbein, 1980; Ajzen, 1981, 1981), and that it also positively shapes the intention of attending sport events.

Attendance intention is important for both organizations and sponsors because it increases the frequency of impact and exposure. And although this paper has not been able to prove that attendance frequency entails a larger purchasing intention, it has indeed proved that it increases the attitude towards the event, thus improving the attitude towards the sponsor.

Attendance intention has been addressed by tourism studies, making it an original area of research on the marketing of tourism sporting events. From that point of view, a specific event has to compete with other sporting events, even if they belong to the same sport specialty, or are of a higher level (let's take the case of the Mutua Madrid Open, in reference to tennis), which highlights how important it is for organizations to strengthen the attitude towards the event.

Among the suggested strategies, Sutton et al. (1997) proposed to make the event more accessible for the supporters, to increase participation with the community in the event and to reinforce the history and tradition associated with the event. Each of these strategies could be implemented with the aim of promoting more positive attitudes towards the team. Moreover, Funk and James (2001) advance the idea of identifying supporters' specific wishes and needs in relation to their positive attitudes towards the event, and then working towards the satisfaction of these needs. It is obvious that these efforts encourage positive attitudes towards the team, the event or sport itself.

In relation to the explanatory capacity of attendance frequency, Cunningham & Kwon (2003) reached similar results with a 2% explained variance, proving that future researchers must examine the effects of previous conduct on the behavioural intentions of sporting spectators. In their paper Cunningham and Kwon (2003) prove that satisfaction is a good predictor of the attitude towards the event and they argue that sport organizers have an opportunity to influence attitude by providing services that satisfy and go beyond the spectators of the participants. The paper is approached from the point of view of athletes travelling to participate at the event, and it shows that the presence of top players influence the attitude shaped by the participants.

As for the influence of identification with sport, it is evident that the sociability of the sporting event is important to bring more people to the events.

Effect of the involvement with the event on the image transmission process

The last hypothesis raised in this paper argued that *involvement with the event has a significant influence as a moderating variable in the image transmission process in sponsorship. Thus, the most involved consumers process the message better than those less involved.*

The results produced that there were significant differences, between the groups of high and low event involvement, in the regression weights of the relations between the attitude towards the event and the attitude towards the sponsor, and between the attitude towards the sponsor and purchasing intention. Group 1, that is, the group with a low involvement level, showed a non-significant relation between the attitude towards the event and the attitude towards the sponsor, therefore there is no image transmission of the event to the sponsor. On the contrary, that relation proved significant in group 2 and thus an image transmission process did take place. This result supports the last hypothesis in the model.

Therefore, among the conclusions put forward below, companies are encouraged to segment consumers according to their involvement and to develop strategies designed to increase involvement in the least involved consumers. These actions would entail developing a more effective image transmission process. This would eventually will have a bearing on companies' economic benefits through sponsorship.

On the other hand, we found that attendance frequency did significantly influence the attitude on the sponsor in the case of the least involved consumers. It is worth remembering that the least involved consumers were those who showed a lesser attendance frequency. That could be because the least involved consumers are not saturated with publicity as much as those who are most involved. Finally, the frequency of attendance did not have a significant influence in either group.

It follows that it would be convenient to involve consumers by means of different strategies. For instance, it would be necessary to develop and implement the web page and to develop more effective CSR actions, researching which actions are more important or detecting how much consumers know about the responsible actions being carried out by the company.

Among the strategies to be considered, and partly following Stevens and Rosenberger (2012), a larger interest in the final result of the game could be generated by employing similar level players, as well as by observing and implementing those communication methods capable of generating a wider media coverage.

Likewise, the organization could increase the way in which the supporters can be more involved, such as regular meetings for fans, autograph sittings and weekly chat sessions on the web site. A good use of the opportunities brought by the social media should be made, including the new communication channels between fans, new consumers and the company such as Twitter, Facebook and YouTube. Even videos on an own channel, and along the above-mentioned elements, represent additional vehicles for supporters to use in order to keep up with their favourite players and competitions in general. It is widely recommended to offer interacting opportunities with other consumers before, during and after the event (Beaton et al., 2011).

On the other hand, it would be convenient to organize competitions and draws linking the brand to the event site through the media (Bennett et al., 2009).

Finally, according the Llorens' conclusions (2011) the highly involved supporters would be more capable of responding to actions focused on cognitive prices such as low prices. However, the least involved fans would be influenced by more affective or emotional actions.

Thus, involved consumers are understood to recognize the price system of the sporting events available in the market. Likewise, they recognize the level, and other similar characteristics, of the players taking part in the tournament. On the other hand, least involved consumers is more likely to be influenced by emotional factors, and therefore communicative actions designed to highlight the values inherent to sport, victory, escape, sociability, the result excitement and other emotional characteristics should be conducted (Biscaia et al., 2012).

Recommendations

This section aims at describing final recommendations and main implications drawn from the paper results that could be applied in sporting organizations in order to implement the management model.

- First of all, the sponsoring company, prior to deciding if they are willing to sponsor a sport, event or team, should keep in mind the target public they want to address, the market and the attributes associated with the sport, team of event in particular. Imposing their own image of a sport in a communication campaign could be a mistake, as it could be later rejected by consumers.

- Likewise, the company should establish clear, defined objectives in order to be able to measure them later.

- Congruence, therefore, is a very important factor to be taken into account in order to improve the effectiveness of sponsorship.

- The image transmission does not necessarily have to be taken into account. Sponsors can choose a sport whose image does not correspond to that perceived by consumers and, in fact, they can successfully associate the brand with the sport, as it has happened in some cases (for instance McDonald's or Carlsberg), at the expense of a higher effort, of course.

- The event organizers will have to highlight and increase their awareness of the importance of their web page. For consumers this medium can be in many cases the only available source of information. That is why different aspects in relation to the information provided, its appeal, usefulness, user-friendliness and trust will have to be taken into consideration.

- The influence that consumers grant socially responsible actions has been proved. Sponsoring companies should, therefore, not only implement this type of actions, but also most importantly, let consumers know in order to involve them and reinforce their attitude towards the event.

- Event organizers should conduct a segmentation according to consumers' involvement in order to develop involvement strategies and communicative actions designed for a segmented audience.

- Thus, for instance, in order to increase their involvement, organizers could run competitions, meetings with and among supporters, autograph sessions and draws for fans.

- Through their web page, companies should link fans using social networks and new available channels.

- Companies should use the channels that they believe to have more media repercussion, since sponsorship is reinforced by consumers' recall of the brand (mere exposure theory)

In conclusion, both the sponsoring and the sponsored organizations should work together to assess the feasibility of sponsorship. In the event that it is considered a good decision, both have to collaborate to improve consumers' attitude towards the event and the sponsor, emphasizing actions designed to implicate, identify and segment consumers in order to increase their purchasing intention and their attendance intention.

Limitations and future research lines

To finish, we must point out that the results of this paper must be interpreted with caution, as they are not devoid of limitations. Firstly, caution must be taken when extrapolating the results to sporting organizations in general, even to the different sport disciplines. This research has been framed within a concrete discipline representing specific values.

It must not be forgotten that a sampling error affecting data representativeness, and therefore, population, has been assumed. On the one hand, the sampling has not been random, and moreover the means by which the survey was conducted may have influenced the sampling characteristics, since the population of Internet users does not entirely coincide with the general population.

In relation to the model variables, this paper has been conducted in the frame of a professional collaboration with the organizer of the analyzed event, a fact which has limited the possibility of using the same survey in both pieces of research. On the basis of this limitation, we decided to raise the sponsoring relation in two models, taking on the advantages of using a piece of longitudinal research with sampling replacement as well.

As future research lines the following suggestions are advanced:

- Comparing the effectiveness of sponsorship with other tools in the marketing mix, such as publicity, public relations or patronage.

- Studying how the choice of a sponsorship can influence the attitude towards the event, organization or athlete, following Henseler, Wilson & De Vreede (2009).

- Analyzing how past experiences with other sporting events can influence the attitude towards both the event being studied and sponsors.

- Finally, it is interesting to deal with the effectiveness of sponsorship and image transmission from an emotional point of view. While cognition is certainly relevant for sponsorship to be successful, researching the role played by consumers' emotional response when determining the properties of the sponsoring results may be necessary, largely due to the emotional response generated by sport events and teams in consumers and spectators (Bal, Quester, & Plewa, 2009).